W0278173

Simone Pacot

Steh auf und lebe!

Inhalt

Paulusverlag Freiburg Schweiz

Bibliografische Information Der Deutschen Bibliothek

Die Deutsche Bibliothek verzeichnet diese

Publikation in der Deutschen Nationalbibliografie;

detaillierte bibliografische Angaben sind im Internet

abrufbar über <http://dnb.ddb.de>

Titel der Originalausgabe:

„Reviens à la vie!“

© 2003 Les Editions du Cerf, Paris

Alle Rechte vorbehalten

© für die deutschsprachige Ausgabe:

2007 Paulusverlag Freiburg Schweiz

Umschlaggestaltung: Maurice Greder, Freiburg Schweiz

ISBN 978-3-7228-0704-1

Simone Pacot

Steh auf und lebe!

Leben aus der Kraft des Evangeliums

Aus dem Französischen
von Angela Nagler

Paulusverlag Freiburg Schweiz

Vorwort

Wie alles begann – Aus dem Vorwort zum ersten Band

Die Wege, die ich in meinen drei Büchern mit dem Gesamttitel „Evangelisierung bis in die Tiefen des Herzens" aufzeigen wollte, haben sich im Laufe meiner persönlichen Erfahrung herausgebildet. Im Laufe meines Lebens wurde mir das überaus wichtige Verhältnis deutlich, das zwischen Psychologie und Glaube besteht.

Ich stamme aus einer katholischen Familie, die zur Zeit meiner Kindheit und Jugend ihren Glauben nicht ausübte. Im Alter von neun, dann von vierzehn Jahren hatte ich zwei wichtige religiöse Erfahrungen: Auf gewisse Weise bin ich Christus begegnet. Seit dieser Zeit war mir klar, dass einzig die spirituelle Dimension meinem Leben Sinn geben konnte; ich war jedoch in vollkommener Unkenntnis hinsichtlich der psychologischen Ebene.

Ich engagierte mich stark in meinem Beruf als Anwältin, den ich in Marokko, wo ich geboren bin, ausübte. In ihm versuchte ich meinen Glauben zu leben, da ich zutiefst vom Leben Gandhis beeindruckt war, der in eben diesem Beruf das Gelübde der Wahrhaftigkeit abgelegt hatte und der sein politisches Engagement im Geiste der Seligpreisungen lebte. Ich gehörte einer Gruppe an, die sich für die Versöhnung zwischen den verschiedenen in Marokko lebenden Religionsgemeinschaften, von Moslems, Juden und Christen, einsetzte. Danach beschloss ich, zusammen mit anderen Gläubigen ganz konkret ein einfaches Leben auf der Basis von Gewaltlosigkeit zu teilen. Auf diese Weise versuchte ich, meinen Glauben in mein Leben zu integrieren.

Im Laufe der Jahre wurde ich mit inneren Krisen, mit Problemen des Lebens konfrontiert, die sich nicht mithilfe des Gebets lösen ließen. Das war für mich unverständlich und brachte mich zur Verzweiflung.

Eine Tür begann sich für mich zu öffnen, als ich in einer kleinen Gemeinschaft im tiefsten Süden Marokkos lebte. Ich sprach mit einem Priester, der sich auf der Durchreise befand, über meine Ohnmacht, mich aus einer Blockierung auf dem Beziehungssektor zu befreien. Er sagte mir, dass es nutzlos sei, sich mit den Symptomen zu befassen, dass der Kern meines Problems woanders läge und dass es an mir läge, dieses ans Licht zu bringen. Ich war ungemein erleichtert: Es gab also einen Ausweg; ich war nicht dazu verurteilt, mich im Kreis zu drehen. Ich ahnte, dass es in mir einen unerforschten Bereich gab, und so entdeckte ich erstmals die psychologische Dimension in meinem Leben. Ich begann eine Psychotherapie. Mein Verhältnis zu meinem Glauben lag so im Argen, dass ich seine Ausübung aufhörte. Die psychologische Dimension erschien mir zu der Zeit die einzig sichere Basis zu sein.

Zwei Jahre später, als ich wieder vorsichtig Kontakte zu christlichen Versammlungen aufnahm, begab ich mich zum „Tag der offenen Tür“ nach Chalon-sur-Saône. Dort besuchte ich ein Seminar, das von Georges und Victoria Hobson (beide Angehörige der episkopalen Kirche, dem amerikanischen Zweig der anglikanischen Kirche) geleitet wurde. Das Thema des Seminars lautete: „Die innere Heilung“. Dieser Begriff, den ich zum ersten Mal hörte, erschien mir sofort von großer Bedeutung, da er eine neue Richtung und ein grundlegendes Verständnis für das Wort Gottes aufzeigte. Im Verlauf dieses Seminars wurde mir das Zusammenspiel, die mögliche und notwendige Verbindung zwischen der psychologischen und spirituellen Dimension klar. Ich wusste sofort, dass ich „angekommen“ war, dass ich gefunden hatte, was ich in all den Jahren gesucht hatte. Ich werde immer eine unendliche Dankbarkeit für Georges und Viktoria bewahren, die mir diesen Weg eröffnet haben.

Ich begann also zu versuchen, das, was ich entdeckt hatte, für mich selbst zu leben. Zudem hatte ich viele tiefe Gespräche mit Menschen, deren Weg in die gleiche Richtung führte. Der innere Prozess im Verlauf der Psychotherapie war für mich unersetzlich; er erlaubte es mir, mit mir selbst vertraut zu werden, meiner Wahrheit näher zu kommen, die Verstrickungen ans Licht zu bringen, die ich selbst in mir im Laufe meiner Geschichte geschaffen oder deren Entstehen ich zugelassen hatte. Es war der Beginn einer großen Neuordnung und Sinnfindung.

Von Monat zu Monat fand die psychologische Ebene ihren Platz, und zugleich fand die spirituelle Ebene den ihren. Mein Glaube wurde von Tag zu Tag authentischer, lebendiger, verwurzelter und auch demütiger. Aber in gewissen Punkten, vor allem hinsichtlich der Schuldgefühle, blieb ich gefesselt und unfrei. Und doch hatte ich die Gewissheit, dass das Wort Jesu, das die Befreiung der Gefangenen verkündet, sich auch in meinem Leben erfüllen würde.

Zu jener Zeit nahm ich an charismatischen Gebetsgruppen teil; dabei machte ich die Erfahrung, dass der Heilige Geist ganz lebendig in mir wie in jedem Menschen wirkt.

Gleichzeitig unternahm ich während mehrerer Jahre eine Ausbildung nach Ignatius von Loyola, bei der ich den Weg der spirituellen Exerzitien durchlief und die Regeln zur „Unterscheidung der Geister" studierte.

Durch das Seminar von Georges und Victoria Hobson hatte ich jedoch etwas ganz Spezifisches entdeckt, eine Spur, die für mich sehr wertvoll war und die ich weiter vertiefte. Es war mir bewusst geworden, dass die psychologische Ebene sich zur spirituellen hin öffnen musste. Die falschen Richtungen, die ich eingeschlagen hatte, mussten nicht nur psychologisch erforscht werden, sie stellten auch Übertretungen der grundlegenden Gesetze des Lebens, der Gesetze Gottes dar, die ich falsch ausgelegt hatte, da ich mich nach ganz irrigen Begriffen bezüglich des Leidens, der Sühne, der Wiedergutmachung und eines richtenden Gottes ausgerichtet hatte. Ich erkannte deutlich meinen Anteil an Verantwortung für meine Geschichte und dass ich die Wahl hatte, mich so mit ihr abzufinden oder einen Weg zu wählen, der zum Leben führte.

Dem lebensspendenden Wort zu folgen bedeutete, dass ich eine Richtungsänderung vornehmen, meine destruktiven Wege verlassen und, geleitet von diesem Wort, neue Wege einschlagen musste, solche die zum Leben führten. Ich konnte erfahren, dass dies durch die Gnade Gottes möglich war. Nun wusste ich, wie das, was ich über die Psychotherapie entdeckt hatte, einzuordnen war.

Der Weg ist nie beendet, es bleiben Schwachstellen zurück, aber er schenkt tiefen, inneren Frieden, da man erkennt, in welche Richtung man gehen muss. Das Wort Gottes wird in seiner vollen Bedeutung erfahren; die Kraft und das Licht des Heiligen

Geistes und die lebensspendende Gnade Christi begleiten uns auf diesem Weg.

Im Jahre 1987 bat mich Schwester Minke, die damalige Priorin der Schwesterngemeinschaft von Grandchamp in der Schweiz (einer klösterlichen Gemeinschaft von Schwestern aus evangelischen Kirchen), Unterweisungen für diesen Weg zu erteilen. Von dieser Erfahrung ausgehend entstand so im Laufe der Jahre, dank der schwesterlichen und tatkräftigen Mitwirkung der Schwestern von Grandchamp und ihrem Gebet, ein Jahreszyklus, bestehend aus drei Seminaren, in denen abwechselnd Unterweisungen, Austausch in kleinen Gruppen, individuelle Begleitung und die Erarbeitung konkreter Schritte auf diesem Weg angeboten werden.

"Bethesda"

Derzeit finden diese Zyklen in der Schweiz, in Frankreich, in Kanada und in Belgien statt. Die Gemeinschaft von Grandchamp bleibt für unser Mitarbeiterteam der Gründungsort; sie trägt und stützt uns durch ihr Gebet.

Die Bezeichnung „Evangelisierung bis in die Tiefen des Herzens“ ist anstelle von „Innere Heilung“ getreten, da letztere zu große Erwartungen wecken konnte. „Evangelisierung bis in die Tiefen des Herzens“ erschien uns als eine treffendere Definition für einen Weg der inneren Umkehr, der Bekehrung aller Dimensionen des Menschen, seiner Verantwortung für den Empfang der Gnade.

Die Zyklen werden von einer ökumenischen Gruppe von Christen organisiert und durchgeführt, die sich in einem Verein namens "Bethesda" engagiert haben. Er ist eine Stätte des Gebets, des gemeinsamen Austauschs, des Nachdenkens und intensiver Arbeit, wo jeder sein Bestes gibt. Durch die Erfahrungen und Entdeckungen aller Mitarbeiterinnen und Mitarbeiter gewinnt dieser Weg ständig an Tiefe und Nuancenreichtum. An diesem Ort von unschätzbarem Wert herrschen Offenheit, Geschwisterlichkeit und Vertrauen. Seit 2003 ist der Psychologe und Theologe Pierre-Yves Brandt verantwortlich für den Rat von „Bethesda“ und damit auch der Garant für die nächste Wegstrecke.

Meine Dankbarkeit richtet sich an dieser Stelle ganz besonders an die beiden Psychologinnen, die über die Richtigkeit der psy-

chologischen Dimension auf diesem Weg der „Evangelisierung bis in die Tiefen des Herzens“ wachten: Marie-Madeleine Laurent, deren Ratschläge und psychologische Unterweisungen vor allem im Anfangsstadium dieser Seminarszyklen so wertvoll waren, und Florence d'Assier de Boisredon, die bis heute mit großer Aufmerksamkeit über die psychologische Richtigkeit der in den Seminaren erteilten Unterweisungen wacht und die gemeinsam mit dem Mitarbeiterteam unermüdlich danach strebt, das Verhältnis zwischen der psychologischen und der spirituellen Dimension klarzumachen.
Die Verantwortlichen des Vereins „Bethesda“ waren sich stets der unabdingbaren Notwendigkeit einer psychologischen und theologischen Supervision bewusst, um fundierte Richtlinien garantieren zu können.

Von ganzem Herzen möchte ich auch all denen danken, die an unseren Seminaren teilnehmen. Die Entschlossenheit, mit der sie sich auf den Weg machen, ihre Treue, ihre Freundschaft, ihr tief bezeugtes Interesse sind eine echte Stütze für uns, eine Hilfe zur Vertiefung unseres Dienstes und eine ständige Erneuerung unserer Erfahrung.

Zum vorliegenden, zweiten Band

Bei der Erforschung der Verletzungen, die im Band 1 mit dem Titel „Evangelisierung bis in die Tiefen des Herzens“ untersucht wurden, sind wesentliche Wegmarkierungen ausfindig gemacht worden. Sie offenbaren sich als wirkliche „Gesetze“, die die Grundlage für das Leben legen.

Mit der Zeit wurde als unbedingt notwendig erkannt, diese Grundgesetze des Lebens noch mehr im Detail zu studieren. Woher kommen sie? Wo entdeckt man sie? In sich selbst? Im Wort Gottes?

Um den Weg zu erleuchten, hat es sich als ein unerlässliches, lebendiges und sehr hilfreiches Vorgehen erwiesen, sie zusammenzufassen, genau zu definieren und die konkreten Auswirkungen, die sie im Leben haben, zu untersuchen. In der Tat, sobald die Bedeutung dieser Gesetze wieder klar wird, ist es einfach zu erkennen, inwiefern man ihnen Beachtung geschenkt und so Wege des Lebens eingeschlagen hat oder inwiefern man sie vielleicht verkannt und so folglich Wege des Todes gegangen ist. Und welche Etappen muss man durchlaufen, um eine freie, kräftige und entschiedene Wahl für das Leben treffen zu können?

Manche Themen sind neu im Vergleich mit Band 1. Andere wiederum werden übernommen, anders dargestellt und vertieft, um den Lesern mit ihren unterschiedlichen Fragen, ihrem Erleben und Erfahrungen den Zugang zu erleichtern.

Hinweis auf Band III

In einem dritten Band der Thematik der Evangelisierung bis in die Tiefen des Herzens, der im September 2002 in den Editions du Cerf erschienen ist[1] kann man eine detaillierte Studie finden von einigen wesentlichen Themen, die den Weg und die Dynamik in Richtung Veränderung und Wiederherstellung betreffen:

- *Ein genaues Verständnis des falschen Weges und wie man ihn ans Licht bringen kann. Der Götze: Welchen Sinn hat dieses Konzept „Götze" heute?*
- *Die Phasen des Wiederaufstiegs zum Leben: Insbesondere wird der wesentliche Sinn des Aktes des Verzichts vertieft sowie der Trauerprozess, dessen Durchqueren unerlässlich ist, denn beides ist Voraussetzung für die Rückkehr zum Leben.*
- *Die Begegnung mit den Gefühlen: Die versteckten Gefühle, die zutiefst zerstörerisch sind, aber auch die anerkannten Gefühle, die in Worte gefasst und dennoch nicht beruhigt worden sind und so das Leben in seiner Entfaltung hindern. Was soll man mit seinen Emotionen tun? Wie soll man sie in der lebendigen Gegenwart Christi ausleben? Wie kann man seine Lebenskräfte wieder zum Leben hin orientieren? Viele überfliegen diese Etappe, ohne sich dessen bewusst zu sein, dass sie äußerst wichtig ist.*

1 Der Titel der französischen Originalausgabe lautet „Ose la vie nouvelle! – Les chemins de nos Pâques". Dieser dritte Band ist bis jetzt nur auf Französisch erhältlich.

- *Die zentrale Bedeutung des Weges der Evangelisierung bis in die Tiefen des Herzens: Unser Passah- und Oster-Weg. Nach dem Urbild des Passah der Israeliten und dann ermöglicht durch das Passah/Ostern Jesu Christi eintreten in ein persönliches Ostern. Das macht es möglich, die lebensnotwendige, universelle Bedeutung des Übergangs zu entdecken, des Übergangs von dem, was tot, halbtot oder im Sterben begriffen ist, zum Leben, zur Auferstehung im täglichen Leben.*

Ziel unseres Suchens ist immer das Streben nach der Einheit des Wesens, in der Gnade des dreifaltigen Gottes, beim Hören seines Wortes. Die Verbindung zwischen Psychologie und Glauben wird immer klarer von dem Moment an, wo man versteht, dass die Lebensgesetze Gesetze Gottes sind.

Ich danke auch all denjenigen, die mir erlaubt haben, ihr Lebenszeugnis zu benutzen, um anderen damit zu helfen.

Simone Pacot

Einleitung: Ich gebe dir das Leben, sei lebendig!

Da formte Gott, der Herr, den Menschen aus Erde vom Ackerboden und blies in seine Nase den Lebensatem. So wurde der Mensch zu einem lebendigen Wesen ...
(Gen 2,7)

Gott schuf also den Menschen als sein Abbild; als Abbild Gottes schuf er ihn. Als Mann und Frau schuf er sie.
(Gen 1,27)

Dieses Wort, welches Menschsein begründet, ist ein wunderbarer Aufruf zu leben, die erste Tatsache, die der Mensch integrieren sollte: Ich gebe dir das Leben, sei lebendig.

Dies ist die ursprüngliche, kostbare, unschätzbare Gabe, die erste Offenbarung der Liebe, für alle, ohne Ausnahme: *Gott sah alles an, was er gemacht hatte: Es war sehr gut. Es wurde Abend, und es wurde Morgen: der sechste Tag* (Gen 1,31).

Gott ist die Quelle des Lebens. Er legt genau dessen Sinn, dessen Ziel fest. Er gibt denjenigen das Leben zurück, die sich auf einen Weg des Todes verirrt haben, welcher Art er auch immer sein mag.

Diejenigen, die in ihrer wichtigsten Beziehung verletzt worden sind, die nicht wirklich die Liebe kennen gelernt haben, hören sagen, dass Gott die Liebe ist. Doch allzu oft können sie dies nicht persönlich erleben. Es ist so, als ob es einen verhüllenden Schleier, eine Sperre, eine verriegelte Tür in ihnen gäbe. Das Leben kann zunächst bedrohlich und verunsichernd erscheinen. Zu lernen, das Leben grundsätzlich als etwas Gutes anzusehen, zu entdecken, dass es eine Gabe Gottes, eine Offenbarung seiner Liebe ist, stellt einen ersten Zugang zu Gott, einen Schritt zur bewussten Entwicklung des Verlangens zu leben dar.

Das Erwachen

Viele gehen ihres Weges, als ob es ganz natürlich sei zu existieren. Sie sind nicht „erwacht". Sie denken nicht daran, dankbar für ihr Leben zu sein. Sie vergessen ihre ursprüngliche Herkunft, die eigentliche Elternschaft: damit beginnt der Mensch in einzelne Teile zu zerfallen und sich von seiner Quelle abzuschneiden.

Das Leben, aber welches Leben?

Man findet zur Zeit eine Fülle an Büchern und Seminaren über die Entwicklung des Lebens, die Arbeit an sich selbst, das Zutagefördern seiner besonderen Fähigkeiten, den Selbstwert, das positive Denken ... Man kann sich nur über die Verbreitung an Erkenntnissen, Erfahrungen und einfachem, psychologischem Grundwissen freuen, das für jedermann zugänglich gemacht wird. Denn es ist die Aufgabe eines jeden Menschen, das Leben zu entwickeln. Aber um welche Art von Leben handelt es sich?

Diese Frage stellt sich für alle, die auf der Suche nach ihrer Einheit, nach ihrem Wesen in seiner Fülle sind und die herausfinden möchten, wie sie ihren Glauben in ihr Menschsein integrieren können. Das von Gott geschenkte Leben folgt einer vorgegebenen Ordnung und geht nicht einfach in irgendeine Richtung. Es ist unerlässlich, die Grundlagen und Bedingungen dieser grundsätzlichen Ordnung zu erforschen. Diese werden es dem Leben ermöglichen, sich in seiner wirklichen Fruchtbarkeit zu entfalten. Der Mensch kann dann weder die Quelle noch das Ziel des Lebens verkennen.

Indessen widerfährt es ihm, dass er vergisst, dass sich die wesentlichen Grundsätze, die wichtigen Grundlagen des Lebens, die es ihm ermöglichen, den inneren Zusammenhang seiner Existenz zu entdecken, in ihm selbst befinden.

Verletzungen, die als schlimm erlebt worden sind und die sich gewissermaßen entzündet haben, nennen wir auf dem Weg der „Evangelisierung bis in die Tiefen des Herzens" infiziert. Im Laufe der Heilung dieser infizierten Verletzungen werden die erwähnten Grundlagen des Menschen wieder zur Geltung gebracht und genau dargelegt werden. Sie erweisen sich als unerlässliche Wegmarkierungen, die den Weg, der zum Leben führt, abstecken und mögliche Wege des Todes anzeigen. Sie ermöglichen es, sich deutlich der Art und Weise bewusst zu werden, wie man sich vom Leben hat abwenden und auf einen Weg verirren können, der zur Zerstörung eines Teils seiner Selbst führt. Sie ermöglichen es auch, die Wege des Todes beim Namen zu nennen und damit zu verlassen, um die Richtung des Lebens wiederzufinden.

In der Tat, auch wenn der Mensch zu einem schönen und guten Leben in der Fülle berufen ist, trifft er dennoch das Böse auf seinem Weg an. Es ist wesentlich dieses Böse, welches das Leben an seiner Entstehung und seiner Entfaltung hindert. Das führt zu einer Form der Zerstörung und des Todes, in welcher Gestalt auch immer.

Die allgemeine Bezeichnung „Lebensgesetze“ hat sich auf ganz natürliche Weise angeboten, um diese wesentlichen Grundlagen des Lebens zu definieren, die in das Herz eines jeden Menschen eingraviert sind. Um den Zugang zu ihnen, ihr Verständnis und ihre Umsetzung zu erleichtern, schien es nützlich, sie zusammenzufassen und auf das biblische Wort, das sie erhellt, näher einzugehen. Sie werden auf einfache Art und Weise, für jeden zugänglich, dargelegt und ihr lebenswichtiger Sinn wie auch die Auswirkungen auf unsere alltäglichen Verhaltensweisen werden wiedergefunden.

Die lebenswichtige und konkrete Untersuchung von fünfen dieser Gesetze ist also das Thema dieses Buches. Es geht um diejenigen Gesetze, welche den Heilungsprozess der Verletzungen, die auf dem Weg der Evangelisierung bis in die Tiefen des Herzens vertieft beschrieben werden, am nächsten betreffen.

Fünf Lebensgesetze auf dem Weg der Evangelisierung bis in die Tiefen des Herzens ausführlicher dargestellt

1. Das Leben wählen

Wähle also das Leben (Dtn 30,15–20). Das Leben wird dir gegeben, aber begnüge dich nicht damit, am Leben zu sein. Triff die Wahl zu leben, entscheide dich. Wähle das Leben so, wie es vom Schöpfer angelegt worden ist, gemäß seiner „Anordnung“, welches auch immer die Umstände deines Lebens sein mögen. Hege kein geheimes Einverständnis mit dem Tod.

2. Die menschlichen Daseinsbedingungen annehmen

Dann gebot Gott, der Herr, dem Menschen: Von allen Bäumen des Gartens darfst du essen, doch vom Baum der Erkenntnis von Gut und Böse darfst du nicht essen; denn sobald du davon isst, wirst du sterben (Gen 2,16–17).

Du bist erschaffen, du bist nicht Gott, Gott allein ist Gott. Du bist ein Sohn oder eine Tochter Gottes. Du bist erschaffen und wirst innerhalb der Grenzen geliebt, die jedem Menschen, allem, was Form angenommen hat, zu Eigen sind. Akzeptiere deine Beschaffenheit als Geschöpf in all ihren Dimensionen.

Begehre nicht die Göttlichkeit.

3. Die Einzigartigkeit jeder Person entfalten: In Gott und in respektvollen zwischenmenschlichen Beziehungen

Geh für dich, weg von deinem Land, von deiner Verwandtschaft und deinem Vaterhaus in das Land, das ich dir zeigen werde (Gen 12,1).

Man wird dich nicht mehr Abram nennen. Abraham (Vater der Menge) wirst du heißen; denn zum Stammvater einer Menge von Völkern habe ich dich bestimmt (Gen 17,5).

Wer Ohren hat, der höre, was der Geist den Gemeinden sagt: Wer siegt, dem werde ich von dem verborgenen Manna geben. Ich werde ihm einen weißen Stein geben, und auf dem Stein steht ein neuer Name, den nur der kennt, der ihn empfängt (Offb 2,17).

Du bist einzigartig erschaffen und wirst einzigartig geliebt. Werde du selbst in Gott, folge deinem persönlichen Weg in einer rechten Beziehung zum anderen. Es ist dir untersagt, dich mit der Identität einer anderen Person zu vermischen, sie zu besitzen oder dich besitzen zu lassen. Es ist dir auch nicht erlaubt, weder Verwirrung in der Beziehung aufrechtzuerhalten, dich vor einer missbrauchenden Macht zu beugen noch zu begehren, was der andere ist oder was er hat.

4. Die Einheit der Person suchen, in welcher der lebendige Gott wohnt

Du sollst den Herrn, deinen Gott, lieben mit ganzem Herzen und ganzer Seele, mit all deiner Kraft und all deinen Gedanken, und: Deinen Nächsten sollst du lieben wie dich selbst (Dtn 6,5; Lev 19,18; Lk 10,27).

Und das Wort ist Fleisch geworden (Joh 1,14).

Wisst ihr nicht, dass ihr Gottes Tempel seid und der Geist Gottes in euch wohnt (1 Kor 3,16)?

Dein Körper, deine Psyche und deine Herztiefe, die sie belebt, sind eins. Teile sie nicht, vermische sie nicht, entdecke ihre innere Rangordnung.

Lerne vom Heiligen Geist, wie du mit ihm zusammenarbeiten kannst, damit er dein Menschsein lebendig macht.

5. In die Fruchtbarkeit eintreten – Frucht weitergeben

Gott segnete sie, und Gott sprach zu ihnen: Seid fruchtbar, und vermehrt euch, bevölkert die Erde, macht sie euch untertan (Gen 1,28).

Das Gleichnis von den Talenten in Mt 25,14–30: *Sehr gut, du bist ein tüchtiger und treuer Diener. Du bist im Kleinen ein treuer Verwalter gewesen, ich will dir eine große Aufgabe übertragen. Komm, nimm teil an der Freude deines Herrn* (Mt 25,21)!

So wie die Pflanze Blumen hervorbringt und der Baum Früchte, so trete du in die Fruchtbarkeit deines Lebens ein. Erkenne die Quelle der Gabe an und fördere die Talente, die dir übergeben worden sind.

Versinke nicht in die Abwertung deiner selbst, zieh dich nicht auf dich selber zurück, begrabe nicht deine echtesten Sehnsüchte.

Was ist ein Lebensgesetz?

Die Lebensgesetze sind ontologische Gesetze (Seinsgesetze)

Das heißt, dass sie in das Grundgesetz, die Grundordnung des Menschen eingeschrieben sind. Sie legen die Grundbedingungen des Lebens, des geordneten Zustands der Person, ihrer Entwicklung und die Richtigkeit ihrer Beziehungen fest. Sie garantieren die Schöpfungsordnung für alles was lebt, den Mann, die Frau, bewahren die Harmonie ihrer inneren Struktur, ihren Frieden, ihr grundlegendes Gleichgewicht, ihre innere Einheit, den Zusammenhang ihres Lebens. Sie geben die richtige Richtung an und schützen die Menschen, indem sie diese vor möglichen Wegen der Zerstörung warnen.

Dem Prinzip nach kennen alle die Lebensgesetze, denn sie sind im Herzen des Menschen schon vorhanden. Aber viele Männer und Frauen sind so zerstreut oder angeschlagen, dass ihnen der lebenswichtige Sinn dieser Gesetze nur sehr schwer bewusst wird. Die Tatsache, dass sie als bekannt und als selbstverständlich angesehen werden, erklärt vielleicht, warum man es so oft vergisst, sich die Zeit zu nehmen sie in Worte zu fassen, ihre Bedeutung zu vertiefen und den sehr konkreten Einfluss zu erforschen, den sie auf die alltäglichen Verhaltensweisen haben.

Man findet sie in allen Dimensionen des Menschen wieder: in der körperlichen, der psychologischen, der geistlichen. Dies ist normal, da sie ja seine innere Struktur regeln. Es kann keinen Widerspruch zwischen den geistlichen, psychologischen oder biologischen Gesetzen geben.

Es sind Gesetze Gottes

Sie haben demnach diese Eigenschaften: Das Gesetz Gottes ist wesenhaft in die Herzen eingeschrieben, auf dem Grund des Wesens eingraviert. Es handelt sich um das innere Gesetz, das in jedem Mann, jeder Frau wohnt[1]. Es ist gültig für jeden, zu jeder Zeit, an jedem Ort. Es ist nicht unverbindlich: Ihm zu folgen führt zu einem Weg des Lebens, es zu übertreten bringt eine Form des Todes mit sich.

Die der heutigen Zeit angepassten, menschlichen Gesetze setzen diese universellen Lebensgesetze in die Gegenwart um. Sie drücken aus, wie man die Gesetze Gottes leben kann. Die menschlichen Gesetze sind dem Zusammenstoß der Kulturen, der Zeit unterworfen. Sie müssen ohne Unterlass in Frage gestellt, neu überdacht, überprüft und wiederbelebt werden. Das muss so sein, damit man neuen und konkreten Situationen begegnen und Wege des Lebens finden kann. Sie dienen dazu, den Menschen von der Knechtschaft, dem Chaos zu befreien.

Viele wissen nicht, dass die Lebensgesetze Gesetze Gottes sind. Diese Unkenntnis ist eine der Hauptursachen für die Aufsplitterung des Menschen in seine Teile und die verspürten Schwierigkeiten, die psychische und die körperliche Dimension mit der geistlichen zusammenzubringen.

Gegenwärtig wagen viele, die ein wirkliches Glaubensleben haben, den Versuch, die Wahrheit über sich selbst zu erarbeiten. Das ist ein schöner Weg. Doch wie ist es zu erklären, dass manche von ihnen in ihre seelischen Tiefen, die sie psychologisch deuten, hinabsteigen oder die Sprache ihres Körper zu verstehen suchen und in der Folge nicht mehr wissen, wie sie ihre psychische und körperliche Dimension mit ihrem Glauben zusammenbringen können?

Indem sie einen psychologischen Prozess durchlaufen oder die Reaktionen ihres Körpers verstanden haben, sind sie selbstverständlich auch den Lebensgesetzen nahe gekommen, haben einen Teil des Lebens wiederentdeckt. Es kann auch nicht anderssein. Doch sehr oft haben sie nicht gemerkt, dass diese Lebensgesetze in Wirklichkeit Gesetze Gottes sind. Dies erklärt, weshalb sie nicht mehr wissen, wie sie den lebensnotwendigen Sinn der Gesetze Gottes wieder entdecken sollen, des Wortes Gottes, das ihnen fremd vorkommt gegenüber dem, was sie (mittels psycholo-

1 Jer 31,33; X. Thévenot (1982). *Repères éthiques pour un monde nouveau.* Mulhouse: Salvator.

gischer Deutung) gerade entdeckt haben. Dann kann es passieren, dass sie hin und hergerissen sind, zwischen dem Glauben einerseits und dem Leben ihrer Psyche oder ihres Körpers andererseits.

Von dem Augenblick an, wo sie verstehen, dass die Gesetze, auf die sie in ihrem psychologischen Prozess oder der Arbeit am Körper gestoßen sind, göttlichen Ursprungs sind, geht ihnen ein Licht auf. Der Wiederaufstieg, der Rückweg werden dann vollständig sein können, alle Dimensionen ihres Wesens betreffen. Sie haben die Quelle wiedergefunden und den Weg, der dort hinführt.

Wird die Wahrheit über sich selbst ans Licht gebracht, ist das ein unschätzbarer Beitrag, die inneren, geistlichen Schritte zu entdecken, die es ihnen ermöglichen, bis ans Ziel ihrer Suche zu gelangen.

Im Verlauf ihrer Arbeit an Psyche und Körper ist ihnen zwar bewusst geworden, dass sie ein Lebensgesetz übertreten haben, aber plötzlich entdecken sie, dass sie in Wirklichkeit ein Gesetz Gottes übertreten haben, was sie unvermittelt auf eine andere Ebene bringt. Diese Entdeckung wird es ihnen ermöglichen, die verschiedenen Dimensionen ihres Wesens zusammenzubringen. Ihre Sicht erweitert sich. Es wird nun möglich, im geistlichen Bereich Schritte zu unternehmen von der psychologischen oder körperlichen Wirklichkeit aus, ohne dass diese verleugnet wird.

Der Begriff Gesetz

Viele werden vom Ausdruck „Gesetz“ abgeschreckt, er ruft ihnen schlechte Erinnerungen an Engstirnigkeit und Lebensverminderung ins Gedächtnis zurück. Es ist ein Irrtum, zu glauben, dass die Lebensgesetze zum Bereich von bornierter Gesetzlichkeit gehören. Sie berühren das Leben und den Tod, sie geben die Richtung des Lebens an. Man kann sie also nicht als ein juristisches Gesetzeswerk ansehen oder als alte, überholte und nötigende Vorschriften.

Indem man den Sinn der wesentlichen Informationen, die die Grundlage des Lebens bilden, verkennt, verliert man zugleich seine Wurzeln. Um ein Haus zu bauen, muss man zuerst seine Fundamente legen. Wie kann man die Ordnung in sich selbst wiederfinden, wenn die Fundamente fehlen?

Die Gestalt der Lebensgesetze

Die Lebensgesetze müssen zuerst in ihrer positiven Formulierung verstanden werden: Sie geben die Richtung des Lebens an; in ihrer negativen Formulierung drücken sie sodann das aus, was man konstruktive Verbote nennt, welche das Leben schützen, welche die Menschen vor möglichen Wegen des Todes warnen. Diese Verbote erweisen sich als Lebensgebote; auch sie sind Bekundungen der Liebe Gottes für seine Geschöpfe.

Man könnte einfach sagen, dass die Gebote Gottes dafür da sind, Ordnung in die Schöpfung wie auch in die innere Struktur des Menschen zu bringen. Wenn man das erst einmal klar verstanden hat, erhellt sich der Weg. Man verlässt den Zwang und tritt ein in eine Dimension der Beziehung, der Zugehörigkeit zu einer Richtung, die auf das Leben zugeht.

Welches ist der lebensnotwendige Sinn dieser Gesetze, dieser Anweisungen zum Leben, dieser großen Verbote? Welche Auswirkung haben sie auf den Aufbau der Identität, der Freiheit, auf die Qualität der Beziehung und auf die Art zu leben?

Die Lebensgesetze eröffnen einen Weg des Lebens

Bloß anzuerkennen, dass das Lebensgesetz ein Gesetz Gottes ist, genügt nicht. Ein Weg tut sich auf, gekennzeichnet von inneren, geistlichen und klar definierten Schritten.

Der Weg setzt sich fort mit anderen Bezugspunkten: mit der Anerkennung des Schöpfergottes, der Wahrheit des Bibelwortes, welches die Bedingungen des Lebens vorgibt, mit einer rechten Zusammenarbeit mit dem Heiligen Geist: sein Licht wird uns helfen, die Etappen der Wandlungswege wahrzunehmen. Teilhaben an der Gnade Jesu Christi, seine belebende Gegenwart empfangen, beides gibt die Kraft, in eine persönliche Freiheit einzutreten, Entscheidungen zu treffen, von seinem Bett aufzustehen und aufzubrechen[1], die Grabeshöhle zu verlassen, in der man eingeschlossen war[2], um so das Leben wiederzufinden.

1 Joh 5,8.
2 Joh 11,43.

Für viele wird es nötig sein, dem Irrglauben abzusagen, dass eine geistliche Wiederbelebung ihnen ermöglichen wird, Etappen zu überspringen, das schmerzliche Hinabsteigen in die Wirklichkeit ihres Menschseins zu vermeiden. Bekehrung bedeutet nicht Verstümmelung oder Auslöschen des Menschseins, sondern Teilnahme am Werk des Heiligen Geistes, der das gesamte Wesen beleben wird.

Man kann mitten in großen seelischen und körperlichen Schwierigkeiten ein intensives geistliches Leben haben. Doch damit erübrigt sich keinesfalls der Weg der Bereinigung und der Neuordnung, den jeder auf seine Art und gemäß seinen Möglichkeiten erleben wird.

Es kommt vor, dass manche, auch nachdem sie an sich selbst auf der seelischen oder körperlichen Ebene gearbeitet haben, doch „gebunden" bleiben, sei es durch negative Worte und Blikke, durch lügenhafte oder irrtümliche Glaubensüberzeugungen, Verbote, erfahrene Gewalt, ein hartnäckiges Gefühl des Aufruhrs oder auch ein Leiden, das nichts beschwichtigen kann ... All das konnte zwar ans Licht gebracht, aufgespürt werden, indessen genügt es allzu oft nicht, die Dinge in Worte zu fassen, um davon frei zu werden. Es ist so, als ob das Fleisch selbst befallen wäre. Durch Verletzungen, die als schlimm erlebt worden sind, haben sich Verhärtungen gebildet. Es ist, als ob diese immer noch da wären und sich entzündet hätten.

Da werden es nun die Schritte im geistlichen Bereich erlauben weiter zu gehen. Die Autorität, die Wahrheit des Wortes Gottes werden eine Quelle der Befreiung sein. Sie werden in der Gnade der belebenden Gegenwart Christi ein Gegengewicht zu dem darstellen, was sich dem Inneren so sehr eingeprägt hat. Sie sind eine Art Gegengift, das eingedrungen ist und auf dem man neu hat aufbauen können. Aber auch in diesem Fall hat das Wort keine magische Wirkung. Es lenkt auf einen echten Weg der Rückkehr, zu einem Wiederaufstieg nach einem Abstieg, zu einer Auferstehung nach dem Durchgang durch eine Form des Todes.

Die Erfahrung zeigt, dass dieser Teil des Weges weder Verurteilung noch Belastung mit sich bringt. Es ist eine gesegnete Zeit, voller Freude, wie ein plötzliches Weitwerden, ein belebendes Einatmen, eine bedeutende Erleichterung. Man versteht endlich, wo die Einheit des Wesens sich findet, die man so inbrünstig gesucht hat. Nach der Zeit der Wüste, kommt man endlich an der Schwelle des Landes der Verheißung an. Der Marsch geht weiter, aber man weiß von jetzt an, auf welchem Weg man vorangehen muss.

Wie können die Lebensgesetze in der Bibel entdeckt werden?

Man findet in der Bibel keine klassifizierende Aufzählung der Lebensgesetze, wie sie in diesem Buch dargestellt werden. Andererseits fällt es leicht, das Bibelwort zu finden, das sie verdeutlicht und die Folgen vor Augen führt, die sie auf unser Leben haben.

Sie werden in verschiedenen Abschnitten der Bibel angesprochen, vor allem im ersten, aber auch im dritten und fünften Buch Mose ... und selbstverständlich auch in der Botschaft Christi. Diese Gesetze klingen in den Bibeltexten an und ihre praktische Anwendung wird dort genau aufgezeigt.

Das Leben zu wählen ist das erste der Lebensgesetze. Die Annahme der menschlichen Daseinsbedingungen folgt sodann an der Spitze bei den wichtigen Grundlagen des Lebens. Doch danach gibt es keine besondere Rangfolge der anderen Gesetze.

Der innere Weg – geistlich richtig!

In dem Augenblick, in dem man einen Weg der Evangelisierung bis in die Tiefen des Herzens antritt, ist es gut, sich drei wesentliche geistliche Wahrheiten in Erinnerung zu rufen. Sie betreffen die Tatsache, dass die Liebe Gottes nicht verdient werden muss, dass die Gnade immer der eigenen Bewegung oder der Anstrengung des Menschen vorausgeht, und die Freiheit. Es kommt vor, dass man während der Suche der Wahrheit über sich selbst diese wesentlichen Grundlagen lebendigen Glaubens vergisst, auch in der Freude des Entdeckens seiner eigenen Wirklichkeit, seines psychischen Funktionierens und beim Ausdrücken seiner eigenen Geschichte in Worten. Wir können diese Wahrheiten jedoch nicht umgehen, denn die Art und Weise, wie wir sie leben, ist die Voraussetzung, dass die Reise, der innere Prozess richtig verläuft[1].

Gottes Liebe als unverdientes Geschenk

Gott ist Liebe. Wir können diese Worte hören als „eine revolutionäre Behauptung", „eine kraftvolle und metaphysische Definition Gottes", die völlig heidnischen Gottesvorstellungen widerspricht[2].

Die Liebe Gottes ist das Allererste, das Oberste, das Bedeutendste. Sie ist unentgeltlich, sie wird allen Menschen ohne Ausnahme angeboten. „Indem die Bibel Gott als den Schöpfer des Universums setzt, schließt sie auf Anhieb und auf radikale und endgültige Art und Weise die Idee einer Welt aus, die einer anonymen Macht oder einer blinden Kraft unterworfen ist ...". Die Welt befindet sich in den Händen eines Gottes, der verstanden wird als „eine Person, ein ICH, das einen Plan, ein Vorhaben, eine Absicht hat ...". Weder die Welt noch der Mensch sind „nirgends, verloren"[3].

Durch die ganze Bibel hindurch sind wir Zeugen der zuvorkommenden Liebe Gottes für sein Volk, das er unerlässlich dazu einlädt, dem Bund beizutreten. Wir haben die Liebe Gottes auch durch Jesus Christus erfahren, berührt und kennengelernt. Er zeigt uns auf, dass „die Gnade Gottes das Geheimnis der Erlösung ist. Das Heil ist eine Gabe Gottes und nicht der Lohn, den man durch eine Arbeit verdient hat. Sonst wäre die Gnade nicht mehr die Gnade".

Viele verkennen die unentgeltliche Liebe Gottes. Sie haben Mühe damit zu glauben, dass sie persönlich geliebt, aufgenommen sind, dazu eingeladen, in ihrer Freiheit, in ihrer Identität als Söhne und Töchter Gottes zu wachsen, und dass sie auch dazu berufen sind, ihr Leben zu entfalten. Sie verlassen sich nur auf ihre Bemühungen und Unternehmungen, um es zu schaffen, von Gott geliebt

1 Diese Gedanken kann man großenteils auf *Xavier Thévenot* zurückführen, so wie auch auf das Buch von A. Gesché (1994). *Dieu pour penser: Band III Dieu*. Paris: Ed. du Cerf, Kapitel III, Von Gott lernen, was er ist. S. 83–117.
2 A. Gesché. a.a.O. S. 110.
3 A. Gesché. a.a.O. S. 90–91.

zu werden. Diejenigen, die durch das Leben verletzt worden sind, haben vielleicht eine Tür geschlossen, ohne sich dessen wirklich bewusst zu sein. Die Liebe jedoch schenkt sich und schenkt in Fülle und auf völlig unentgeltliche Art und Weise.

Die fünf Brote und die zwei Fische, die ein Kind Jesus gegeben hat, ermöglichen es, dass mehr als 5000 Leute davon satt werden, und die Reste füllen noch zwölf Körbe[4]. Nach einer erschöpfenden und fruchtlosen Arbeitsnacht fahren Petrus und seine Gefährten, auf das Wort Jesu hin, aufs Wasser hinaus und fangen so viele Fische, dass ihre Netze beinahe reißen[5]. Ständig handelt es sich um sprudelnde Quellen, Lebensströme, Unentgeltlichkeit:

Auf, ihr Durstigen, kommt alle zum Wasser! Auch wer kein Geld hat, soll kommen. Kauft Getreide, und esst, kommt und kauft ohne Geld, kauft Wein und Milch ohne Bezahlung (Jes 55,1)!

Die Liebe Gottes ist die Liebe eines Vaters, der Söhne und Töchter adoptiert, mit allem, was das in die lebendige Beziehung einbringt. Sich von dieser Liebe erreichen zu lassen ist sicherlich der erste wesentliche Schritt einer wirklichen Heilung.

Gottes Gnade geht der menschlichen Aktivität immer voraus

Es handelt sich hier um eine „grundlegende Priorität“[6]. Gott ist derjenige, der die Initiative ergreift. Er lädt ein, schlägt vor, begründet und weckt die echtesten Sehnsüchte eines jeden Mannes, einer jeden Frau. Wenn wir aufbrechen, tun wir das in Wirklichkeit, weil wir auf eine Einladung antworten, die vorausgegangen ist. Noch bevor das Verlangen aufkommt, ist die Gnade schon da. Sie inspiriert uns, drängt uns vorwärts, ruft uns dazu auf, eine Form des Todes zu verlassen, um das Leben, die Freiheit, die Wahrheit, die richtig ausgerichtete Beziehung wiederzufinden.

Die Gnade ist nicht das Ergebnis der menschlichen Bemühungen. Sie geht ihnen voraus, setzt sie in Gang. Weil uns die Gnade gegeben ist, deswegen werden wir angezogen zu suchen, zu

4 Mt 14,13–21.
5 Lk 5,4–12.
6 A. Gesché, a.a.O. S. 111.

streben nach der Einheit unseres Wesens, das vom Heiligen Geist bewohnt wird.

Der Vorrang der Gnade behindert keineswegs die notwendige Erkenntnis, wie wir psychologisch oder biologisch funktionieren. Sie treibt uns in unserer Suche nach Wahrheit an, lehrt uns, unsere Freiheit, unsere Initiativen richtig auszuüben, umzusetzen, unsere Fähigkeiten zu entwickeln. Wir denken allzu oft, dass wir etwas ganz alleine „gefunden" hätten, aus unserer eigenen Kraft, oder umgekehrt, dass wir verdammt seien, die wesentlichen Wegmarkierungen alleine zu entdecken. Wir vergessen die Funktion des Heiligen Geistes in jedem Menschen, die Kraft der Gnade, die es ermöglicht, im Leben zu wachsen.

„Es ist die Gnade, welche es erlaubt, zu einer neuen Existenz geboren zu werden (Joh 3,3f), jene Kraft des Geistes Gottes, die Söhne und Töchter Gottes belebt ... ein Leben im vollsten Sinn des Wortes zu führen, das Leben derer, die vom Tod zurückgekehrt sind und die ein neues Leben mit dem auferstandenen Christus leben (Röm 6,4–8.11–13...)."[1] „Die Gnade ist die Grundursache der Veränderung und des Handelns. Sie erfordert folglich eine ständige Mitarbeit des Menschen."[2]

Vielleicht ist es dieser Punkt des „Vorausgehens"[3] der Gnade, der die meisten Schwierigkeiten bereitet. Er ist jedoch grundlegend.

Gott gibt dem Menschen die Freiheit

Der Mensch ist frei erschaffen worden. „Er ist frei von Geburt an, mit vollem Recht. Die Freiheit gehört zum Wesen des Menschen, sie ist grundlegend für sein Wesen."[4] Sie ist eine wunderbare Gabe, die jedem Mann und jeder Frau geschenkt ist. Aber diese Fähigkeit, diese Anlage zur Freiheit muss in einem gewissen Sinn erst angeeignet, erobert werden. Die unentgeltliche Liebe Gottes, die von allem Zwang frei ist, ruft alle diejenigen, deren Freiheit im Laufe ihrer Geschichte eingeengt oder beschädigt worden ist,

1 *Vocabulaire de théologie biblique* (1978). Paris : Ed. du Cerf. S. 514–517.
2 *Vocabulaire de théologie biblique* S. 514–517.
3 X. Thévenot, mündl. Lehre.
4 A. Gesché. a.a.O. S. 92.

dazu auf, sie wiederzuentdecken, wenigstens einen Teil davon wiederzufinden, das Verlangen nach ihr wachsen zu lassen. Seine Gnade begleitet sie auf ihrer (inneren) Reise. Auf diese Weise wird der Mensch auf die Einladung, eine freie Wahl zu treffen, antworten können, gemäß den Schritten, die er tun kann: Er wird sich nicht mehr damit zufriedengeben, einfach zu leben, sondern wird durch den Heiligen Geist einen Ausgang zum Leben entdecken, es lernen, mit dem Heiligen Geist zusammenzuarbeiten, um sich eine Struktur zu geben, seiner Bestimmung und Würde als Sohn oder Tochter Gottes zu entsprechen, in rechte Beziehung zum anderen einzutreten. Er ist damit einverstanden, sich auf den Weg zu machen, mit dem, was er hat und was er ist. Nach Adolphe Geschés schönem Wort setzt dies „eine Metaphysik des mutigen Herzens voraus"[5].

Zwei Klippen befinden sich auf dem Weg:

- das Vergessen der Unentgeltlichkeit der Liebe Gottes, des Vorrangs der Gnade, indem man nur mit seinen eigenen Anstrengungen, Kenntnissen, Fähigkeiten und seinem eigenen Wissen rechnet, um das Leben wiederherzustellen, das von Verletzungen getroffen worden ist; oder
- im Gegensatz dazu, da Gott Liebe ist und da die Liebe unentgeltlich ist, das passive Erwarten des Wunders eines erneuerten Lebens ohne einen Weg der Umkehr.

Es ist beruhigend und tröstlich sich auf den Weg zu machen, indem man diese Definition des Heils als einen Schatz im Herzen bewahrt: „Die Lehre vom Heil setzt im Grunde genommen voraus, dass man immer auf eine Situation zurückkommen (genau genommen sie retten) kann, dass nichts jemals endgültig verloren ist. Das Schlechte, Böse existiert, aber es hat nicht mehr den Charakter des unabänderlichen Schicksals."[6]

5 A. Gesché. a.a.O. S. 99–100.
6 A. Gesché. a.a.O. S. 94.

Das erste Lebensgesetz: Das Leben wählen

> *„Hiermit lege ich dir heute das Leben und das Glück, den Tod und das Unglück vor. Wenn du auf die Gebote des Herrn, deines Gottes, auf die ich dich heute verpflichte, hörst, indem du den Herrn, deinen Gott, liebst, auf seinen Wegen gehst und auf seine Gebote, Gesetze und Rechtsvorschriften achtest, dann wirst du leben und zahlreich werden, und der Herr, dein Gott, wird dich in dem Land, in das du hineinziehst, um es in Besitz zu nehmen, segnen. Wenn du aber dein Herz abwendest und nicht hörst, wenn du dich verführen lässt, dich vor anderen Göttern niederwirfst und ihnen dienst – heute erkläre ich euch: Dann werdet ihr ausgetilgt werden; ihr werdet nicht lange in dem Land leben, in das du jetzt über den Jordan hinüberziehst, um hineinzuziehen und es in Besitz zu nehmen. Den Himmel und die Erde rufe ich heute als Zeugen gegen euch an. Leben und Tod lege ich dir vor, Segen und Fluch. Wähle also das Leben, damit du lebst, du und deine Nachkommen. Liebe den Herrn, deinen Gott, hör auf seine Stimme, und halte dich an ihm fest; denn er ist dein Leben. Er ist die Länge deines Lebens, das du in dem Land verbringen darfst, von dem du weißt: Der Herr hat deinen Vätern Abraham, Isaak und Jakob geschworen, es ihnen zu geben"* (Gen 30,15–20).

Das Leben ist dir gegeben, so wie jedem anderen Menschen auch. Doch wenn du wirklich lebendig werden willst, dann triff die Wahl zu leben, welches auch immer die Umstände deines Lebens sein mögen.

Du kannst nur das Leben wählen, wenn du dich von jeglichem geheimen Einverständnis mit dem Tod lossagst.

Wähle das Leben, so wie es vom Schöpfer angelegt worden ist, um fruchtbar zu sein.

Seine Gnade geht dir voraus, begleitet dich auf dem Weg.

Erste Annäherung

Diese sehr starken, nachdrücklichen Worte stellen die letzte Botschaft Moses an das Volk der Hebräer dar, unmittelbar vor seinem Einzug in das verheißene Land. Mose ist zu diesem Zeitpunkt hundertzwanzig Jahre alt und wird bald sterben.

Das hebräische Volk war bei Pharao in Ägypten in der Sklaverei. Pharao und Ägypten sind das Symbol für jegliche Art von innerer Gefangenschaft der Menschen. Nach den extremen Schwierigkeiten beim Auszug aus Ägypten, der in einem harten Kampf von Mose – dem Erwählten Gottes, um sein Volk zu befreien – errungen worden ist, unternehmen die Hebräer die Durchquerung der Wüste. Sie machen sich langsam und unter Schmerzen auf den Weg zu ihrer Freiheit. Die Versuchung zu verzweifeln, die trügerische Sicherheit der Vergangenheit zurückzugewinnen, kehrtzumachen, ist groß. Als das Land der Verheißung für sie schon sichtbar wird, befällt sie erneut die Furcht vor dem Unbekannten und sie wollen einmal mehr nach Ägypten zurückkehren[1].

In eben diesem Augenblick richtet sich das Wort Gottes an sie: Es lässt keinen Raum für irgendeine Zwiespältigkeit. Es ist so, als ob da gesagt würde: Das reicht! Hört endlich auf, hin und her zu schwanken zwischen dem Leben und dem Tod, der Freiheit eurer Identität als Söhne und Töchter Gottes und der Rückkehr in die Sklaverei. Es ist jetzt an der Zeit, sich endgültig für das Leben zu entscheiden und jegliche Komplizenschaft mit dem Tod aufzugeben.

Sich dessen bewusst zu werden, dass Gott das Leben gibt, ist das erste Erwachen, doch das genügt nicht: Das Leben ist zwar gegeben, aber damit es seine volle Fruchtbarkeit entfalten kann, muss man es erwählen. Das Wort Gottes erinnert nachdrücklich daran. Nur weil man lebendig ist, hat man noch nicht die Wahl getroffen zu leben. Gottes Wort zieht uns noch weiter mit sich fort auf dem Weg. Es lehrt, dass der Mensch sich mit einbeziehen muss. Er muss wählen zwischen dem Leben und dem Tod, zwischen einem Weg des Lebens, der auf die Fruchtbarkeit zugeht,

1 Das Buch Josua, Kap. 1–6.

und einem Weg, den er für den Weg des Lebens hält, der aber in Wirklichkeit in den Tod, in die Zerstörung führt.

Zugang und Phasen

Zur Bedeutung des Gesetzes: Wähle das Leben!

Wähle das Leben so, wie es von dem lebendigen Gott gewollt ist

Ein langer Weg war notwendig, bevor das hebräische Volk diese Botschaft von der Wahl des Lebens hören konnte, denn es handelt sich um eine Verwandlung des ganzen Daseins. Mit uns verhält es sich gleich. Viele haben nicht bewusst das Leben gewählt: sie haben entweder nicht daran gedacht oder sie würden gerne diese Wahl treffen, es gelingt ihnen aber nicht.

Der Sinn der Wahl ist klar: Das hebräische Volk ist dazu berufen, die Offenbarung des einzigen Gottes zu empfangen, ihm zu dienen, einen Bund mit ihm zu schließen. Es sollte nicht die Gebräuche der umliegenden heidnischen Völker annehmen. Es kann also nicht irgendeine Lebensform wählen.

Wähle das Leben so, wie es von dem lebendigen Gott angeordnet wird und angelegt ist. Bringe die Bedingungen für ein fruchtbares Leben ans Licht, entdecke sie aufs Neue. Anerkenne die bedeutsamen Lebensgesetze, die ins Innerste deines Wesens eingraviert sind. Setze sie in die Tat um, halte dich an das Wort Gottes, das sie deutlich macht.

Irre dich nicht im Weg, wähle nicht den Tod im Glauben, auf das Leben zuzugehen. Zerstöre nie das Leben in dir oder um dich herum. Diene nicht den falschen Göttern. Erkenne sie als das, was sie sind. Nenne sie beim Namen, um dich nicht vor ihnen zu verbeugen.

Wähle das Leben, welches auch immer die Umstände deines Lebens sein mögen

Der Herr kennt die Schwierigkeiten, die sein Volk und ebenso jeder Mensch durchmacht. Inmitten der Schwierigkeiten des Daseins wird die Wahl zu leben getroffen. Wir werden bei dieser Wahl nicht unseren Kräften allein überlassen sein. Gott ist da, er wacht über uns. Christus stärkt uns durch seine Gnade, durch seine Gegenwart. Der Heilige Geist erleuchtet uns, führt uns.

Die vorrangige Aufgabe eines jeden Menschen ist es also, das Leben zu schützen, es zu entfalten, es in vollen Zügen zu leben und bis ans Ende, bis zur letzten Minute seines Daseins. zu leben, koste es was es wolle. Der Mensch ist berufen, nicht vor seiner Stunde anzufangen zu sterben, sondern wieder zu entdecken, was Priorität hat, welches die wesentlichen Beweggründe seines Daseins sind, nicht Angst davor zu haben, neue Wege einzuschlagen, sollten es die Umstände erfordern. Und es gilt unter allen Umständen Kreativität zu beweisen, wenn es darum geht, Ausgänge des Lebens zu finden. Für alle, die mit ihrer Quelle verbunden sind, „beginnt das Leben stets aufs Neue. Es ist unablässig in Richtung des Augenblicks ausgestreckt, den ihm das Werden anbietet. Die Verantwortung eines jeden Menschen ist es, weder der (vergehenden) Zeit verhaftet zu bleiben noch sich passiv dem Lauf des Lebens zu überlassen. Dann kann die Lebenskraft belebt und erneuert werden“[1].

Das Verlangen zu leben wird für jeden und jede weitere Folgerungen und unterschiedliche Ausdrucksweisen haben, je nachdem in welchem Zustand er oder sie sich befindet, welches seine/ihre Lebensumstände und welches die aktuellen Schwierigkeiten sind. Doch den Ruf zum Leben zu hören, das Verlangen zu leben zu pflegen und zu nähren, das sind zweifellos die ersten Schritte auf dem Weg der Wiederherstellung.

Die Schwierigkeiten

Das Leben zu wählen ist nicht selbstverständlich. Erdrückende Umstände, ein schwieriges Umfeld, große Leiden oder Auflehnung können zu einer Unfähigkeit führen, das Leben zu wählen, oder es scheinbar unmöglich machen, die Form des Todes, in der man sich eingerichtet hat, zu verlassen. Die Einladung, das Le-

1 J. Chittister (1998). *Le Feu sous les cendres.* Montréal: Bellarmin. Die amerikanische Ausgabe ist von Sheed-Ward 1996 veröffentlicht worden, S. 116–136.

ben zu wählen, kann dann brutal und sogar äußerst gewaltsam erscheinen.

Überdies existieren in jedem Menschen Todes- und Lebenstriebe nebeneinander. Man muss also nicht überrascht darüber sein, dass man mit Blockaden, mit Schwierigkeiten konfrontiert wird. Der Konflikt zwischen dem Leben und dem Tod ist normal. Aber das Wort Gottes ist an jeden gerichtet: es liegt an dir das Leben zu wählen, dich nicht sterben zu lassen, nicht vor deiner Stunde zu sterben, kein lebend Toter zu werden. *„Wie ich mit Mose war, will ich auch mit dir sein"*, sagt der Herr zu Josua. *„Ich lasse dich nicht fallen und verlasse dich nicht. (...) Sei mutig und stark. Fürchte dich also nicht, und hab keine Angst; denn der Herr, dein Gott, ist mit dir bei allem, was du unternimmst"* (Jos 1,5–6.9).

Viele würden gerne lebendig werden, schaffen es jedoch nicht. Sie werden von einer Bremse zurückgehalten, einer inneren Schwere, einer Art Verschlusskappe von Traurigkeit, einer Niedergeschlagenheit, aus der sie sich nicht befreien können. Viele Kinder, die nicht erwünscht waren, wünschen selbst, nicht zu leben. Sie leben, weil man eben leben muss. Warum aber leben?

Andere wiederum äußern, dass ein Teil ihrer selbst wie tot ist. Der Körper ist vom Rest der Person abgeschnitten, die Gefühlswelt ist eingefroren, der Weg zu den Tiefen des Herzens ist verlorengegangen. Die Liebe Gottes ist für die anderen da, aber nicht für sie.

Doch das Wort Gottes ist lebendig und wahrhaftig. Es wendet sich an alle und zuerst an die, die am meisten leiden, die am meisten vom Leben heimgesucht werden: Schicke dich nicht einfach entmutigt darein und lass das Wort Gottes nicht ungenutzt liegen, glaube nicht, es könne nicht für jedes Kind Gottes gelten.

Die Gründe ans Tageslicht zu bringen, die es schwierig und für manche sogar unmöglich machen, das Leben zu wählen, ist eine wesentliche Etappe auf dem Weg der Evangelisierung bis in die Tiefen des Herzens, weil diese Wahl grundlegend, lebensnotwendig, vorrangig ist.

Man wird also das ganze Gebiet des Lebens und des Todes dem Heiligen Geist und in seinem Licht öffnen, indem man bis an die Wurzeln der Schwierigkeit, der Blockade hinabsteigt.

Habe ich das Verlangen zu leben? Wenn nicht, weshalb nicht?

Aufgrund welchen Ereignisses hat sich das Fehlen des Verlangens, dieses Nicht-Verlangen zu leben in mir eingepflanzt?

Habe ich wirklich gewählt zu leben? Wenn ich es nicht kann, was geht da vor sich?

Wie kann ich das Leben wieder in Gang bringen?

Das Risiko ist groß, zu schnell voranzugehen und zu glauben, dass die Rückkehr zum Leben auf magische Art und Weise vonstatten gehen wird, dass es ohne Probleme möglich sein sollte, das Leben zu wählen, indem man sich die Etappen, die für diesen Weg der Auferstehung notwendig sind, erspart.

Das ist ziemlich oft die Falle, in die viele Gläubige gehen. Sie sind in der Gefahr, Etappen zu überspringen. Sie sind sich nicht dessen bewusst, dass Etappen nicht zu durchschreiten zu einem beträchtlichen Hindernis für die Entscheidung zu leben werden kann. Die Geschichte der Israeliten lehrt uns, dass sie nach dem Auszug aus Ägypten nicht direkt in das verheissene Land gegangen sind.

Jesus hat ohne Abkürzung alle Etappen der Kindheit und der Jugend durchlebt. Er hat sich dreißig Jahre lang auf seine Mission vorbereitet. Und er ist nicht direkt von der Einsetzung des Abendmahls, dem Gründonnerstag, zur Auferstehung übergegangen.

Wie das Wort Gottes leben? Welche Wahl festmachen?

Das Leben in einem einzigen Zug, auf klare, umfassende, endgültige Art und Weise zu wählen, ist für viele ein auf Anhieb unmögliches Vorgehen. Sie können nicht abrupt eine Form des Todes, die in ihnen ist, verlassen, um sich in das zu stürzen, was sie für das Unbekannte, die Leere halten.

Doch es ist in der Reichweite eines jeden, einer jeden, *sich dafür zu entscheiden, sich auf einen Weg des Lebens zu begeben.* Erste Schritte zeigen, dass es zumindest möglich ist, eine Richtung einzuschlagen. Auch wenn man im Augenblick keine Ahnung hat, wie man das Leben wieder finden kann, sind folgende Schritte möglich : Sich in der Gewissheit niederlassen, dass Christus kommen und dem Leben wieder einen Anstoß geben wird an der Stelle, wo es stehengeblieben ist; mit seinem ganzen Wesen glauben, dass eine Art von Rückkehr ins Leben zu schaffen ist; jedem geheimen Einverständnis mit einem Weg der Zerstörung absagen; sich entschließen, nicht in der Form des Todes, die in einem ist, zu verharren. Diese Art, schrittweise an die Wahl heranzugehen, kann als viel angemessener empfunden werden als eine umfassende, endgültige und unmittelbare Veränderung. Es gibt dann keinen Zwang, kein Verleugnen seiner eigenen Wirklichkeit und auch kein Überstürzen. Man geht ganz genau von dem Zustand aus, in dem man sich befindet, und von da aus wird sich das Leben einen Weg bahnen, denn Gott holt uns dort ab, wo wir sind.

Es ist sodann wichtig, sich darüber im Klaren zu sein, welches die Wege des Lebens und welches die Wege des Todes sind, und diesbezüglich nicht in der Verwirrung zu verbleiben.

Einen Weg des Lebens zu wählen bedeutet, sich mutig dafür zu entschließen, die Etappen einer Trauer[1], die man unterdrückt hat, zu durchleben oder die Emotionen nochmals zu empfinden, zu durchleiden, die man im tiefsten Inneren begraben hat, ohne dass sie gelebt worden wären und die wahrhaftig zu Wegen des Todes werden. Kummer, Auflehnung, Aggressivität, Beklemmung, Angst und Schamgefühle rufen beträchtliche Schäden im gesamten Organismus hervor, wenn man sie nicht hervorholen, zugänglich machen oder zumindest in Worte fassen kann. Das wiederzufinden - wenn es nötig ist - was bei den unterschiedlichen Verletzungen in unserer Lebensgeschichte oder bei einer Abtreibung, bei einer Fehlgeburt verleugnet worden ist, den langen Weg des Wiederaufstiegs nach einem sexuellen Missbrauch anzugehen ..., dass alles gehört wesentlich zu den Wegen des Lebens.

Zu diesem Zeitpunkt wählt man nicht ein strahlendes und freudiges Leben; man wählt einen Weg, der zum Leben führt. Man beginnt mit einer Durchquerung, die Schmerz, Wut oder Panik wieder aufleben lassen kann. Diese Weg-Strecke wird nur dann wirklich zu einem Weg des Lebens, wenn man sie in der leuchtenden und tröstenden Gegenwart Christi zurücklegt. Die Zeit der Einsamkeit, des Umherirrens ist endgültig beendet: *Ich lasse euch nicht wie Waisenkinder allein* (Joh 14,18). Mit dieser Zusicherung und Zuversicht dürfen wir uns auf den Weg machen.

1 „Trauer“ wird hier verstanden als Reaktion auf einen Verlust, welcher Ordnung er auch immer sei.

Eine Wahl in dieser Form kann immer getroffen werden, da sie die Zeit, die jeder braucht, respektiert. Sie wird es erlauben, auszubrechen aus der Unbeweglichkeit, dem Zweifel, der Ohnmacht eines Kindes, das die Begebenheiten seiner Geschichte so gut es eben konnte, erlebt hat, und vor allem aus der geheimen Gefälligkeit, die man dem Tod gegenüber unbewusst aufrechterhält.

Kehre zum Leben zurück. Wenn ein Teil von dir zum Tod weggegangen ist, führe ihn zum Leben zurück. Der Lebendige wird deine Kraft und dein Licht sein.

Die Wahl

Ein besonderer innerer Akt

Zu wählen bedeutet zuerst, die Gnade der Unterscheidung zu erbitten: Welchen Weg des Lebens? Welchen Weg des Todes? Danach muss man die Gnade der Kraft erbitten, um das Alte verlassen und das Neue leben zu können.

Wählen ist ein Akt der Freiheit, ein Akt, der Identität stiftet, ein Akt der Kreativität. Die Existenz des Menschen ist ein Gewebe aus Initiativen, Entscheidungen und Verbindlichkeiten, und die erste Entscheidung sollte zweifelsohne die für das Leben sein.

Die echte Wahl wird zuerst im Inneren des Herzens, dem Zentrum des Daseins, dem Ort der grundlegenden Entscheidungen, getroffen. Die Initiative kommt immer von Gott: Man antwortet auf den Ruf zum Leben, der an jeden Menschen gerichtet wird. Die Wahl hat als Grundlage, als Antrieb die echtesten Sehnsüchte, die man endlich an die Oberfläche kommen lässt. Die Tiefe und die Gültigkeit des Entschlusses müssen solid verwurzelt sein.

Christus ist durch den Tod gegangen; er hat das Grab verlassen, er ist lebendig. Der Heilige Geist ist da, um uns zu führen. Das frische Manna, das lebendige Brot, das vom Himmel herabgekommen ist (Joh 6,50), werden uns im Überfluss gegeben werden.

Die Wahl ist das Gegenteil der Passivität, des Eingeschläfertseins, der Gewohnheit, der Undankbarkeit.

Solange man nicht wirklich gewählt hat, ist die Gefahr groß, ein Haus zu bewohnen, das mit sich selbst uneins ist[1], in einem ständigen inneren Konflikt zu leben, zwischen dem Ja und dem Nein[2] hin und her zu schwanken, in der Passivität, der Unterwerfung zu verharren.

Für die Wahl ist jeder selbst zuständig

Niemand kann anstelle eines andern wählen, selbst Gott nicht. In zahlreichen Abschnitten des Evangeliums verweist Jesus jeden und jede mit überraschender Festigkeit auf die eigene Wahl.

Der ältere Sohn in dem Gleichnis vom Vater und seinen zwei Söhnen (Lk 15,11–32) hat sein Verlangen zu leben erlöschen lassen, er ist durch ein legalistisches Verständnis der Pflicht hart geworden. Er hat sich nicht von seinen tiefen Ressourcen aus entwickelt, sondern vom Rollenbild des idealen ältesten Sohnes, das er sich selbst geschmiedet hat. Er sieht sein ganzes System auseinanderbrechen, als der jüngere Bruder zurückkommt, der das Erbe in einer völligen Gewissenlosigkeit verschwendet hat und für den der Vater ein Fest veranstaltet und das gemästete Kalb schlachtet. Daraufhin bricht die Rivalität aus. Der Vater führt ihn mit Zärtlichkeit und Warmherzigkeit auf die Wahl des Lebens zurück, auf das Zutagefördern seiner Fähigkeiten und Möglichkeiten, seines Verlangens, seiner Initiative, ihn, der es nie gewagt hat, um ein Zicklein zu bitten, um ein Fest zu veranstalten: *Du, mein Kind, bist immer mit mir; und alles, was mir gehört, gehört dir.* Es liegt an dir, das Leben zu wählen, einzutreten in das Glück des Lebens, ins Teilen, in die Kommunikation.

Martha (Lk 10,38–42) hat nicht gewählt, sie ist völlig von den vielfältigen Aufgaben des Dienstes in Anspruch genommen und fühlt sich schlecht dabei. Sie ist frustriert, zu sehen, dass ihre Schwester Maria eine Wahl getroffen hat: Diese sitzt zu Jesu Füßen und hört seinem Wort zu. In Wirklichkeit sucht Martha ihren Platz, das, was das Wesentliche in ihrem Leben sein kann, jedoch ohne zu wissen, was genau sie sucht; aus diesem Grund bittet

1 *Ein jegliches Reich, wenn es mit sich selbst uneins wird, geht unter* (Lk 11,17).
2 *Eure Rede aber sei: Ja, ja; nein, nein. Was darüber ist, ist vom Übel* (Mt 5,37).

sie Jesus, ihrer Schwester ins Gewissen zu reden, damit sie ihr zu Hilfe komme. Es gibt keinen Grund dafür, warum Maria aus etwas Nutzen ziehen sollte, das sie selber nicht hat: einer Wahl, einer Fülle von Leben. Jesus erhört sie nicht, sondern führt sie zu sich selbst zurück. Er lädt sie dazu ein, zu wählen, ihr gutes Teil in sich selbst zu entdecken, das ihrige, welches nicht das Marias ist, und von ihm Gebrauch zu machen: *Martha, Martha, du hast viel Sorge und Mühe. Eins aber ist not. Maria hat das gute Teil erwählt; das soll nicht von ihr genommen werden.*

Der Gelähmte am Teich von Bethesda, der seit achtunddreißig Jahren auf seiner Matte darniederliegt, wird plötzlich, auf abrupte Art und Weise, von Jesus hinsichtlich der Ursache seines Leidens herausgefordert: *Willst du gesund werden?* fragt ihn Jesus. Hast du wirklich die Wahl getroffen, gesund zu werden, dein Leben wieder in Gang zu setzen? Du hast deinen Lebensfunken erlöschen lassen. Mit mir wirst du, wenn du willst, aufstehen und dich wieder auf den Weg machen können und dabei deine Matte tragen. Fasse Mut, bleib nicht unbeweglich in deiner Ohnmacht liegen, brich auf (Joh 5,1–18).

Alle sind dazu aufgerufen, ihre Entscheidung für das Lebens zu treffen, ihr eigenes Potenzial, ihren besonderen Platz zu entdecken, ihre echten Sehnsüchte an die Oberfläche kommen zu lassen, damit aufzuhören, hin und her zu schwanken, zwischen der austrocknenden Pflicht, der Frustration, der Ohnmacht einerseits und dem Eintritt in das wirkliche Leben andererseits.

Die Wahl des Lebens kann nicht warten

Für Jesus kann die Wahl des Lebens nicht warten. In seinem Buch „La Loi de Dieu" („Das Gesetz Gottes") bringt Paul Beauchamp[1] die Tatsache ans Licht, dass Jesus sein eigenes Leben in Gefahr bringt, um nachdrücklich verstehen zu geben, dass der Mensch in Gefahr ist in seinem Schwanken zwischen dem Leben und dem Tod, in seiner Gefälligkeit gegenüber den zum Tode führenden Verhaltensweisen und im Vergessen, im Nichtachten der Wege des Lebens.

1 P. Beauchamp (1999). La Loi de Dieu. Paris: Ed. du Seuil. S. 171–190.

Aus diesem Grund heilt er Kranke am *shabbat*, obwohl es doch keine Dringlichkeit gibt: den Gelähmten von Bethesda, der seit achtunddreißig Jahren darniederliegt (Joh 5,1–19), eine Frau, die seit achtzehn Jahren verkrümmt ist (Lk 13,10–14), einen Mann, dessen Hand sicherlich bereits seit mehreren Jahren verdorrt ist (Mk 3,1–16), einen Blindgeborenen (Joh 9,1–40).

Alle hätten ohne Nachteil noch einen Tag länger warten können, was Jesus eine blutige Auseinandersetzung mit den Oberhäuptern der Synagoge erspart hätte, denn eben dieser Heilungen wegen ist sein Tod beschlossen worden. Heilen ist ein Akt des Lebens, und angesichts einer Wahl des Lebens sieht sich Jesus mit dem „weder Ja noch Nein“ der Oberhäupter der Synagoge konfrontiert. Dieses „weder Ja noch Nein“ ist in Wirklichkeit ein Nein: Was seine Gegner interessiert, ist nicht die Heilung eines Invaliden, sondern die allzu strenge Beobachtung des Gesetzes. Angesichts dieser Zweideutigkeit, dieser subtilen Form der Lüge kann es sich Jesus nicht erlauben, einen günstigeren Zeitpunkt abzuwarten. Er entscheidet sich ganz bewusst für eine Heilungshandlung, ein Ja zum Leben. Er weiß, dass er sich damit in Lebensgefahr begibt, aber die Wahl des Lebens ist so grundlegend wichtig, dass er nicht zögert, sein eigenes Leben aufs Spiel zu setzen, um diese Botschaft zu übermitteln.

Entscheide dich nicht für den Tod

Wie ist es möglich, den Tod zu wählen?

Es handelt sich hier nicht um den körperlichen Tod, welcher der Übergang von einem Leben zu einem anderen ist, sondern um einen Weg der Zerstörung, der die Entfaltung des Lebens bremst, zum Stillstand bringt. „Der wahre Tod ist nicht das Ende des Lebens, er ist das, was das Leben daran hindert, geboren zu werden und sich zu entfalten.“[2]

Es handelt sich hier um „den Tod, der die Geburt und die Entfaltung des Lebens verhindert“[3].

2 P. Beauchamp (1977). *L'Un et l'Autre Testament*. Paris: Ed. du Seuil. S. 199 (zitiert von A. Wénin (1998). *Pas seulement de pain ...Violence et alliance dans la Bible*. Paris: Ed. du Cerf. S. 92).

3 A. Wénin. a.a.O. S. 92.

Wie kommt es, dass so viele Menschen Wege des Todes einschlagen, Richtungen, die das Leben verhindern, ohne dass ihnen dies wirklich bewusst ist, ohne sich darüber Rechenschaft abzulegen? Es geht ihnen nicht gut, aber sie wissen oft nicht den wahren Grund und suchen vergeblich nach einem Ausweg. Was geht vor sich? Welches sind die falschen Götter, vor denen sich niederzuwerfen der Mensch sich hinreißen lässt? Welche Wahrheit hört er nicht?

Den Weg des Todes beim Namen nennen

Habe ich vielleicht, ohne es zu wissen, einen Weg des Todes eingeschlagen? Welchen? Dies ist die notwendige Fragestellung für die Person, die den lebenschaffenden Sinn des Wortes Gottes zu verstehen sucht. Dieses Suchen dem Licht des Heiligen Geistes zu öffnen ist der erste Schritt auf dem Weg des Lebens. Er ist jedem zugänglich.

Den Weg der Zerstörung, den man hat nehmen können, genau zu benennen, ihn ans Licht zu bringen, das wird es ermöglichen, ihn zu verlassen und sich wieder zum Leben hin zu orientieren, aus der Verwirrung, der Unentschlossenheit herauszugehen, ein gesundes Auge zu gewinnen. *Das Auge gibt dem Körper Licht. Wenn dein Auge gesund ist, dann wird dein ganzer Körper hell sein. Wenn aber dein Auge krank ist, dann wird dein ganzer Körper finster sein. Wenn nun das Licht in dir Finsternis ist, wie groß muss dann die Finsternis sein!* (Mt 6,22–23). Man kann in der Tat das Leben nur dann wirklich wählen, wenn man den Weg des Todes verlässt, den man vielleicht genommen hat. Man kann den Weg des Todes nur dann verlassen, wenn man ihn kennt, wenn man ihn in Worte gefasst hat.

Der Todesweg ist immer eine Übertretung eines Lebensgesetzes. Man wird ihn folglich entdecken, indem man die Lebensgesetze gründlich erforscht. Danach wird es sich darum handeln, ans Licht zu bringen, wann, wie und warum er eingeschlagen worden ist. Meistens geschieht das nach einer schlecht verarbeiteten Verletzung. Um zu überleben, das Leiden zu umgehen, glaubt man einen Weg des Lebens einzuschlagen, aber in Wirklichkeit verliert man sich auf einem Weg des Todes. Es ist also notwendig, die Verletzung, ihre Folgen und die Art und Weise, wie man darauf reagiert hat, offenzulegen, anzuerkennen.

Es gibt äußerst Aufsehen erregende Wege des Todes, und andere schlägt man ein, ohne sich dessen bewusst zu sein. Diese letzteren sind vielfältig, stellen unzweifelhaft eine Gefahr dar und sind ebenso gewiss Sperren für das Leben.

Man wird nach und nach von selbst die Wege des Todes in Worte fassen können, indem man jedes der Lebensgesetze studiert, die angesprochen werden auf dem Weg der Evangelisierung der Tiefen des Herzens, wie ihn jeder zurücklegt. Dennoch, um hierin etwas klarer zu sehen, kann es nützlich sein, jetzt schon einige Beispiele für Wege des Todes, für einige der Erscheinungsformen dieser Wege der Zerstörung zu geben.

Aufdeckung einiger Wege des Todes

Wo kommen sie her? Von falschen Richtungen, auf die man gekommen ist, um das durch eine Verletzung verursachte Leiden zu umgehen; von der Unterwerfung unter lügenhafte Vorstellungen, welche vom Wort anderer über mich oder ihrem Blick herrühren; von falschen Bildern und Begriffen von Gott, die eine „Verzerrung des Opferbegriffes“ mit sich bringen. Das heißt, man lebt dann mit einer verzerrten Auffassung von der Macht und dem Willen Gottes, dem Leiden, dem Kreuz .... Todeswege können auch die Folge sein von falschen Vorstellungen von dem, was geben bedeutet: Es gibt tausenderlei Arten zu geben und sich selbst zu geben und dabei Leben zu schaffen, aber auch vielfältige Formen des Gebens, mit denen man das Leben in sich selbst zerstört, seine Identität, seine innere Freiheit zugrunde richten lässt, indem man seine echtesten Sehnsüchte auslöscht, ein unangebrachtes Mitgefühl, ein falsches Schuldbewusstsein entwickelt, ein Helfershelfer der Unordnung, der Verwirrung des anderen wird, seine Grenzen überschreitet ... Die Todeswege können auch von einem verunsichernden, traumatisierenden Lebensanfang herrühren. So können die Empfängnis eines Kindes, die unter Gewalt oder Zurückweisung geschehen ist, der Plan oder der Versuch einer Abtreibung, eine mangelnde Aufnahme bei der Geburt („Wie hässlich dieses Kind nur ist“, ruft die Mutter Pauls bei seiner Geburt aus) zu Ursachen von Verletzungen werden.

Sarah schafft es nicht, das Leben zu wählen, obwohl sie einen Weg der Wahrwerdung, ausgehend von ihrer Geschichte, angegangen hat. „Ich erlebe eine Art von Schwere, von Niedergeschlagenheit angesichts des Lebens: Wozu soll das alles gut sein? Ich verstehe nicht, warum ich mich so dahinschleppe, warum mich so oft eine grundlose Traurigkeit überkommt". Sarah weiß, dass sie kein Wunschkind war. Ihre Mutter verspürte einen innerlichen Aufruhr, als sie erfuhr, dass sie wieder schwanger war, gerade als ihre ersten drei Kinder der Jugendzeit entwuchsen und sie sich schon darauf eingestellt hatte, eine andere Etappe ihres Lebens leben zu können. Sie hat es nie wirklich geschafft, diese neuerliche Schwangerschaft anzunehmen. „Man hat das Leben für mich nicht gewollt, ich will es auch nicht." Sarah hat das Nicht-Verlangen ihrer Mutter in sich selbst aufgenommen. Dies ist der Grund dafür, dass es ihr unmöglich ist, das Leben wirklich zu wählen.

Das Anerkennen der Verletzung, des falschen Weges, den sie eingeschlagen hat, um das Leiden an der Ablehnung zu überwinden, ermöglicht es ihr, sich des Ursprungs der inneren Blockierung bewusst zu werden. Von da aus kann sie die Reise beginnen, die sie zu ihrer eigenen Wahl angesichts des Lebens bringen wird. *Nicht länger nennt man dich „Die Verlassene" und dein Land nicht mehr „Das Ödland", sondern man nennt dich „Meine Wonne" und dein Land „Die Vermählte". Denn der Herr hat an dir seine Freude, und dein Land wird mit ihm vermählt* (Jes 62,4).

Eric ist geistig leicht zurückgeblieben, was ihm das Lernen erschwert. Er ist sich bewusst, dass er es nie schaffen wird, seine Hoffnungen zu verwirklichen. „Das, was ich erlebe, ist zu hart", sagt er. „Ich möchte lieber sterben." Ein allzu schwieriges Leben, grausame Todesfälle, seelische oder körperliche Schwierigkeiten, die unüberwindlich scheinen, können jemanden dazu bringen, den Mut zu verlieren. Wozu soll es gut sein zu leben, wenn es nur dazu ist, solche Lasten zu tragen!

Anne hat solch starke Impulse zu sterben, dass sie nicht mehr die U-Bahn nehmen kann aus Angst, sich unter den Zug zu werfen. Mehrmals hat sie darum gebeten, dass man Befreiungsgebete für sie spricht, ohne Erfolg. Als Antwort auf die einfache Frage: „Warum willst du sterben?", hat sie schließlich entdeckt, dass sie lieber ihr Leben beenden möchte als weiterhin den unerträglichen, beherrschenden Einfluss ihrer Mutter zu ertragen. Sie weiß nicht, wie sie sich davon befreien soll, und er wird, sagt sie, schließlich ihre Ehe zerstören. Anne wird nicht von ihren Todessehnsüchten befreit werden können, solange sie nicht das Problem der Unterwerfung unter ihre Mutter aufgeklärt und geregelt hat.

„Ich verdiene es nicht zu leben. Mein Zwillingsbruder ist bei der Geburt gestorben", sagt Frédéric. „Es ist meine Schuld, ich habe ihn getötet, indem ich seinen Platz eingenommen habe." Frédéric lässt sich von diesem falschen Schuldgefühl zerstören. Er ist weder für seine Empfängnis noch für die Umstände seiner Geburt verantwortlich. So ist es auch bei Bénédicte, welche die Qual, die sie zu leben hindert, folgendermaßen ausdrückt: „Ich bin das neunte Kind, meine Mutter ist ein Jahr nach meiner Geburt an Erschöpfung gestorben, sie hat sich nie davon erholt. Wenn ich nicht da gewesen wäre, wäre sie noch am Leben. Sie ist wegen mir gestorben."

Mathilde hat einen unerbittlichen Hass auf ihren Vater, welcher sie daran gehindert hat, ein Studium zu absolvieren, dabei hätte er dieses ohne Probleme finanziell auf sich nehmen können. Es wäre für sie leicht, die verlorene Zeit aufzuholen. Stattdessen versteift sie sich auf eine Art Rache. Er soll das Leid nie vergessen, das er ihr zugefügt hat; er soll es wiedergutmachen. „Ich merke, dass ich auf einen Augenblick meiner Geschichte fixiert bin; ich kann nicht darüber hinwegkommen, ich bin unfähig, vorwärts oder rückwärts zu gehen, ich stehe vor einer Mauer." Mathildes Hass verbirgt vielleicht einen großen Kummer, nämlich denjenigen, einen Vater gehabt zu haben, der auf einen ihrer tiefsten Wünsche keine Rücksicht genommen hat. Sie muss dieser Möglichkeit ins Gesicht sehen und den Weg in Angriff nehmen, mit ihren Gefühlen vertrauter zu werden und ihre Umwandlung zuzulassen. Man versteht ihre Auflehnung, aber sie wirkt sich ganz und gar zerstörerisch aus.

Claire steckt offensichtlich in einer dauerhaften Depression. „Ich habe zu Gott gesagt: Ich bin bereit zu sterben, wenn dafür mein

Sohn aus der Drogenabhängigkeit herauskommt. Im Lichte dessen, was ich heute über den Aufruf, das Leben zu wählen, höre, frage ich mich, ob mein Gebet richtig war.“ Claire hat einen Pakt mit dem Tod geschlossen. Dies ist eine Beleidigung dem Gott der Lebendigen gegenüber, der dazu einlädt, das Leben und nicht den Tod zu wählen; als ob Gott nicht das Leid des einen wegnehmen könnte, ohne es einem anderen aufzubürden. An keiner Stelle findet man das im Evangelium.

Wie viele wählen geradezu Wege des Todes aufgrund der Vorstellung, die sie von Gott haben: ein Gott, der den Tod will und nicht das Leben. Wie kommt es, dass so viele Menschen taub sind, das Wort des Lebens nicht hören, das Wort Gottes auf tödliche Art und Weise interpretieren, indem sie sich in Bezug auf den Tod täuschen, das töten, was leben sollte, und das gedeihen lassen, was sterben sollte?

„Letztendlich, wenn es mir zu schlecht geht, kann ich mir immer noch etwas antun“, sagt sich André. Ohne sich darüber Rechenschaft zu geben, lebt er eine Gefälligkeit dem Tod gegenüber, flirtet er mit ihm.

Viele stecken mit dem Tod unter einer Decke. Es ist außerordentlich wichtig, dieses heimliche Einverständnis aufzudecken, äußerst wachsam zu sein. Diese Art der unbewussten Komplizenschaft verhindert den Durchbruch zum Leben, die Wahl des Lebens.

Der Weg zurück

Während man die vitale Bedeutung des ersten Lebensgesetzes gründlich erforscht, sieht man plötzlich klar. Dies ist die Zeit der Bewusstwerdung. Man vernimmt, was man nie wirklich gehört hat, diesen außergewöhnlichen Aufruf zum Leben, der das Verlangen aufzubrechen weckt. Man nimmt wahr, dass man zwischen einem Weg des Todes und einem Weg des Lebens hin und her schwankt, da man nie wirklich klar den Unterschied gemacht hat oder dass man, völlig von einem Weg des Todes in Beschlag genommen, zweifelt, ob man ihn je verlassen könne.

Man könnte versucht sein, im Gewissensbiss, im unfruchtbaren Bedauern oder dem Gefühl der Ohnmacht zu versinken. Dann lässt uns jedoch die Gnade Gottes mit Verwunderung entdecken, dass wir mit einer unglaublichen Zärtlichkeit und einer unermesslichen Freude empfangen werden in der Bewegung, die uns dazu drängt, den Tod zu verlassen und auf das Leben zuzugehen, so zögerlich sie auch sei.

Wenn einer von euch hundert Schafe hat und eins davon verliert, lässt er dann nicht die neunundneunzig in der Steppe zurück und geht dem verlorenen nach, bis er es findet? Und wenn er es gefunden hat, nimmt er es voll Freude auf die Schultern, und wenn er nach Hause kommt, ruft er seine Freunde und Nachbarn zusammen und sagt zu ihnen: Freut euch mit mir; ich habe mein Schaf wiedergefunden, das verloren war. Ich sage euch: Ebenso wird auch im Himmel mehr Freude herrschen über einen einzigen Sünder, der umkehrt, als über neunundneunzig Gerechte, die es nicht nötig haben umzukehren (Lk 15,4–7).

Die Gewissheit, dass die Macht der Liebe Gottes uns von dort abholt, wohin wir uns verirrt haben, dass Freude herrscht über unsere Rückkehr, ist die Quelle, das Herz der *Reue*; unser ganzes Wesen kehrt um. Das Herz schmilzt. Wie hat man nur an der Gabe, der Quelle des Lebens vorbeigehen können? Nun können wir nicht mehr daran zweifeln, dass der Durchbruch erlebt, und uns die Gnade Gottes zu diesem Ostern führen wird, dass wir die Möglichkeit haben werden, den Tod zu verlassen und einen ersten Schritt auf die Straße zu setzen, die zum Leben führt.

Am Anfang der „Reise" weiß man noch nicht, wie sich der Weg des Todes in unserem Inneren eingewurzelt, warum man ihn eingeschlagen hat. Es ist also schwierig, ihm gezielt, auf genaue Art und Weise zu entsagen. Doch es gibt einen Akt, der in Reichweite eines jeden liegt und den man ohne Zögern ausführen kann: Gleich wie man es gewählt hat, sich auf einen Weg einzulassen, der zum Leben führt, kann man auch die Wahl treffen, jeglichem geheimen Einverständnis mit einem Weg des Todes abzusagen. Es handelt sich hier um einen inneren Akt, den wir selbst dann vollziehen können, wenn wir uns in einem Wellental befinden, ja selbst dann, wenn wir keine Ahnung davon haben, wie wir wieder nach oben kommen. Dies ist der Ausgangspunkt, der erste Schritt, um aus der Situation des Todes herauszukommen, in der wir uns möglicherweise befinden.

Erste Schritte auf dem Weg des Lebens

Erste, punktuelle Entscheidungen

Auf dem Weg der Evangelisierung bis in die Tiefen des Herzens beginnen viele damit, schrittweise, punktuelle Entscheidungen für das Leben zu treffen. Jede Etappe umfasst in Wirklichkeit zwei wesentliche Phasen: die Phase der Absage gegenüber dem Weg des Todes, der zutage gefördert worden ist, und die Phase der Entdeckung eines Auswegs, der Wahl, einen Schritt zum Leben hin zu tun. Es handelt sich hier um Entscheidungen, die sich auf ein ganz bestimmtes Problem beziehen. Manche können in diesem Augenblick eine endgültige Wahl für das Leben festmachen, andere werden noch während einiger Zeit punktuelle Entscheidungen treffen und erst später, durch die Gnade des auferstandenen Christus, zur endgültigen Wahl des Lebens vorstoßen. Das wird dann die Zeit der Auferstehung sein, die Zeit der zweiten Geburt, des Eintritts in den Bund. Es gibt ein „Vorher" und ein „Nachher".

Das Zeugnis von Bénédicte

„In den Wochen nach meiner Rückkehr vom ersten Seminar[1] ging es mir nicht gut. Ich fühlte mich nicht nur mehr denn je unfähig zu leben, unfähig, die Wirklichkeit zu begreifen, zerstückelt, sondern das Leiden in mir war unerträglich, erdrückend, unmöglich auszuhalten. Trotzdem klammerte ich mich an dem Wort fest: *Jesus rief mit lauter Stimme: ‚Lazarus, komm heraus!'* Am Morgen, am Abend, nachts, tagsüber brach dieser laute Ruf [Jesu] unerwartet hervor. Eine Aufforderung, eine Bitte, ein strikter

1 Es handelt sich hier um das erste Seminar des dreiteiligen Zyklus von Bethasda.

Befehl, immer mit Liebe. Ein fester und Geborgenheit spendender Ruf, wie die Hände eines Freundes, die dich aus einem Loch ziehen. Gleichzeitig sagte ich mir, dass es zu schwierig sei, dass ich dieses Mal endgültig Schluss machen müsse. Daraufhin habe ich in mir gespürt, dass ich, sollte ich die Entscheidung treffen zu sterben, damit all das verraten würde, was mir am kostbarsten, am liebsten war. Ich würde damit mich selbst verraten, das, was das Wahrste, Tiefste in mir ist. Kurz, ich würde den verraten, den ich am meisten liebe: Gott. Ich befand mich an diesem Punkt, als ich im Laufe einer Begleitung unvermittelt, wie mit einem Klick in der Tiefe, den ich beinahe körperlich spürte, entdecken durfte, was Entschlossenheit bedeutet. Plötzlich ist mir aufgegangen, was es mir ermöglichen würde, dessen war ich sicher, die Tür entweder zu öffnen oder zu schließen. Das war der Angelpunkt, an dem nur ich die Wahl treffen, das Scharnier entschieden in Bewegung versetzen konnte. Es hat auf ganz zarte, aber doch schon freudige Weise angefangen. Ein kaum merkliches Bewusstwerden von dieser Möglichkeit, die Dinge in die Hand zu nehmen, Handelnde zu sein, mich nicht mehr überwältigen zu lassen. Nach und nach ist es gewachsen, es hat fast unmerklich in mir ‚Platz genommen', ermutigt und gestärkt durch die kräftige Stimme Jesu.

Heute fühle ich mich gefestigt, entschlossen, was auch immer kommen mag. Ich erlebe mich als äußerst zerbrechlich und verletzlich, der geringste Windstoß schürft mir die Haut auf, ich sehe indessen auch mit Verwunderung und voller Lob und Dankbarkeit eine Festigkeit, die ich nicht gekannt habe und die bewirkt, dass ich stehenbleibe. Und mein Leid trennt mich nicht mehr von Gott. Wenn es mir zu sehr weh tut, spricht dieser Satz zu mir: *Meine Seele ist zu Tode betrübt. Bleibt hier und wacht mit mir* (Mt 26,38).

Ich bin mit Christus.

Das Leben dringt durch alle Poren meiner Haut in mich ein, wie ein Sprudeln. Es ist eine starke Emotion, ein starkes Erschaudern, und der Lobpreis wohnt in mir.

Nun denn, so werde ich also zum zweiten Seminar gehen, wenn auch nicht geheilt, so doch wenigstens in der Entschlossenheit verwurzelt. Das ist etwas ganz anderes. Ich würde Sie gerne durch all das hindurch mein erstauntes ‚Amen'[1] angesichts des Werkes Gottes hören lassen!"

Wir sind nicht allein auf dem Weg

Vom Anfang des Ersten Testaments an wird angekündigt, dass Gott in die menschliche Erfahrung eingreifen wird. Er wird seine Söhne und Töchter nicht ihrer Einsamkeit überlassen, ihrem Unvermögen und ihrem Verkennen des wahren Sinns seines Wortes.

Er ist derjenige, der sein Volk aus dem Land Ägypten, aus dem Haus der Knechtschaft ausziehen lässt, welches auch immer deren Form sein mag (Dtn 5,6). Er geht aus und holt diejenigen seiner Schafe, welche die Orientierung verloren, die falsche Richtung eingeschlagen haben, die umherirren: *So kümmere ich mich um meine Schafe und hole sie zurück von all den Orten, wohin sie sich am dunklen, düsteren Tag zerstreut haben* (Ez 34,12).

Nachdem ihm eine lange Ahnenreihe an Männern und Frauen, an Dienern und Propheten, die eine ganz bestimmte Aufgabe zu erfüllen gehabt haben, vorausgegangen ist, kommt Jesus, der zum jüdischen Volk gehört, in die Geschichte der Menschheit (Lk 1,26–38; 2,1–21).

Jesus Christus, *das Licht der Welt* (Joh 1,4), wird auch der neue Adam genannt. Er ist der Sohn, der Gesandte Gottes. Er ist *der Weg, die Wahrheit und das Leben* (Joh 14,6). Er bringt das Leben in Fülle (Joh 10,10), er bringt es wieder in Gang, jedes Mal, wenn es stehen geblieben ist, sei das auf der Ebene des Körpers, der inneren Blockierungen, sei es auf der Ebene der Herztiefe oder der Beziehungen. Schon zu Beginn seiner Sendung kündigt er an, dass er gekommen ist, um die Gefangenen, die Unterdrückten zu befreien: *Der Geist des Herrn ruht auf mir; denn der Herr hat mich gesalbt. Er hat mich gesandt, damit ich den Armen eine gute Nachricht bringe; damit ich den Gefangenen die Entlassung verkünde und den Blinden das Augenlicht; damit ich die Zerschlagenen in Freiheit setze und ein Gnadenjahr des Herrn ausrufe* (Lk 4,18–19).

1 Lat. „fiat", wörtlich „so sei es" (Anmerkung des Übersetzers).

Geht und berichtet Johannes, was ihr gesehen und gehört habt: Blinde sehen wieder, Lahme gehen, und Aussätzige werden rein; Taube hören, Tote stehen auf, und den Armen wird das Evangelium verkündet (Lk 7,22).

Er berührt damit symbolisch alle Wege des Todes, auf denen ein Mensch in den Abgrund stürzen kann: das innere Sich-Einschließen und Verriegeln, Kommunikationsschwierigkeiten, der Verlust der inneren Freiheit, das Erdrücken der eigenen Identität, die Blindheit in Bezug auf seine eigene Wirklichkeit, das Verschließen der Ohren für die Sprache des anderen, für das Wort Gottes ... Die Befreiung durch Christus ist eine wunderbare Nachricht, die Quelle der Freude ist. Es ist also möglich, aus seinen inneren Gefängnissen auszubrechen, Ägypten zu verlassen. Wir werden auf diesen Wegstrecken nicht allein sein, denn er geht mit uns auf dem Weg (Lk 24,15). Er wird uns unterweisen und stärken, denn in ihm gibt es immer einen Ausweg, der uns zu unserer Wahrheit, zu unserer Freiheit führt.

Er kommt, um den Menschen zu seiner vollen Entfaltung zu bringen, ihm erneut zu zeigen, wie er seine Quelle wiederfinden, mit dem Vater verbunden sein und seine Sohn- oder Tochterschaft Gottes[2] ausleben kann, indem er sein Menschsein bis ans Ende auf sich nimmt und es vom Geist bewohnt sein lässt. Der Mensch ist ja der Tempel des lebendigen Gottes. Jesus ist wesensmäßig frei, lebt die wirkliche Freiheit, die ihren Ursprung im Vater hat und nicht vor Widerstand und Gewalt zurückweicht. Er versichert uns, dass die Wahrheit uns frei machen wird (Joh 8,31). Er hat uns so geliebt, wie niemand sonst uns geliebt hat. Er lässt uns damit die Liebe erkennen, die der Vater uns gegenüber von jeher,

2 Im Alten Testament wurde der Begriff der Kindsadoption, der die Beziehungen zwischen Gott und seinem Volk mit Worten der menschlichen Verwandtschaft übersetzt, von Israel besonders im Laufe der Ereignisse des Auszugs aus Ägypten erfahren. Doch in den Augen Gottes ist Jesus „der Sohn". Jesus wendet sich an ihn, indem er ihn Abba, Vater, nennt. Zwischen Gott und ihm herrscht diese starke Intimität, die eine vollständige gegenseitige Kenntnis und eine umfassende Kommunikation voraussetzt. So gibt Jesus der göttlichen Verkündigung ihren vollständigen Sinn: Du bist mein Sohn. Durch den Glauben an Christus haben die Christen den Heiligen Geist in sich, der aus ihnen Adoptivkinder macht. Durch Jesus können sie ihre Sohn- oder Tochterschaft Gottes antreten. *Vocabulaire de théologie biblique*, a.a.O. S. 466–470.

jetzt und auf ewig hegt, denn wer ihn sieht, sieht den Vater (Joh 14,9). Er ist für so viel Freiheit, Wahrheit und Liebe zum Tod verurteilt worden, doch er hat die Welt überwunden, er hat den Tod überwunden. Er ist wahrhaftig auferstanden (Lk 24,1–8), er ist lebendig, in jedem Augenblick unseres Lebens gegenwärtig. Er lehrt uns den Weg, der vom Tod zum Leben führt über die Etappen des Pflügens unseres inneren Bodens.

Jesus verlässt die sichtbare Welt, die Welt der Formen. Er steigt wieder zu seinem Vater hinauf, aber er lässt uns nicht als Waisen zurück (Joh 14,18). Nun schickt uns der Vater den Geist der Wahrheit (Joh 14,26). Er ist der gleiche Geist, der in Jesus gelebt hat, der innere Führer, der uns lehren wird, wie wir richtig mit ihm zusammenarbeiten, wie wir diese für einen Menschen so wunderbare Erfahrung entfalten können: lernen, sein Menschsein zu leben, indem man es vom Geist beleben lässt[1].

Und ich werde den Vater bitten, und er wird euch einen anderen Beistand geben, der für immer bei euch bleiben soll. Es ist der Geist der Wahrheit, den die Welt nicht empfangen kann, weil sie ihn nicht sieht und nicht kennt. Ihr aber kennt ihn, weil er bei euch bleibt und in euch sein wird (Joh 14,16–17).

Dieser Weg ist für jeden und für jede zugänglich. Man braucht nicht irgendwelche besonderen Fähigkeiten zu haben, um ihn zu leben. Was Gott uns vorschlägt, ist einfach: *Dieses Gebot, auf*

1 Jedes Mal, wenn in diesem Werk vom „Geist“ die Rede ist, handelt es sich um den Heiligen Geist, der von Jesus angekündigt wurde, um den Geist Gottes, der in Jesus Christus lebte. „Der Geist Gottes kann sich nicht vom Vater und vom Sohn absondern. Er hat kein Gesicht, auch keinen Namen, bei dem eine menschliche Gestalt anklingen könnte. Jesus empfindet den Geist nicht als eine Kraft, die von außen in ihn eindringt. Er ist im Geist zuhause, der Geist gehört ihm, es ist sein eigener Geist. Solange er unter den Menschen lebt, kann er ihn nicht als von sich verschieden zeigen. Damit der Geist verbreitet und erkannt werde, muss Jesus weggehen (Joh 7,39; 16,7). Dann wird man erkennen, was der Geist ist und dass Er von ihm kommt. Als er stirbt und seinen Geist Gott anbefiehlt, überträgt er ihn gleichzeitig auf das Volk der Gläubigen. Jetzt, da der Menschensohn zur Rechten des Vaters in Herrlichkeit erhöht ist (Joh 2,23), versammelt er die gerettete Menschheit (Joh 12,32) und breitet den Geist über sie aus (Joh 7,39; 20,22; Apg 2,33)“. Vocabulaire de théologie biblique, a.a.O. S. 388–401.

das ich dich heute verpflichte, geht nicht über deine Kraft und ist nicht fern von dir. Es ist nicht im Himmel, so dass du sagen müsstest: Wer steigt für uns in den Himmel hinauf, holt es herunter und verkündet es uns, damit wir es halten können? Es ist auch nicht jenseits des Meeres, so dass du sagen müsstest: Wer fährt für uns über das Meer, holt es herüber und verkündet es uns, damit wir es halten können? Nein, das Wort ist ganz nah bei dir, es ist in deinem Mund und in deinem Herzen, du kannst es halten (Dtn 30,11–14).

Jeder Mensch ist dazu eingeladen, den Ruf zu hören, aufzustehen, seine Matte zu nehmen und zu laufen, so wie er es kann (Joh 5,8). Welches auch immer der Zustand sein mag, in dem er sich befindet, er hat immer noch einen Teil Freiheit in sich, möge er auch gering sein, um nach und nach, in der Gnade und der Barmherzigkeit Gottes einen Ausweg ins Lebens zu finden.

Manche fühlen sich vielleicht kraftlos oder frösteln angesichts eines unbekannten Weges, da sie nicht wissen, wo sie anfangen sollen. Das ist der Augenblick, sein Verlangen zu leben aufkommen zu lassen, es zu stärken und in sich zu verankern. Es ist auch der Moment, sich daran zu erinnern, dass der Geist da ist, um uns das zu schenken, was uns fehlt, damit wir die Strecken durchlaufen können, die vor uns liegen. Wir können um Kraft und Licht bitten und werden zweifelsohne erhört werden.

Das zweite Lebensgesetz: Die menschlichen Daseinbedingungen annehmen

Und Gott der HERR gebot dem Menschen und sprach: Du sollst essen von allen Bäumen des Gartens; aber von dem Baum der Erkenntnis des Guten und des Bösen sollst du nicht essen; denn welches Tages du davon issest, musst du unbedingt sterben (Gen 2,16–17)[1].

Du bist ein Geschöpf, du bist nicht Gott. Gott allein ist Gott. Du bist ein Sohn oder eine Tochter Gottes. Du bist geschaffen worden und wirst innerhalb der Grenzen geliebt, die jedem Menschen, die allem, was Form angenommen hat, eigen sind. Akzeptiere deine Beschaffenheit als Geschöpf, in all ihren Dimensionen. Begehre nicht die Göttlichkeit.

Erste Annäherung

Jeder Mensch[2] weiß, dass er nicht Gott ist, dass er geschaffen ist, dass weder er noch seine Eltern die Quelle des Lebens sind:

1 Schlachter, Version 1951

2 Diejenigen, welche sich in die ersten drei Kapitel des ersten Buches Mose (Genesis) vertiefen möchten, finden eine nützliche Hilfestellung in den Büchern, die mir als Grundlage für das Darlegen dieser Gedankengänge gedient haben (es gibt viele andere Studien, die ich hier nicht zitiere): X. Thévenot (1983). *Les péchés, que peut-on en dire?*. Mulhouse: Salvator, wo der Autor insbesondere die Bedeutung der ursprünglichen (ersten) Sünde, die Versuchung, nicht zu unterscheiden, und die Rückkehr zur Welt der Verschmelzung analysiert; J. Eisenberg u. A. Abécassis (1992). *A Bible ouverte: Band I La Création u. Band II Et Dieu créa Eve.* Paris: Albin Michel; die, vom hebräischen Text und der rabbinischen Exegese ausgehend, eine einfache und sehr tiefgehende Lektüre des Bibelwortes liefern; A. Wénin, a.a.O., der von der Bedeutung des „Essens" ausgeht, mit der Studie der ursprünglichen (ersten) Sünde beginnt und dann das Thema der Nahrung und der Mahlzeiten des Bundes in der Bibel behandelt; E. Bianchi (1998). *Adam, où es-tu ?*. Paris: Ed. du Cerf, ein sehr kompakter und sorgfältig ausgearbeiteter Kommentar der ersten elf Kapitel des ersten Buches Mose.

Seine Eltern sind „Übermittler des Lebens", sie geben das Leben weiter, das ihnen gegeben worden ist. Diese wesentliche, vorrangige Wirklichkeit wird oft verdunkelt, in eine Ecke unseres Bewusstseins abgeschoben, ohne dass man die lebenswichtigen Folgen für sein Verhalten und den Zusammenhalt seines Lebens sieht.

Dabei ist dieses fundamentale Gesetz, dass die menschlichen Daseinsbedingungen (la condition humaine) anzunehmen seien, in die innere Struktur eines jeden Menschen eingeschrieben. In der Bibel wird der Mensch vom Augenblick seiner Erschaffung an daran erinnert. Es wird auf ganz strikte Art und Weise in Form eines doppelten Gebotes ausgedrückt. Es umfasst zwei unauflöslich miteinander verbundene Anweisungen, die ebenso Offenbarungen der Liebe Gottes sind. Die Bedingungen eines fruchtbaren Lebens gemäß der Anweisung Gottes sind hier klar festgelegt, wie auch die Möglichkeit eines Weges des Todes.

Die Bibel klärt uns darüber auf, dass die erste, grundlegende Versuchung aller Menschen genau diejenige ist, sich für Gott zu halten, ohne Gott auszukommen, wie Götter sein zu wollen. So kommt es, dass sie die Grenzen der menschlichen Daseinsbedingungen zurückweisen und in das eintreten, was man den „Allmachtswunsch" nennt.

Die großen Themen der Erschaffung der Welt, des Mannes, der Frau, sowie der Lebensbedingungen, der Übertretung der beiden Lebensanordnungen durch Adam und Eva und der Folgen der Übertretung (dessen, was man die ursprüngliche Sünde nennt) werden in den ersten drei Kapiteln des ersten Buches Mose dargelegt.

Es gibt dort eine Fundgrube an Informationen, einen Schatz an Erkenntnissen, an Anleitungen für das Leben, welche den Menschen gegeben werden. Diese Kapitel sind sehr berühmt, aber auch sehr schwer zu verstehen, denn sie sind in symbolischer Form geschrieben. Es handelt sich um einen Mythos im tiefsten-Sinn des Wortes[1].

1 Adam und Eva sind das Symbol jeden Mannes und jeder Frau. Ihre Geschichte, die Prüfung, in der sie mit der Wirklichkeit der menschlichen Daseinsbedingungen konfrontiert werden, ist die eines jeden Menschen. Es wird hier eine universelle Lehre dargestellt, die sich an jeden wendet. Siehe X. Thévenot, a.a.O. S. 26.

Wir erfahren zuerst, dass Gott die Welt, den Mann und die Frau geschaffen hat. Dann ist die Rede davon, von den Bäumen eines Gartens zu essen und unter Androhung der Todesstrafe nicht zu essen von der Frucht eines bestimmten Baumes, dem Baum der Erkenntnis des Guten und des Bösen. Was bedeutet das und inwiefern kann das auch uns betreffen?

Es ist unerlässlich, den Sinn dieser Texte zu entschlüsseln, da sie mit dem Leben und dem Tod zu tun haben: In ihnen befinden sich die Grundlagen des menschlichen Daseins, der Hauptsache im Leben. Das heißt an erster Stelle die Beziehung der Menschen mit Gott, der schöpferischen Quelle, und daraus folgend mit ihrem eigenen inneren Boden, dann mit dem Mitmenschen und mit dem gesamten Kosmos.

Viele betrachten diese Berichte als eine Reihe von kindischen Anekdoten, wo sie doch einen universellen Wert haben und sich an alle Menschen richten. Ihr Ziel ist es nicht, den Ursprung der Welt von einem wissenschaftlichen Standpunkt aus zu erklären, und auch nicht, das historische, wirkliche Ereignis zu beschreiben, sondern dem Menschen zu offenbaren, welches sein richtiger Platz ist. Sich damit begnügen, diese Erzählungen mit einem großen Fragezeichen in eine Ecke des Gedächtnisses abzuschieben, würde bedeuten, an etwas Unerlässlichem vorbeizugehen, in der Unkenntnis zu bleiben und einem möglichen Weg des Todes die Tür zu öffnen.

Die Schöpfung: Der biblische Bericht (Gen 1 und 2)

In den ersten zwei Kapiteln des ersten Buches Mose befinden sich zwei unterschiedliche Schöpfungsberichte. Diese Kapitel sind zu verschiedenen Zeiten geschrieben worden und ergänzen sich. Es wird uns so berichtet, dass Gott die Welt in der Sanftheit und der Macht seines Wortes, ohne Zerstörung und auch ohne Verneinung[2], geschaffen hat. Er ruft die verschiedenen Elemente des Weltalls dazu auf, sich zu zeigen, er trennt sie, er ordnet sie in sechs Bewegungen, die sich über sechs Tage erstrecken.

2 A. Wénin, a.a.O. S. 29–34.

Dann „macht“ er den Menschen zu seinem Bild und ihm ähnlich. Er schafft ihn als Mann und als Frau (erster Bericht, Gen 1,27). Im zweiten Bericht (Gen 2,1–23) wird gesagt, dass er eine Frau aus einer Rippe formt, die er vom Mann genommen hat; die Frau ist eine Gehilfin, die dem Mann gegeben wird, damit er nicht seiner Einsamkeit überlassen bleibt. So wird der Grundsatz des Geschlechtsunterschieds aufgestellt[1].

Das Bild Gottes ist in der tiefsten Tiefe des Wesens, in jedem Menschen, eingraviert. Es kann nicht zerstört werden. Es kann vom Bösen nicht berührt werden.

Doch Gott immer ähnlicher zu werden wird von jedes Einzelnen Entscheidung für das Leben abhängen und sich im Laufe der Zeit verwirklichen.

Der Mensch ist gesegnet, er empfängt seine Nahrung: Getreide und Früchte; seine Aufgabe wird es sein, das Leben zur Entfaltung zu bringen, in die Fruchtbarkeit einzutreten, über die Erde und die Tiere zu herrschen. Es wird ihm Raum gegeben, ein Platz zugewiesen, er wird in einen Garten gesetzt, wo sich schöne Bäume befinden, von denen gut zu essen ist. Er soll ihn bebauen und bewahren.

Am siebten Tag ruht Gott aus: Er „setzt sich wieder zurück“. So wird aufgezeigt, dass die Schöpfung nicht abgeschlossen ist: Gott lässt dem Menschen einen Raum der Eigenständigkeit, der Kreativität.

1 Der Mensch setzt sich aus dem Körper, der Psyche und der Herztiefe zusammen, welche beide belebt. Im Körper befindet sich die biologische, die physische Dimension. In der Psyche befinden sich die Emotionen, die Gefühlswelt, die Empfindungen, das Verlangen, alle Fähigkeiten (die Intelligenz, die Vorstellungskraft, der Wille). Von der Psyche aus entwikkelt sich die Beziehung zu sich selbst, zum andern, zu Gott, zur Welt. Die Herztiefe ist das innerste Zentrum des Menschen, der intimste Kern, das Herz des Herzens. Gott wohnt im Herzen des Menschen, der damit ein Tempel Gottes wird (1 Kor 3,16). Die Herztiefe ist nicht auf der gleichen Ebene wie der Körper oder die Psyche, denn das Herz hat die Aufgabe, sie zu beleben. Es sollte durch das Wort Gottes, die Weisheit, durch die Wahrheit ernährt werden. Die Herztiefe ist weder das emotionelle noch das geistige Herz, sondern sie ist der am weitesten innen liegende Ort.

Zwei Lebensanweisungen

Die positive Anweisung

Zuallererst wird eine positive Anweisung ausgesprochen: *Von allen Bäumen des Gartens sollst du essen* (Gen 2,16). Alle Früchte des Lebens werden dem Menschen zu seiner Freude und seinem Glück gegeben. Das ist keine Erlaubnis, sondern eine Anweisung.

Die negative Anweisung

An zweiter Stelle folgt eine negative Anweisung: *Doch vom Baum der Erkenntnis von Gut und Böse sollst du nicht essen; denn sobald du davon isst, wirst du sterben* (Gen 2,17).

Alles ist dir gegeben, außer einem, das du unter Androhung der Todesstrafe nicht essen sollst. Es gibt eine Grenze, die nicht übertreten werden soll, eine Schranke wird gesetzt: Sie wird durch einen Baum symbolisiert, den der Erkenntnis des Guten und des Bösen. Aus Liebe und zum Schutze wird der Mensch auf eine tödliche Gefahr hingewiesen. Man kommt nicht irgendwie zum Leben, zum Glück. Doch das Verbot kommt an zweiter Stelle. Den ersten Platz nimmt die Gabe ein: „Denn das Verbot hat nur einen Sinn vor dem Hintergrund der Ermächtigung und der Gabe."[2] Diese zwei Lebensanweisungen sind unauflöslich miteinander verbunden.

In seinem Buch *Les Maladies de la vie spirituelle* (Die Krankheiten des geistlichen Lebens) erläutert Pastor Daniel Bourguet, dass Gott Adam bei seiner Erschaffung vor einer Speise, die für den Menschen schädlich ist, warnt. Sie ist so schädlich, dass sie sogar tödlich wirkt. Diese Warnung will sagen: „Achtung, iss nicht von dieser Pflanze, denn sie ist wie der Knollenblätterpilz. Wenn du davon isst, stirbst du noch am gleichen Tag. Der Tod wird hier nicht wie eine Strafe dargestellt, die von einem Richter verhängt wird, sondern wie das Ergebnis einer Unvorsichtigkeit,

2 J. Eisenberg u. A. Abécassis. *Et Dieu créa Eve*. S. 92.

von der ein Arzt eindringlich abgeraten hat. Die gierig verschluckte Pflanze trägt den Tod in sich; sie tötet, und nicht Gott."[1]

Josy Eisenberg und Armand Abécassis rufen in Erinnerung, dass es sich bei dem berühmten Slogan vom Mai 1968 „Es ist verboten, etwas zu verbieten", um die anarchistischste Utopie handelt[2]. In der Bibel, versichern sie, ist es erlaubt zu verbieten, denn es ist um des Glücks und der Gesundheit des Menschen in seiner Ganzheit willen, dass das Wort Gottes die wichtigen, ordnenden Verbote aufstellt. Die Wege des Todes sind klar definiert. Das ist die Grenze, die nicht überschritten werden soll.

Diese ersten zwei Lebensanweisungen erinnern ausdrücklich an das grundlegende Gesetz eines jeden Menschen, das der Annahme der menschlichen Daseinsbedingungen und ihrer Grenzen. Man kann es zwischen den Zeilen in der ganzen Bibel wiederfinden und die Folgen seiner Übertretung entdecken. In ihm finden sich die Grundlagen der Richtung und des Sinnes des Lebens gemäß der Anordnung Gottes. Wer diesem grundlegenden Gesetz anhängt, baut das Leben auf; wer es übertritt, geht auf die Zerstörung und den Tod zu. Am Anfang des Zweiten Testaments, in der Erzählung von den Versuchungen Jesu, wird uns diese Unterweisung mit Nachdruck in Erinnerung gerufen (Lk 4,1–13).

Zur Klärung der zwei Anweisungen zum Leben

Warum handeln die zwei Anweisungen zum Leben vom Sachverhalt des Essens oder Nicht-Essens? Worauf zielt die Handlung des Essens, was bedeutet sie? Was hat das Verbot mit dem Baum der Erkenntnis des Guten und des Bösen zu tun? Was zu essen ist verboten? Inwiefern betrifft uns heute die Übertretung Adams und Evas, die „Ursünde"?

Die Antwort auf diese Fragen ist außerordentlich wichtig, da die beiden gegebenen Anweisungen zum Leben oder zum Tod führen. Es handelt sich hier nicht darum, sich in philosophischen Spekulationen zu ergehen, sondern zu wissen, was die positive

1 D. Bourguet (2000). *Les maladies de la vie spirituelle.* In *Veillez et Priez.* o.O.: Réveil Publications. S. 29.
2 J. Eisenberg u. A. Abécassis. *Et Dieu créa Eve.* S. 93.

und die negative Anweisung für unser Leben, für unseren Lebensstil bedeuten; darum geht es, welchen Platz wir innerlich einnehmen, die Art und Weise, wie wir uns als menschliche Wesen verstehen. Es handelt sich im Tiefsten darum, den Sinn des Lebens, unseres Lebens, zu entdecken. Wenn wir verstehen, was uns hier gesagt wird, werden wir die Wahl haben, dieses grundlegende Gesetz zu halten oder nicht. Wir wissen dann wenigstens, an was wir festhalten sollen. Andererseits wird uns auch leicht klar werden, auf welche Art und Weise wir selbst dieses Gesetz übertreten, einen Weg des Todes eingeschlagen und uns zerstört haben. Von diesem Punkt aus können wir dann auch wieder den Rückweg finden.

Sobald es sich um das Essen handelt, baut sich Beziehung auf[3]. Der Mensch wird zuerst darüber informiert, was seine Speise sein wird: Pflanzen, die Samen tragen, und Obstbäume, die Früchte tragen, die ihren Samen enthalten (Gen 1,11–13). Der Mensch soll seine Speise in Fülle haben. Danach werden die zwei Anordnungen gegeben, die das Leben begründen: Du sollst essen ... Du sollst nicht essen ...

Gott wendet sich damit an den Menschen, indem er ihn als eine eigenständige Persönlichkeit anerkennt. Er redet ihn mit „du" an, er schenkt ihm Vertrauen und bietet ihm die Möglichkeit zu wählen.

Die Einführung des Begriffes der Beziehung bedeutet, dass der Sachverhalt des Essens beim Mann und der Frau etwas viel Tieferes anrühren wird als einfach nur das Verzehren von Lebensmitteln zu ihrem Überleben. Es geht hier um Beziehung.

Die erste Lebensanweisung: „ Du sollst essen von allen Bäumen im Garten!" – Die Gabe

Das Gebot, die Gaben Gottes zu empfangen, zu essen, sich von den Früchten der Bäume zu ernähren, wird dem Menschen sein Lebensglück eröffnen. Es wird ihm den Zugang verschaffen zur Entwicklung seiner besonderen Eigenschaften, seiner tiefen inneren Quellen, seiner Lebenskräfte, seiner Gaben, zum Aufkommen

3 A. Wénin. a.a.O. S. 42.

seiner echtesten Sehnsüchte und seiner Kreativität. Es ist ein Aufruf, sein persönliches Potential zu entfalten, am Bau, an der Erweiterung der Welt teilzunehmen, gemäß den Gesetzen des Reiches Gottes. Man findet in diesem Zusammenhang den Begriff *shalom* wieder, den Empfang des Friedens, der Freude, die Jesus schenkt, des Lebens in Fülle, das er verspricht.

Es ist die Verschlagenheit, die Listigkeit der Schlange, die einen Verdacht in Bezug auf die Absichten Gottes weckt. Sie schleicht sich in das Wort Gottes ein, um es zu verzerren, ihm eine reduzierte Bedeutung zu geben, das in ein Verbot umzuwandeln, was eigentlich eine positive Aufforderung war. Sie formuliert es negativ: *Hat Gott wirklich gesagt: Ihr dürft von keinem Baum des Gartens essen?* Das Wort sagt aber, dass alles eine Gabe ist und dass der Mensch von allen Bäumen des Gartens, außer einem, essen darf.

Von da ab setzt sich der übliche Mechanismus der Frustration in Gang: „Wenn es eine Sache gibt, die ich nicht machen kann, dann kann ich gar nichts machen. Wenn es etwas gibt, das ich als mein gutes Recht betrachte, was aber außerhalb meiner Reichweite liegt [...], dann habe ich das Gefühl, völlig meiner Freiheit beraubt zu sein."[1]

Viele verzerren das Wort Gottes, interpretieren es auf todbringende Art und Weise. So wird leider diese erste, grundlegende Lebensrichtung allzu oft überschattet von der Existenz des Verbots, das dann die erste Stelle und manchmal sogar den ganzen Platz einnimmt. Unter dem Vorwand, dass es verboten ist, von der Frucht eines besonderen Baumes zu essen – was eine ganz bestimmte Bedeutung hat –, vergisst man, dass man von den Früchten aller anderen Bäume essen soll. Viele Gläubige wagen es nicht, das Leben zu entfalten, aus Angst, ungehorsam zu sein und nicht den Willen Gottes zu tun.

Die zweite Lebensanweisung: „Iss nicht!" – Die Grenze

Doch vom Baum der Erkenntnis von Gut und Böse darfst du nicht essen; denn sobald du davon isst, wirst du sterben (Gen 2,17).

1 E. Bianchi. a.a.O. S. 184–185.

Worauf verweist die Handlung des Essens?

Das Verbot bezieht sich auf etwas ganz Bestimmtes, auf das Verzehren (consommation). Essen bedeutet, sich etwas einzuverleiben, sich eine Sache anzugleichen, sich mit dem zu identifizieren, was man isst. Gemeint ist weiterhin, sich zu vermischen, keinen Abstand zu haben, nicht von etwas verschieden zu sein. Es beinhaltet auch, etwas für sich zu nehmen, es zu verschlingen.

Wenn du von allem essen willst, wenn du nicht eine Grenze im Herzen akzeptierst bei dem, was dir gegeben ist, wenn du alles nehmen willst, alles an dich reißen willst, ohne einem Mangel zuzustimmen, dann wirst du das Leben in dir und um dich herum zerstören, anstatt es aufzubauen[2].

Das Verbot informiert den Menschen auf deutlichste Art und Weise darüber, dass er nicht Gott ist, denn er hat Grenzen, wohingegen Gott keine hat. Er kann also nicht wie ein Gott sein und sich mit Gott dem Schöpfer identifizieren wollen.

Wir finden hier also eine sehr eindringliche Einladung, über das Problem nachzudenken, dass der Mensch allmächtig sein möchte. Ist er allmächtig, allwissend, unsterblich, oder ist er es nicht? Das Verbot betrifft also die Beziehung zwischen dem Menschen und Gott, seinen richtigen Platz in seiner Wesensart als Geschöpf.

Eine Bemerkung drängt sich auf: Sobald das Verbot ausgesprochen worden ist, schafft Gott die Frau. Der Talmud erläutert hier, dass dies geschehen ist, um dem Mann bewusst zu machen, dass er nicht Gott ist. Die Tatsache, dass er eine Frau braucht, um sich zu verwirklichen, bedeutet, dass er einen Mangel hat. Es ist ein Zeichen der Unvollkommenheit, der Unerfülltheit[3].

Welche Bedeutung hat der Baum der Erkenntnis des Guten und Bösen?

Die Frage wird sein zu verstehen, was man nicht essen soll, worauf sich die Grenze bezieht, was man sich nicht aneignen soll.

Was dem Geschöpf untersagt ist, ist nicht die Entwicklung der menschlichen Erkenntnis. Im Gegenteil, der Auftrag der Menschen

2 A. Wénin. a.a.O. S. 43–44.
3 J. Eisenberg u. A. Abécassis. a.a.O. S. 99.253.

ist es, das Leben durch ihre Arbeit und ihre Gaben zum Wohle aller zu entwickeln. *Seid fruchtbar [...] und machet sie euch untertan und herrschet über die Fische im Meer und über die Vögel unter dem Himmel und über das Vieh und über alles Getier, das auf Erden kriecht* (Gen 1,28). Jeder Wissensbereich wird seine Autonomie, seine Wahrheit, seine speziellen Gesetze und seine besondere Form haben[1].

Genauso haben der Mann und die Frau auch die Verantwortung, zwischen Gut und Böse zu unterscheiden, zwischen dem, was zum Leben, und dem, was zum Tod führt. Verboten ist der Zugang zu einer gewissen Art von Erkenntnis, die sie dazu anstiftet, die Göttlichkeit zu begehren, ohne Gott wie Gott sein zu wollen, „sich ins Zentrum, an den Anfang zu stellen und sich als die Quelle des Lebens zu sehen". Verboten ist, Wissen auszubauen ohne Bezug zu einem höheren Gesetz, kein anderes Gesetz zu akzeptieren als dasjenige, das man sich selber gibt, völlig unabhängig (autark) zu sein anstatt selbständig (autonom). "Wird aber mit den Worten ‚Autonomie der zeitlichen Dinge' gemeint, dass die geschaffenen Dinge nicht von Gott abhängen und der Mensch sie ohne Bezug auf den Schöpfer gebrauchen könne, so spürt jeder, der Gott anerkennt, wie falsch eine solche Auffassung ist. Denn das Geschöpf versinkt ohne den Schöpfer ins Nichts."[2]

Vom Baum der Erkenntnis des Guten und Bösen zu essen bedeutet, sich in einen Baum der Erkenntnis zu verwandeln und selbst zum Unterscheidungskriterium zwischen Gut und Böse zu werden. Damit sagt man: „Das ist gut und das ist schlecht, weil ich es so beschlossen habe. Und ich habe es geschaffen und ich sage es so."[3] Das bedeutet zu vergessen, dass Gott derjenige ist, der das Grundgesetz aufstellt, der den Mann, die Frau leiten und es ihnen ermöglichen wird, die Wahl zu treffen zwischen den Werten und dort klar zu sehen, wo Verwirrung herrscht.

Dem Menschen werden die Bedingungen seiner Fleischwerdung (incarnation) in Erinnerung gerufen: Er ist erschaffen, er ist

1 Zweites Vatikanisches Konzil: *Die pastorale Konstitution über die Kirche in der Welt von heute „Gaudium et spes"*. Kapitel III: „Das menschliche Schaffen in der Welt".
2 Zweites Vatikanisches Konzil. a.a.O.
3 J. Eisenberg u. A. Abécassis. a.a.O. S. 74.102.

nicht Gott. Er ist im Fleisch erschaffen worden und der Heilige Geist wohnt in ihm, aber er ist nicht Gott, er wird nie Gott sein.

Die Entscheidung des Menschen – Die Übertretung (Gen 3,1–24)

Und die Frau sah, dass der Baum gut zur Speise und dass er eine Lust für die Augen und dass der Baum begehrenswert wäre, um Einsicht zu geben; und sie nahm von seiner Frucht und aß, und sie gab auch ihrem Manne mit ihr, und er aß (Gen 3,6)[4].

Eva wird durch das trügerische und zweideutige Wort der Schlange versucht. Sie isst von der Frucht des verbotenen Baumes, sie gibt Adam davon, der seinerseits davon isst.

Bei seiner Erschaffung wird der Mensch dazu eingeladen, zur Ähnlichkeit mit Gott heran- wachsen und dabei doch auf dem ihm angemessenen Rang eines Geschöpfes zu bleiben. Der Betrüger flüstert Adam und Eva ein, dass sie wie Götter sein könnten. Er versichert ihnen, dass sie nicht sterben werden, dass sie allmächtig sein werden, dass sie in eine absolute Erkenntnis eintreten, allwissend sein werden.

Der Mensch wird somit vor eine Wahlmöglichkeit gestellt, was sein weiteres Werden, seine Entwicklung angeht: „Er ist keine Marionette, die üblen Fremdbestimmungen unterworfen ist.“[5]

Die Folgen der Übertretung, des Zurückweisens der Grenze, des Unterschiedes zwischen Gott und Mensch, der Weigerung, die menschlichen Daseinsbedingungen anzunehmen, werden im ersten Buch Mose aufgezählt (3,14–19).

In Wirklichkeit bestraft nicht Gott Adam und Eva. Sie selbst haben die Gegebenheiten ihrer Existenz verändert. „Gott erklärt daraufhin die neuen Bedingungen, die nun für sie gelten, sowie die Folgen, die sich daraus ergeben.“[6]

4 Unrevidierte Elberfelder Übersetzung von 1905.
5 X. Thévenot. *Les péchés, que peut-on en dire?*. S. 28.
6 J. Eisenberg und A. Abécassis. *Et Dieu créa Eve*. S. 335.

Welcher Tod?

Denn sobald du davon isst, wirst du sterben (Gen 2,17).

Adam und Eva sterben indessen nicht körperlich. Um welchen Tod handelt es sich also? Nach der Trennung von Gott – ihrer Quelle – befinden sich der Mann und die Frau nicht mehr an ihrem Platz, und nichts ist mehr an seinem richtigen Platz, in ihnen und folglich auch um sie herum. Im Bestreben, ohne Gott wie ein Gott zu werden, erlebt der Mensch eine Art Zerbrechen und Zerrissen-Werden des ganzen Wesens. Es handelt sich hier um ein Auflösen der Struktur, um ein Zunichtemachen der Schöpfung, was sich in einem Schneeballeffekt auf alle Beziehungen auswirken wird: auf die Beziehung des Menschen zu sich selbst, zum anderen, zum Kosmos. Die Lebensordnung wurde über den Haufen geworfen. Danach kommt es zu verletzter Kommunikation, zu Angst, zu Scham, zu gegenseitiger Anklage. Adam beschuldigt seine Frau und indirekt Gott, der sie ihm gegeben hat. Eva beschuldigt die Schlange ... Schon von den ersten Nachkommen Adams und Evas an werden Mord und Gewalt ihren Einzug in die Welt halten. Kain wird seinen Bruder Abel aus Eifersucht töten (Gen 4,1).

Adam versteckt sich, er schämt sich darüber, nackt zu sein; er hat Angst. Die erste Interpretation der Rabbinen ist, dass er seine Nacktheit, seine Schwäche entdeckt, weil er das Gesetz, sein Gewand, verloren hat, und dass das Gesetz Gottes die Quelle der Sicherheit des Menschen ist[1].

Das Problem des Bösen – Die Schlange

In der Bibel symbolisiert die Schlange das Böse[2]. Die Folgen des Bösen sind das Leiden und die Sünde. Das Böse gehört zur Welt. Die zwei großen Fragen, die sich angesichts des Bösen aufdrängen, sind: Woher kommt es? Warum existiert es? Im Schöpfungsbericht ist das Böse nicht nur nicht erschaffen worden, man spricht nicht einmal davon. Gott hat eine gute Schöpfung gemacht. Der

1 J. Eisenberg und A. Abécassis. *Et Dieu créa Eve.* S. 259–269.
2 A. Gesché (1996). Le Mal. Paris: Ed. du Cerf. S. 12–95; X. Thévenot. *Les péchés, que peut-on en dire?* S. 26–28.

Mann, die Frau können jedoch dem Bösen eine Bresche öffnen, in die es sich dann hineindrängt. Sie werden dessen Komplizen, sie haben also ihren Anteil an Verantwortung.

Das Problem des Bösen ist eine ständige und schmerzhafte Frage für alle Menschen. Das Rätsel des Bösen gehört zu den Grenzen der menschlichen Erkenntnis. Durch seine Propheten und Diener, durch Jesus Christus nimmt Gott den Kampf gegen das Böse auf. Er ruft jeden Mann und jede Frau dazu auf, an diesem Kampf teilzunehmen.

Jesus Christus hat das Böse in all seinen Formen, das Leiden mit eingeschlossen, bekämpft. Er selbst hat keine Erklärung des Bösen gegeben. Wie jeder Mensch ist er ihm auf seinem Weg begegnet. Er ist auch dessen Opfer gewesen. Er hat bis zum Ende die Konsequenzen seiner Mission und seiner Botschaft der Freiheit, der Wahrheit und der Liebe, die er leben und übermitteln sollte, auf sich genommen. Nach nur drei Jahren des Dienstes in der Öffentlichkeit wird er in einem ungerechten Prozess zum Tode verurteilt. Er gibt uns damit zu verstehen, wie ein Kind Gottes dem Bösen die Stirn bieten kann, wenn es mit dem Vater in Verbindung bleibt, wie durch die Macht der Liebe Gottes etwas Gutes aus dem Bösen hervorgehen kann. Das Leben ist stärker als das Böse: Dies ist das Prinzip der Auferstehung.

Viele Männer und Frauen sind in ihrer Geschichte Opfer von Ereignissen und Verhaltensweisen gewesen, die ihnen wehgetan haben. Solche Verletzungen, die man schlecht erlebt hat, können Ursprung für eine Art des Todes, der Zerstörung sein. Doch das Pflügen des inneren Bodens in der Gegenwart und Gnade Christi wird zu einer Erneuerung des Lebens führen. Ein Lebenskeim wird aufsprießen aus dem, was im Tod hätte bleiben können. Das beste Mittel, gegen das Böse zu kämpfen, ist es, Leben zu schaffen.

Zahlreich sind diejenigen, welche die Bedingungen des wahren Lebens nicht kennen. Da sie nicht wissen, was gut zu „essen" ist und was man unter Androhung des Todes „nicht essen" soll, verlieren sie die Richtung, die zum Leben führt.

Es ist demnach wesentlich, die Begriffe „Wege des Lebens" und „Wege des Todes" zu klären, sie in Worte zu kleiden, ans Licht zu bringen, um den Ausweg zu entdecken, der es ermöglichen wird, den Tod zu verlassen und das wahre Leben wiederzufinden. Das ganze Wesen wird an dieser Arbeit beteiligt sein: der Körper, die Psyche und die Herztiefe.

Der Ausgangspunkt ist die Entdeckung, dass das Wort Gottes von lebenswichtiger Bedeutung ist. Die Gnade Gottes geht uns auf diesem Weg voran und begleitet uns. Wir haben die Gewissheit, dass wir von der Form des Todes, die das Leben an seiner Geburt und Entfaltung hindert, befreit werden können. Das ist das Versprechen Gottes. In Christus gibt es immer einen Ausweg; vielleicht ist es nicht der, von dem wir träumen, aber es ist ein echter lebendiger Ausweg, der sich einen Durchgang durch den Tod bahnen wird, welches auch immer dessen Gestalt sein mag.

Die Folgen der Übertretung des Lebensgesetzes: Die Allmachtswünsche

Ihr werdet sein wie Götter, sagt der Betrüger, ihr werdet keine einzige Grenze haben. Was begehrten Adam und Eva? Wie Gott zu sein, keine Grenzen zu haben, der Ursprung ihres eigenen Gesetzes zu werden. Welche Illusion hegten sie? Dass es möglich sei, von allen Bäumen des Gartens zu essen ohne irgendeine Ausnahme und ohne Gefahr: Wir werden von der Frucht des Baumes der Erkenntnis des Guten und Bösen essen und nicht sterben. Wir können leben, ohne Grenzen zu haben.

Ihre Übertretung trägt einen ganz bestimmten Namen: Der Allmachtswunsch (la toute-puissance).

Das Thema Allmacht ist schon im Band I der Reihe „Evangelisierung bis in dieder Tiefen des Herzens“[1] angesprochen worden im Zusammenhang mit der Angst vor Gott aufgrund falscher Vorstellungen von seiner Allmacht. Diese Angst vor Gott kann einen Menschen dazu bringen, Angst vor seinen Grenzen zu haben, sich „zu verstecken“, seine Innenwelt zu verriegeln, und so ist es ihm nicht möglich, sein eigenes „Feld“ Christus, der an die Tür klopft, zu öffnen.

1 Siehe S. Pacot (1998). *Evangelisierung bis in die Tiefen des Herzens.* Ravensburg: D&D Medien. S. 33–36.47–49.

In dem vorliegenden Band wird das Allmachtsdenken genauer studiert werden. Von der Erforschung des Grundgesetzes des Lebens her – der Annahme der menschlichen Daseinsbedingungen – und dem Verständnis der zwei Anordnungen für das Leben in Gen 2,16–17, die das Allmachtsdenken verdeutlichen, wird dieser Begriff vertieft werden. Die vertiefte Unterweisung, die Gen 2,16–17 allen Menschen hinsichtlich der Bedingungen des Lebens bietet, wird zum Nachdenken anregen, neue Perspektiven eröffnen und dazu beitragen, zu klareren Vorstellungen zu gelangen.

Sich für allmächtig halten bedeutet, dass der Mensch die Grenzen seiner Beschaffenheit nicht akzeptiert. „Die Allmachtsvorstellung besteht darin, dass man glaubt, seine menschliche Begrenztheit verlassen zu können und so Zugang zu erhalten zu dem, was man nicht ist: Gott zu werden.“[2] Der Mensch will also ohne Gott auskommen oder sich selbst für Gott halten. Es handelt sich da um ein äußerst häufiges Verhalten. Seine Erscheinungsformen sind vielfältig und schwierig aufzuspüren, denn meistens ist es im Hinblick auf etwas „Gutes“, dass man sich in der Allmächtigkeit einrichtet.

Um die Faszination durch die Allmächtigkeit bloßzulegen, ist es notwendig, ihre Grundzüge zu kennen und zu entdecken, auf welche Weisen sie sich offenbaren kann. Um ihr absagen zu können, ist es unerlässlich, nachzuforschen, in welcher Verletzung sie ihren Ursprung hat, wann, wie und weshalb man sich auf sie eingelassen hat. Habe ich den Sinn der zwei Anordnungen für das Leben wirklich verstanden? Bin ich bereit, mir die Zeit zu nehmen, um mir des Einflusses bewusst zu werden, den sie auf meine Art zu sein, meine Verhaltensweisen haben können? Entscheide ich mich dafür, den von ihnen vorgeschlagenen Bedingungen für das Leben zuzustimmen?

Einige einfache Fragen können das Nachdenken leiten: Will ich alles „essen“, was gegeben worden ist, keiner Grenze im Zentrum

2 Der Leser kann eine sehr klare Darlegung zum Thema der Nicht-Akzeptanz der menschlichen Daseinsbedingungen in den Büchern von X. Thévenot (*Repères éthiques pour un monde nouveau.* a.a.O. und *Les péchés, que peut-on en dire?* a.a.O. S. 52) finden. Diese haben mir als Grundlage dafür gedient, das Thema der Allmächtigkeit zu vertiefen.

der Gabe zustimmen?[1] Welches sind die Grenzen, die ich in meinem Leben zurückweise? Welche Verhaltensweisen zeigen mir an, dass ich mich für Gott halte, dass ich zum Ursprung meines eigenen Gesetzes werde? In welchen Lebensbereichen meine ich auf Gott verzichten zu können?

Die meisten derjenigen, die der Allmachtsvorstellung verfallen sind, wissen es nicht. Es ist schwierig, ihn zu erkennen. Der Begriff des Hochmuts ist uns vertrauter, doch da man nicht so genau weiß, wie man ihn einordnen soll, nimmt man oft die Haltung der falschen Demut an. Sobald man indessen über die außerordentliche Wichtigkeit des Begriffes der Allmächtigkeit alarmiert ist, öffnet sich eine Tür: Man öffnet die Augen in Bezug auf diese Möglichkeit in sich, man beginnt sich in Frage zu stellen.

Die Illusion

Sich für allmächtig zu halten gründet auf einer Illusion: Der Illusion, dass ein menschliches Geschöpf wie Gott, selbst Gott sein kann; der Illusion, dass man von allen Bäumen des Gartens „essen" kann, ohne Einschränkung, ohne Grenzen, ohne jegliche Gefahr für einen selbst oder für den anderen. Der Sinn des Verbotes ist verlorengegangen. Der Mensch vergisst, dass die Grenzen seiner inneren Struktur von Anfang an zu ihm, zu seinem Wesen gehören. Sie sind Zeichen des Segens, ebenso sehr wie die Früchte vom Baum des Lebens. Sie bewahren ihn vor der Gefahr, sich an einem Platz zu verlieren, der nicht der seine ist. Sie bringen ihm bei, wie er in seinen menschlichen Daseinsbedingungen leben kann.

Eine Illusion lehnt immer die Wirklichkeit ab; und in diesem Bereich, wo es um die Allmacht geht, ist sie ein Zurückweisen der menschlichen Daseinsbedingungen, der Inkarnation.

1 „Um zu leben, muss man von allem, aber nicht alles essen" (A. Wénin. a.a.O. S. 43).

Die Wirklichkeit und ihre Grenzen

Wie alles, was Gestalt angenommen hat, was Fleisch geworden ist, ist auch der Mensch Grenzen unterworfen. Dies ist normal. Wenn er es weiß, wenn er es lernt, seine Grenzen anzuerkennen und mit ihnen richtig umzugehen, wird er wieder seinen richtigen Platz einnehmen. Da er als Mensch und damit mit Grenzen geschaffen ist, wird er zuerst die Gewissheit erlangen, dass er so wie er ist, geliebt wird, innerhalb seiner Geschichte, seiner Zerbrechlichkeit und seiner Verletzlichkeit. Das ist eine großartige und gute Nachricht, eine gewaltige Erleichterung.

Die Gewissheit zu haben, dass man als Sohn oder Tochter Gottes anerkannt ist, in welchem Zustand man sich auch immer befinden mag, und sich dieser Herkunft wieder bewusst zu werden, ist sicherlich das größte Glück und die wichtigste Sicherheit, die einem Menschen zukommen können. Ist einem das einmal bewusst geworden, kann man die Grenzen in Frieden und in Wahrheit erkunden. Man hat keine Angst mehr, „nackt" vor Gott dazustehen.

An erster Stelle kommen die *ontologischen Grenzen,* d. h. die Grenzen, die allen Menschen gemeinsam sind. Denen kann man nicht entkommen. Man kann sie in der gegenseitigen Ergänzung der Geschlechter entdecken – man muss zu zweit sein, um Leben in die Welt zu setzen –, in der Krankheit, dem Tod, der Zeit, den Langsamkeiten, den Fehlschlägen, den Irrtümern, den Unsicherheiten, den Krisen, der Notwendigkeit von Vermittlungen (ärztliche Hilfe usw.), der Kultur eines Landes, seiner Geographie ...

An zweiter Stelle entdeckt man *persönliche Grenzen.* Da wird es ein bisschen komplizierter. Mit Grenzen sind keine Mängel – wie z. B. unordentlich sein, immer zu spät kommen – gemeint. Manche Grenzen können überwunden werden, so etwa diejenigen, die sich aufgrund von Irrwegen oder Kommunikationsschwierigkeiten in uns festgesetzt haben, wiederholt ablaufende Prozesse, das Sich-Verschließen, übermäßiger Selbstschutz, übertriebene affektive Abhängigkeit, Angst vor der Einsamkeit ... Andere Grenzen sind auf einen Zeitabschnitt beschränkt. Sie sind zum Beispiel nach einem Unfall oder der Krankheit eines nahen Angehörigen aufgetaucht, und sie dauern nur eine gewisse Zeit lang. Wieder andere sind endgültig und man wird lernen müssen, mit ihnen umzugehen.

Es liegt an jedem und jeder selbst, die eigenen Grenzen zu erkennen. Es gibt keine allgemeine Regel, kein Rezept, um sie zu Tage zu fördern. Wer dem gegenüber aufmerksam ist, was sich in ihm abspielt, wird die Alarmsignale seines Körpers, seiner Psyche oder seiner Herztiefe empfangen. Diese informieren ihn darüber, dass er zu weit geht, dass er sich für einen kleinen Gott hält und in Gefahr bringt oder, im Gegenteil, dass er sich abwertet und schlechtmacht und weit hinter seinen Möglichkeiten zurückbleibt.

In jedem Leben sieht man sich natürlich auch den *Grenzen des anderen* gegenübergestellt. Will man eine Beziehung aufbauen, welche Liebe mit Wahrheit verbindet, welche die eigene Identität und die des anderen respektiert, muss man ihnen gegenüber Stellung beziehen. Seine eigene innere Freiheit aufzubauen inmitten der Abhängigkeiten, die uns das Leben auferlegt, den anderen weder besitzen zu wollen, noch sich von ihm besitzen zu lassen, die Beziehung zu erneuern: Das ist der Weg, den uns der Heilige Geist wird entdecken lassen.

Und schließlich zwingen sich uns *Ereignisse* auf: ein Unfall, eine (Natur-)Katastrophe, ein Krieg ... Wie soll man als Tochter oder Sohn Gottes ein dramatisches Ereignis durchleben? So ein Ereignis kann entweder eine Gelegenheit zum Wachsen oder zum Stehenbleiben sein, oder eine auf die Zukunft hin geöffnete Tür.

Wie kann ich wissen, ob ich mich für allmächtig halte oder nicht?

Den Allmachtswunsch kann man in folgenden Bereichen entdecken.

Der Irrglauben an eine Welt ohne Fehler, ohne Versagen und ohne Tod

Nicht akzeptieren, dass man sich im eigenen Leben und in dem des andern auseinandersetzen muss mit Abstürzen, Rückfällen, Krisen Unsicherheiten, Irrtümern, Verwirrungen, die in uns aufkommen können und völlig normal sind; sich schuldig fühlen, weil man nach einem schwerwiegenden, traumatischen Ereignis eine Depression erlebt ... ; also die Zerbrechlichkeit und Verletzlichkeit des Menschen nicht annehmen: All das verrät ein Verhalten, als ob man allmächtig wäre.

Das Verfolgen eines Zieles, das sich unmöglich verwirklichen lässt

Vollkommen werden

Man versucht einen Perfektionismus auszuleben, der einen erschöpft, der nichts mit einem Weg der Heiligkeit zu tun hat. Man streckt sich nach oben, zieht sich mühsam hinauf und lässt dabei nicht Raum für irgendeinen Fehler oder irgendeine Schwäche, nimmt keine Rücksicht auf eigene Bedürfnisse und eigene Lebenswünsche. Diesem Verhalten liegt häufig der Glauben zugrunde, dass man nur geliebt werden könne, wenn man vollkommen sei.

Legalismus, Hartwerden des Herzens und ein Gefühl der Frustration – da man natürlich das angestrebte Ziel nie erreicht – sind die vergifteten Früchte des Perfektionismus.

Idealisieren

Die Idealisierung ist ein anderer Begriff als der des Ideals, welches ein Antrieb zur Kreativität ist. Die Idealisierung stellt sich ein, wenn das Ziel ein Absolutes, gewissermaßen ein Götze wird. Man kann so das Bild, das man von sich selber hat, idealisieren, das Bild des „Ich“, das des Paares, der Beziehung.

Sein Ich zu idealisieren bedeutet, dass man sich nach einem Bild von sich selbst richtet, das man willkürlich zusammensetzt, seinem Traum – dem heftigen Verlangen, anerkannt, geliebt und bewundert zu werden – entsprechend, nach einem Modell, das außerhalb liegt, und nicht nach seinen wirklichen Möglichkeiten und Schwächen. Dies kann sich darin zeigen, dass man nie nein sagt, stets verfügbar sein will, immer alles durchsteht, was auch immer einem widerfährt, einen unerschütterlichen Glauben und eine ebensolche Freude hat, ohne

Grenzen und Selbstschutz liebt, nie den anderen enttäuscht, der Retter seiner Familie werden will ...

Die Beziehung zu idealisieren heißt, von einer intakten Kommunikation ohne Konflikte, ohne Zusammenstösse, von einer vollständigen Offenheit zu träumen oder, im Gegenteil, niemanden zu brauchen. Es kommt vor, dass man die Gegenwart brachliegen lässt, während man von dem idealen Paar träumt, das man bilden könnte. Es kann sein, dass man die Vergangenheit, so wie sie gewesen ist, nicht akzeptieren kann, weil man eine genaue Vorstellung hat von dem idealen Vater oder der idealen Mutter, die man hätte haben sollen ...

Den anderen grenzenlos befriedigen oder selbst ganze Erfüllung erwarten

Alles, was mit dem Begriff der „Erfüllung“ zusammenhängt, offenbart die Existenz eines sich allmächtig wähnenden Verhaltens. Das Wort Jesu warnt uns: Alle, deren Ziel es ist, reich, satt zu werden, die zu voll, zu rund, ohne Mangel, ohne Hunger nach dem Wesentlichen sind, bauen an ihrem Unglück (Lk 6,24–25). Zu glauben, dass Glück von der Abwesenheit jeglichen Mangels abhängt, macht uns unglücklich, da der Mangel wesentlich zum Leben dazugehört. Dies betrifft alle Verhaltensweisen angesichts von Mangel oder Verlust, die ja zu jedem Leben gehören: die affektive Leere des anderen ausgleichen wollen, ihm jegliches Leiden ersparen, auf alle seine Wünsche antworten, seine Lebensquelle werden wollen. Man könnte aber auch selbst erfüllt werden wollen: Man verlangt vom anderen, dass er den Vater oder die Mutter ersetzt, die gefehlt haben … Man läuft dem utopischen Traum nach, das verlorene Paradies wiederzufinden, Wiedergutmachung für den erlittenen Schaden zu erlangen, dass der andere seine Fehler eingestehen wird …

Andererseits wurzelt auch dies in der Vorstellung der Allmächtigkeit, dass man seine Bedürfnisse verleugnet, dem Mangel vorbeugt, um nicht überrumpelt zu werden, sein Leben auf allen Ebenen einschränkt (affektiv, in Sachen Erfolg), sich im Hintergrund aufhält und hinter seinen Möglichkeiten zurückbleibt. Man ist also weit entfernt von dem Glück derer, die armen Herzens sind, die in Freiheit die Großzügigkeit der Gaben Gottes anzunehmen wissen, ohne davon abhängig zu sein.

Die Beziehung zur Zeit

Wie man sich der Zeit gegenüber verhält, ist sehr aufschlussreich, denn die Zeit bleibt eine der großen Grenzen, auf die der Mensch trifft. Er befindet sich in einer endlichen Welt. Er wird geboren, und er stirbt für ein anderes Leben. Zu einem bestimmten Zeitpunkt in seiner Existenz muss er durch den Tod hindurch. Es muss ihm in der Schwerfälligkeit seines Menschseins gelingen, die für den Aufbau seiner Person notwendige Zeit zu akzeptieren, die Trägheit der Entwicklung auf allen Ebenen seines Lebens auf sich zu nehmen und die Irrtümer der Vergangenheit zu integrieren. Die Tatsache, dass man Etappen überspringen, alles und das sofort will, die geistliche Ebene mit inbegriffen, offenbart, dass man sich für allmächtig hält.

Jeder ist dazu aufgerufen, ein Gleichgewicht zu finden zwischen verbissener Arbeit, in die man sich verlieren und in der man sich aufreiben kann sowie der Unmöglichkeit, innezuhalten, sein Land brachliegen zu lassen und den *shabbat* zu erleben, und andererseits verlorener, nicht genützter oder benützter Zeit und dem Mangel an einem motivierenden Ziel.

Jeder muss mit der Zeit des Gesundseins richtig umgehen; in ihr kann er es sich nicht erlauben, auf beliebige Art und Weise zu leben. Aber auch die Zeit der Krankheit, des Alters, die Zeit der Trauer in all ihren Etappen muss richtig verwaltet sein. All das gehört zum Akzeptieren der Wirklichkeit, zum Bewusstwerden seiner Verantwortung im Umgang mit der Zeit, die ihm zu leben gegeben ist.

Die Beziehung zum Raum – Die Begegnung mit dem anderen

Es handelt sich hier sowohl um den eigenen Raum gegenüber dem des anderen als auch um die Beziehung zum anderen. Die Beziehung zum Raum und zum anderen steht in Verbindung mit den Begriffen der Identität, des Lebensraumes („Reviers“), der Position innerhalb der Generationenfolge, der gegenseitigen sexuellen Ergänzung.

Der Begriff der Identität

Das ist die große Frage: Wie kann man „sich selbst“ bleiben in der Beziehung zum anderen und zugleich dessen Person, dessen Freiheit respektieren? Wie kann man weder ihn besitzen noch sich selbst besitzen lassen? Ihn nicht „auffressen“ und sich auch nicht „auffressen lassen“?

Der Begriff des Reviers

Zuerst sein *eigenes Revier*: Ist es stabil, wohl definiert und offen? Ist es verriegelt, übermäßig geschützt oder im Gegenteil allzu zerbrechlich, allen Winden und allen Einflüssen ausgesetzt? Seinen wirklichen Platz zu entdecken ist eine Aufgabe, eine Handlung, die Leben spendet.

Dann das *Revier des anderen*: Wie überschreitet man sein eigenes Revier, wenn man den anderen übermäßig beschützt; an seiner Stelle denkt, wünscht und spricht; seine Andersartigkeit nicht akzeptiert? Zu fordern, dass sich der andere meinen eigenen Wünschen entsprechend verändert, ihn zu manipulieren, um zu meinen Zielen zu gelangen, einen Teil seiner Funktion, seines Platzes an mich zu reißen sind ganz offensichtlich Ausdrucksformen des Allmächtigkeitsanspruchs. Man kann sich aber auch auf feinere Art und Weise in einer Welt verirren, wo die Andersartigkeit nicht respektiert wird, indem man die Tageslast eines anderen auf seine Schultern nimmt, ihm jegliches Leiden, jegliche schmerzliche Erfahrung ersparen möchte oder sich auf seinem Weg einmischt und dabei ihm gegenüber nicht den Respekt zeigt, der ihm eigentlich zustehen würde.

Die Position innerhalb der Generationenfolge

Dies ist ein Gebiet, auf dem oft eine große Unordnung herrscht. In diesem Bereich findet man die Ablehnung der Unterschiede, das unbewusste Suchen nach der Fusion mit der Mutter, die Verwirrung durch die Vermischung mit ihr oder die Zerrissenheit infolge der Trennung von ihr. Es geht darum, die richtigen inneren Scheidungen, den guten Abstand leben zu können. Dies ist die Bedingung einer wirklichen Liebe, der inneren Freiheit eines jeden. Der Mangel an Respekt vor der Andersartigkeit, die Vermischung der Identitäten, der Funktionen widerspiegelt die Tatsache, dass man innerhalb der Familie eine Position eingenommen hat, die nicht die eigene ist; desgleichen, dass man sich mit dem Durcheinander der Vorfahren identifiziert, in dem Irrglauben, dass man einer Art Determinismus unterworfen sei, der einen dazu zwingt, die Reihe der Verletzungen der vorhergehenden Generationen immer weiter fortzusetzen.

Die gegenseitige sexuelle Ergänzung

Das Zurückweisen der gegenseitigen sexuellen Ergänzung ist gewiss eine der wesentlichsten Formen, in denen sich ein Allmachtswahn äußert. Es geht hier um die Ablehnung der Verschiedenartigkeit, des Tatbestandes, dass man zu zweit sein muss, um zeugen zu können, dass der Mensch sich nicht selbst genug ist und dass er den anderen braucht. Sich auszusöhnen mit seiner geschlechtlichen Identität, seiner Weiblichkeit, seiner Männlichkeit, mit der des anderen und seine vorgegebene Realität, seine volle Identität anzunehmen, das ist für viele eine wichtige Etappe.

Der Wille, alles zu beherrschen

Derjenige, der alles beherrschen, alles sehen, alles wissen, alles verstehen, alles kontrollieren will, der gewissermaßen „alles essen" will, überschreitet sicherlich seine eigenen Grenzen und ist eine Bedrohung für den anderen. Dies ist eine der geläufigsten Formen des Wunsches, allmächtig zu sein; er kann jedoch völlig unbewusst bleiben.

Der Wille zur absoluten Selbstbeherrschung kann dazu führen, dass man seine Emotionen verleugnet, und das ist wahrhaftig ein Weg der Selbstzerstörung.

Um jeden Preis den ersten oder ganzen Platz einnehmen

Der Mensch ist dazu geschaffen, an Macht und Herrschaft teilzunehmen, aber er muss deren Fallen vermeiden, die in der Lust am

Herrschen, in der Machttrunkenheit bestehen, statt im Geist des Dienens. Wer sich in dieser Form des Allmachtstraumes befindet, ist oft davon überzeugt, dass er die Wahrheit besitzt, dass er alles weiß und die Ergänzung durch den anderen nicht braucht. Das sind oft Personen, die zwar geben, aber nicht empfangen können.

Sich selbst herabwürdigen

Die Haltung ‚Alles oder nichts' stammt von derselben Wurzel: Ich kann alles, ich kann nichts; ich bin unersetzlich, ich bin zu nichts nütze; ich bin der Beste, ich bin eine Null, sind gleichermaßen Formen, in denen sich das Allmächtigkeitsdenken äußert. Dass man sich selbst herabwürdigt, rührt von Verletzungen her, weil man als Kind nicht für das anerkannt worden ist, was man war. Worte, negative Blicke, Verbote und Vergleiche spielen offensichtlich eine große Rolle, und es ist wichtig, all das Geschehene ans Licht zu bringen, um dessen Wurzeln zu finden und eine andere Richtung einschlagen zu können.

Wie kann man die Selbst-Entwertung mit dem Allmachtsdenken in Verbindung bringen? Der Mensch, der sich selbst herabwürdigt, gibt sich sein eigenes, todbringendes Gesetz und ordnet sich ihm blind unter. Er betrachtet es als absolut, er legt fest, dass er keinen Wert hat. Das Wort Gottes, das ihm das Gegenteil versichert, hat keinerlei Einfluss auf ihn: „Ich bin nichts wert und ich kann nichts dafür. Auch Gott kann nichts dafür." Gottes Wort hingegen sagt ihm: *Weil du in meinen Augen teuer und wertvoll bist und weil ich dich liebe ...* (Jes 43,4), *Ich habe dich bei deinem Namen gerufen...*(Jes 43,1), *Ich habe dich eingezeichnet in meine Hände ...* (Jes 49,16).

Er aber löscht das Werk Gottes, radiert es gewissermaßen aus. Er verkündet, dass Gottes Macht in seiner Schöpfung versagt habe. In Wirklichkeit gründet er sein Leben auf einen lügenhaften Glauben, während er die Gaben Gottes verleugnet, wie wenn nicht jedes Geschöpf seine eigenen Möglichkeiten des Lebens, der Fruchtbarkeit in sich trüge und zumindest eine besondere Gabe empfangen hätte.

Die Selbst-Entwertung ist wahrhaftig ein tödlicher Weg. Sie ist oft zutiefst in der Psyche verankert und in sie eingewachsen. Sie ist in Wirklichkeit eine Weigerung, zu leben, sich auf den Weg zu machen, ohne auf etwas anderes zu warten als auf das, was man ist und was man hat. Sie bedeutet gleichzeitig ein großes Leiden.

Der Gebrauch von Intelligenz, Wille und Phantasie

Das Allmachtsdenken kann sich in die Intelligenz, den Willen und die Phantasie einschleichen.

Die Intelligenz

Die Intelligenz wird dann zur Königin. Sie weiß alles, lenkt alles, versteht alles. Sie wird zur Quelle, sie inspiriert einen. Sie wird zur Sicherheit, zur Grundlage des Lebens und weiß nicht, was das Leben im Heiligen Geist bedeuten kann. Es kommt ziemlich oft vor, dass man den Heiligen Geist anruft und dann so zu „funktionieren" beginnt, als wäre man sein eigener Herr: Die Intelligenz akzeptiert dann keine Zusammenarbeit mit dem Heiligen Geist. Sie ist zum Götzen geworden.

Der Wille

Der Wille setzt das Verlangen in die Tat um. Wenn die Ausrichtung des Verlangens verfälscht ist, wird der Wille diesem falschen Weg folgen. Der Wille kann gänzlich von der Macht fasziniert sein, was auch immer deren Form sein mag. Das festgelegte Ziel wird ein Absolutes, also ein Götze; es kann das Verlangen mit einschließen, Gott kraft eigener Bemühungen zu erreichen.

Die Phantasie

Die Phantasie ist gegeben, um kreativ zu sein, um mitten in der Gegenwart zu handeln, sie umzuwandeln, sie mit einem anderen Blick zu feiern.

Es kommt vor, dass man sich, weil man die Wirklichkeit nicht akzeptiert, eine eingebildete Welt schafft, deren einziger Schöpfer man selber ist, wo alles wunderbar gut abläuft. Man lebt in einem Traum und füllt so die Leere der Gegenwart aus. Das ist für viele als Kind eine Art und Weise gewesen, eine schwierige Situation zu überstehen, insbesondere im Falle einer belastenden Fusion oder eines starken elterlichen Machtmissbrauchs. In der Traumwelt haben sie ihre Eigenständigkeit gehabt. Doch sobald die Probleme einmal geklärt sind, geht es darum, in der Gegenwart wieder Fuß zu fassen, auf den Boden zurückzukommen. An dieser Stelle kann dann ein schwerer Kampf auszutragen sein, wie man ihn gegen jede Art von Abhängigkeit führen muss.

Die Beziehung zu Gott

Der Platz des Menschen

Die zwei wesentlichen Erscheinungsformen des Allmachtswunsches in Bezug auf Gott bestehen darin, sich für Gott zu halten oder auf Gott zu verzichten. Gott ist nicht mehr am richtigen Platz, der Mensch auch nicht. Man kann diese beiden Verhaltensweisen an der Wurzel aller Formen der Allmachtsvorstellungen finden, die wir schon aufgezeigt haben, aber man kann auch noch andere, spezifischere Bereiche ans Licht bringen.

Das Sich-Bewusstwerden der Art und Weise, wie man auf Gott verzichtet, ist vielleicht noch schwieriger als das Entdecken der verschiedenen Formen, wie man sich für Gott hält.

Ohne Gott auszukommen heißt, dass man nicht bewusst mit der Quelle seines Lebens verbunden ist; dass man kein anderes Gesetz oder keine andere Lebensrichtung möchte als die, die man sich selber setzt; dass ein Mensch, eine Sache, eine Situation den Platz Gottes einnimmt; dass man die Vergebung Gottes nicht für sich selbst empfängt („sich nicht verzeihen kann", wie man es zu Unrecht ausdrückt); dass man sich selbst völlig gering achtet; und vor allem, dass man es nicht lernt, mit dem Geist Gottes zusammenzuarbeiten. Dieser ist ja der innere Führer, den uns der himmlische Vater gegeben hat, um uns zur ganzen Wahrheit, zur wirklichen Freiheit zu führen.

Das Bittgebet

Wenn ihr in mir bleibt und wenn meine Worte in euch bleiben, dann bittet um alles, was ihr wollt: Ihr werdet es erhalten (Joh 15,7).

Was für Menschen unmöglich ist, das ist für Gott möglich (Lk 18,27).

Wie sind diese Zusagen zu verstehen, wo wir doch die Grenzen der menschlichen Daseinsbedingungen und Beschaffenheit erforschen? Eine schlechte Interpretation dieser Worte kann trügerischen Hoffnungen, einem Traum von Allmächtigkeit Tür und Tor weit öffnen. Die Versuchung ist groß, das was Gott möglich ist, identisch zu setzen mit dem so sehr Gewünschten: z. B. mit der wundersamen Heilung, bei der sich persönliche Ansprüche mit einschleichen können und das Verlangen, Gott zu beeinflussen. Wir hoffen, uns ein Hinabsteigen in unsere Tiefen, einen Weg der Wahrheit über uns selbst ersparen zu können: Gott wird schon alles machen – an unserer Stelle. Da er ja Vater ist, brauche ich nur zu empfangen, habe ich nichts anderes zu tun, als ihm meine Probleme darzulegen. So schieben wir die Aufforderung zur Bekehrung beiseite, das Prinzip der Realität und den Osterweg. Wir stellen uns vor, dass es das Gebet auf wundersame Weise ermöglichen wird, eine verfahrene Situation zu lösen, ohne dass wir uns mit einbeziehen müssen, dass wir Hilfsmitteln (chirurgischen Operationen, psychologischer Hilfe usw.) oder Naturgesetzen dadurch ausweichen können. Wir denken, dass wir ohne Narben auferstehen werden, wo doch die Auferstehung Christi deutlich zeigt, dass der Leidensweg nicht vergessen ist: Jesus aufersteht mit seinen noch nicht vernarbten Wunden.

Hier findet man die ganze Problematik der unerhörten Gebete wieder. Viele denken, dass sie nicht erhört werden, weil es ihnen an Glauben mangelt; sie quälen und verzehren sich umsonst. Wenn das Gebet nicht erhört wird und man dessen gewiss ist, dass man sich im Glauben befindet, ist man wahrscheinlich dazu aufgerufen, einen inneren Weg anzutreten. Martha (Lk 10,40–42), die Jesus darum bittet, bei ihrer Schwester einzugreifen, wird nicht erhört. Jesus verweist sie auf sich selbst. Sie muss ihren richtigen Platz entdecken, den, der wirklich der ihrige ist. Jesus wird im Augenblick seines Sterbens nicht erhört. Er muss noch eine Mission erfüllen, dieses Drama durchstehen, um die Auferstehung leben zu können.

André ist schwer krank. Allen ärztlichen Gutachten nach scheint er sterben zu müssen. Er ist sehr verängstigt durch die Idee, dass es ihm an Vertrauen auf Gott mangle: „Wenn ich wirklich Glauben hätte, dann wäre ich sicher, dass Gott mich heilt. Ich zweifle aber daran."

Dies ist ein delikater und sehr schmerzlicher Bereich. Man muss zugeben, dass es in vielen Fällen kein Wunder gibt. André ist wahrscheinlich dazu aufgerufen, seinen Übergang ins ewige Leben in der zärtlichen Barmherzigkeit des Vaters zu erleben. Es mangelt ihm nicht an Vertrauen, wenn er denkt, dass er auf seinen Tod zugehe. Das Vertrauen besteht in der absoluten Gewissheit, dass Gottes Wort Wirklichkeit ist:

> *Fürchte dich nicht, denn ich habe dich ausgelöst,*
> *ich habe dich beim Namen gerufen, du gehörst mir.*
> *Wenn du durchs Wasser schreitest, bin ich bei dir,*
> *wenn durch Ströme, dann reißen sie dich nicht fort.*
> *Wenn du durchs Feuer gehst, wirst du nicht versengt,*
> *keine Flamme wird dich verbrennen.*
> *Denn ich, der Herr, bin dein Gott,*
> *ich, der Heilige Israels, bin dein Retter...*
> (Jes 43,1–3).

Das bedeutet selbstverständlich nicht, dass man nicht für seine eigene Heilung oder die von Kranken beten soll, aber es handelt sich hier um einen Bereich, wo man oft die Versuchung zur Allmächtigkeit streift. Es ist sehr verständlich, der Ruf zum Leben ist so stark. Dennoch ist es wichtig, wachsam und vorsichtig zu sein.

Es war weder dem Volk der Israeliten möglich, der Durchquerung der Wüste zu entgehen, noch Jesus, der extremen Gewalt zu entkommen, die sich geballt auf ihm entlud.

In welchen menschlichen Unmöglichkeiten sind die Möglichkeiten Gottes anzusiedeln[1]? Wahrscheinlich überall dort, wo es um Unglauben, ein Gefühl der Machtlosigkeit, der Entmutigung

1 A. Dumas. (1988). *Cent prières possibles*. Paris: Cana.

geht und um das Verlangen, lieber zu sterben als Widerstand zu leisten. Durch die Gnade Gottes wird es möglich, sich mutig auf den Osterweg zu begeben; einen Ausweg des Lebens dort zu entdecken, wo alles verschlossen und verriegelt scheint; wieder sehend zu werden; zu hören, was Gottes Wort sagt; das aufzugeben, was den Tod bringt; den Mut zum Leben zu haben; die Beziehung zu erneuern; die Enttäuschung hinter sich zu lassen; den Frieden und die Freude wiederzufinden.

Was möglich ist, wird man im Aufbrechen und in den durchquerten Etappen erleben. Wir haben sicherlich keinerlei Begriff von der Weite der Möglichkeiten Gottes. Wir können uns jedoch nicht täuschen, wenn wir sie auf den inneren Wegen erwarten, zu denen alle von uns, ihrem Rhythmus entsprechend, zu ihrer Zeit eingeladen sind.

Die Manipulation des göttlichen Wortes

Eine andere Form, sich als allmächtig zu gebärden in der Beziehung zu Gott – und nicht eine der bedeutungslosesten –, besteht darin, sein Wort zu manipulieren, es aus seinem Kontext herauszulösen, es auf eigenwillige Weise zu interpretieren, damit es den eigenen Gedanken, der eigenen Beweisführung und den eigenen Interessen diene.

Ein äußerst erhellendes Beispiel für die Manipulation des Wortes Gottes findet man im Dialog zwischen der Schlange und Eva (Gen 3,1–3). Die Schlange gibt Eva zu verstehen, dass es verboten sei, von irgendeinem Baum des Gartens zu essen, während sich das Verbot nur auf einen einzigen Baum bezieht. Eva antwortet ihr, dass sie sich täusche, verdreht das Wort aber ihrerseits: Es ist demnach nicht nur verboten, von dem Baum zu essen, sondern auch, ihn zu „berühren", was nie gesagt worden ist. Sie macht das Verbot strenger, als es eigentlich ist. Die Schlange drückt klar aus, was sich wahrscheinlich im Denken Evas abspielt: „Von einem Baum nicht zu essen bedeutet in Wirklichkeit, von keinem Baum zu essen."[2]

2 J. Eisenberg und A. Abécassis. *Et Dieu créa Eve*. S. 211–223.

Das Wort Gottes wird auch Jesus gegenüber von Satan während der Versuchungen in der Wüste auf verfälschende Art und Weise zitiert. Jesus fällt nicht darauf herein. Er gibt dem Wort seine wahre Bedeutung zurück.

Fabien befindet sich in großer Not. Seine Frau hat ihn soeben verlassen. In seiner Gebetsgruppe bringt er seinen Schmerz zum Ausdruck. Lise versichert ihm: „Der Heilige Geist gibt mir ein Wort für dich: Glaube nur, und deine Frau wird zurückkommen." Fabien gründet seine Hoffnung auf dieses Wort. Er wartet ständig auf die Rückkehr seiner Ehefrau, obwohl sie einen neuen Partner hat. Einige Jahre später wird die Scheidung ausgesprochen und Fabiens Frau heiratet erneut. „Der Herr hat mich getäuscht", sagt Fabien. Lise hat ihren Wunsch, Fabien zu trösten, für eine Regung des Heiligen Geistes gehalten. Für sie gab es keinen Zweifel daran, dass es der Wille Gottes sei, dass das Paar wieder zusammenkomme, und sie hat ohne jede Vorsicht Fabien mit in diese Illusion hineingezogen, ohne auch nur zu ahnen, dass sie einem Antrieb zur Allmächtigkeit gefolgt war.

Das Vergraben der Gefühle

Die hauptsächlichen negativen Gefühle sind Schmerz, Aggression, Angst und Scham. Die positiven Emotionen sind Freude, Vergnügen, Zärtlichkeit ...

Eine unerwartete Konsequenz, wenn man das Gesetz „die menschlichen Daseinsbedingungen annehmen" nicht respektiert, ist das Vergraben seiner Gemütsbewegungen. Man lebt dann so, als existierten sie nicht[1]. Man vergräbt seine negativen Gefühle nicht grundlos. Es geschieht, weil es einem unmöglich ist, einem Leiden ins Gesicht zu schauen, aus Angst, überflutet zu werden, aus dem Willen heraus, sich weiterhin aufrecht zu halten und nicht zusammenzubrechen, den anderen nicht zu verurteilen ... Manche sind von einem Schock, von einer physischen oder psychischen Aggression buchstäblich erschlagen oder betäubt.

1 Es kommt auch häufig vor, dass man sowohl positive als auch negative Gefühle vergräbt.

Nichts desto weniger ist die Tatsache, dass man seine Emotionen tief in sich vergräbt, sie verriegelt, eine ganz und gar unbeabsichtigte Form, Grenzen abzulehnen. Sie zeugt von einer Unkenntnis der normalen Verletzlichkeit eines jeden Menschen. Es handelt sich hier um eine Verhaltensweise, die der Bewegung des Lebens entgegengesetzt ist; sie bringt beträchtliche Schäden im gesamten Organismus mit sich.

Das Nicht-Akzeptieren seiner Geschichte

Es kommt vor, dass die Gemütsbewegungen klar benannt, ans Licht gebracht werden, aber dass es einem nicht gelingt, sie zu besänftigen. Man lebt dann wie unter einer Art „Belagerung", hat den Eindruck, von einem Leid, von einer gewaltsamen Macht, einer zutiefst zerstörerischen Angst überflutet, überwältigt zu werden: Eine schädigende Substanz, ein Gift verbreitet sich im gesamten Wesen. Viele laufen mit diesem Problem schmerzlich im Kreis herum, suchen vergebens einen Ausweg ins Leben. Man stößt hier auf eine gut versteckte Wurzel des Allmachtsdenkens. Sie bringt zum Ausdruck, dass die eigene Geschichte, in Wirklichkeit also die Grenzen der menschlichen Daseinsbedingungen, nicht akzeptiert werden. Man kann die tiefe und aktive Annahme seiner Geschichte nur nach einer langwierigen Trauerarbeit leben.

Es ist also wichtig, sich aus der Nähe anzusehen, wie man den Trauerprozess erlebt hat und welcher Verzicht vielleicht notwendig wäre, wobei bereits präzisiert worden ist, dass man seine Emotionen nicht verleugnen soll. Es ist nicht ratsam, direkt auf sie einzuwirken. Der Weg ist ein anderer.

All diese Verhaltensweisen sind der Anweisung Gottes entgegengesetzt. Die wichtigen Bezugspunkte des Lebens sind verlorengegangen, der Mensch weiß nicht mehr, wie er wieder Ordnung schaffen soll. Er hat das grundlegende Gesetz verloren, er ist die Quelle seines eigenen Gesetzes geworden.

Wann, wie und wozu entsteht das Allmachtsdenken?

Die Versuchung zur Allmächtigkeit kommt vor allem von daher, dass unsere Welt eine gefallene ist, von der fundamentalen, schwerwiegenden Trennung zwischen dem Menschen und Gott. Doch es gibt auch persönliche Gründe. Wann, wie, weshalb hat sich der Allmachtswunsch in einem festgesetzt? In welcher Verletzung hat sich der falsche Weg einnisten können?

Verletzung anerkennen

Irrige Richtungen und falsche Wege, derer man sich bedient, haben ihren Ursprung in erlittenen Verletzungen, also in einem Leiden, das man durchgemacht hat. Es ist unerlässlich, das, was wehgetan hat, in Worte zu fassen; die Folgen, welche diese Verletzungen haben konnten, was sie in einem zerstört haben, die Schäden, die dadurch entstanden sind, zu benennen.

Viele verharmlosen den Einfluss, den eine im familiären Kontext erlittene Verletzung auf ihr Leben gehabt hat, aus Angst, ihre Eltern zu verurteilen. Darum kann es nicht gehen. Niemand kann sich zum Richter über die Verantwortung oder die Schuld eines anderen aufwerfen. Andererseits führt die Entscheidung, die Verantwortung für die Folgen seiner eigenen Geschichte zu übernehmen, zwingend dazu, das Verhalten des anderen wahrzunehmen. Ihm gegenüber gilt es, angemessen Position zu beziehen.

Nicht alle Verletzungen rühren von den Eltern her. In jedem Fall ist es wichtig, sie zutage zu fördern. Diese Wegstrecke ist für die meisten eine Zeit des Schmerzes. Aus diesem Grund besteht der erste Schritt der Evangelisierung der Tiefen des Herzens darin, es zu lernen, seinen inneren Boden der Gegenwart des mitfühlenden Gottes zu öffnen, der Heimsuchung durch Christus, dem Licht des Heiligen Geistes, der auf sanfte Weise wirkt.

Ich klopfe an die Tür, sagt der Herr, an die Tür deiner Geschichte, deines Schmerzes, deiner Auflehnung, deiner Demütigung. Wer meine Stimme hört und die Tür öffnet, bei dem werde ich eintreten, und wir werden Mahl halten, ich mit ihm und er mit mir (Offb 3,20).

Die erlittene Verletzung anzuerkennen und die Folgen, die sie für mein Leben mit sich gebracht haben, ist ein Wegstück, das lang sein kann, das man aber keinesfalls abkürzen soll. Es ist in der Tat ein wichtiger Augenblick, in dem einem besonders die Emotionen bewusst werden, die man tief in sich hat vergraben können, die Art und Weise, wie man sich betäubt hat.

Erst nach dieser ersten Etappe stellt sich die so wichtige Frage: Wie hast du auf die Verletzung reagiert? Was hast du mit dem gemacht, was man dir angetan hat, was dir widerfahren ist?

Um den Weg des Todes aufzuspüren, den man eingeschlagen hat, ist es notwendig, nochmals von der Verletzung aus aufzubrechen zu der Stelle, dem Ort, dem Zeitpunkt, wo der Knoten sich gebildet und die Abweichung sich einzustellen begonnen hat. So wird man das angenommene Verhalten ans Licht bringen, das sich mit den Jahren als zerstörerisch erwiesen hat, auch wenn es geholfen hat, das Leiden an der Verletzung zu überwinden.

Wegstrecken

Einige Beispiele werden es erlauben, etwas klarer zu sehen.

Mireille ist schon sehr jung als das kluge Element der Familie angesehen worden: „Du hast immer einen guten Rat bereit. Mit dir ist man ohne Sorge, du findest ganz gewiss die richtige Lösung, auf dich kann man zählen“, sagen ihr die Eltern. Sowohl ihr Vater als auch ihre Mutter nehmen sie als Vertraute für ihre intimsten Probleme in Anspruch. Mireille wächst in diesem Klima auf, erlaubt sich weder einen Sturz noch eine Schwäche oder ein vorsichtiges Sich-Vorantasten. Später, in ihrer Ehe, in den Gruppen, denen sie angehört, spielt sie weiterhin die Rolle der „Weisen“. Ständig fragt man sie um Rat, denn sie kann sich nicht täuschen. Schließlich verspürt sie ein sehr starkes Unwohlsein.

Sie versteht absolut nicht, was in ihr vor sich geht. Sie entscheidet sich dafür zu schweigen, nichts mehr zu sagen. Es wird ihr jedoch bewusst, dass das nicht gut ist, und so beginnt sie sich wieder einzumischen. Der Prozess wiederholt sich: Folglich ist sie wieder im Mittelpunkt von allem, die Beste ... Da entdeckt sie den Begriff der Allmächtigkeit, den sie überhaupt nicht gekannt hat. Es wird ihr bewusst, dass man sie auf ein Podest gestellt hat und dass sie sich immer noch dort befindet. In Wirklichkeit hat man sie an die Stelle Gottes gesetzt. Sie hat das zugelassen, da sie nicht durchschaut hat, was mit ihr geschehen ist.

Energisch trennt sie sich von dieser Wurzel des Götzendienstes, die sich in ihr festgesetzt hat. Sie gesteht sich das Recht zu, sich zu irren, ihre Schwachpunkte anzuerkennen. Sie entdeckt, was sie wirklich ist. So schließt sie sich glücklich der Schar derer an, die auf ihrem Weg ihr Mögliches machen, im Wissen, dass sie Söhne und Töchter des liebenden Gottes sind und dass sie so geliebt werden, wie sie in ihrer Wirklichkeit sind.

Damian macht sich überall, wo er hinkommt, unentbehrlich. Er findet das völlig normal, sein Leben ist sehr angefüllt. Bis an dem Tag, wo er einen Vortrag über das Allmachtsdenken hört und dabei alarmiert wird: „Ich spüre, dass bei mir etwas falsch läuft. Überall, wo ich vorbeikomme, nehme ich alles in die Hand. Wenn ich nicht da bin, sind die anderen verloren. Vor allem aber habe ich entdeckt, dass ich meine, für Gott unerlässlich zu sein. Ist das richtig?“ Ohne es beim Namen zu nennen, hat Damian da ausgedrückt, dass er sich verhält, als ob er allmächtig wäre

Wie ist er dazu gekommen? Seine Eltern stritten sich unaufhörlich und lebten in tiefgehender Uneinigkeit. Während seiner ganzen Kindheit hörte er seine Mutter ihm sagen: „Wenn du nicht da wärst, hätte ich deinen Vater schon lange verlassen.“ Er betrachtet sich als unerlässlich für die Aufrechterhaltung der Ehe. Er hat sich eine Aufgabe aufgeladen, die nicht die seine ist. Er wurde mit einer Verantwortung betraut in einer Beziehung, die zwei Erwachsene unter sich hätten regeln müssen. Damian ist nur in dieser Funktion geliebt und anerkannt worden.

Indem er das Licht des Heiligen Geistes in seine Art, sich unentbehrlich zu meinen, scheinen lässt, versteht er, dass er von Gott so geliebt wird, wie er ist, gratis, ohne Leistung und dass er „einen hohen Wert in seinen Augen hat“. Er nährt sich vom Wort Gottes, vom Brot des Lebens, und mit der Zeit wird er dieses Verhalten ablegen können, sich überall, wo er vorbeikommt, für unersetzlich zu halten und zu machen, ohne Angst, die Liebe zu verlieren oder abgelehnt zu werden. So wird er seinen richtigen Platz wieder finden.

Pierre wurde nach drei anderen, totgeborenen Kindern zur Welt gebracht. Er ist das einzige lebende Kind der Familie. „Da ist der Retter der Familie“, ruft seine Mutter bei seiner Geburt aus. Pierre verinnerlicht diesen Satz, der während seiner Kindheit auf tausenderlei Arten gesagt und wiederholt wurde. Er nimmt diese Rolle auf sich, ohne sich dessen bewusst zu sein, dass er im Begriff ist, einen falschen Weg einzuschlagen. Er kommt für ein Gespräch zu uns und erzählt, dass er in einem Zustand der ständigen Erschöpfung lebe.

„Wie wirst du von deiner Umgebung wahrgenommen?“ – „Man zählt auf mich. Überall begegne ich Leuten, die mir sagen, dass sie auf mich zählen. Ich antworte bereitwillig darauf. Um ehrlich zu sein, ich lehne es nie ab zu helfen. Dabei fühle ich mich doch ständig wie erdrückt. Das Wort, das dauernd in mir wiederkehrt, ist: Das schaffe ich nie.“

In der Tat wird es Pierre nie gelingen, der Retter seiner Familie oder von irgendjemandem anderem zu sein. Er wird unter einer Last erdrückt, die nicht zu ihm gehört. Welche Erleichterung wird es für ihn sein, zu entdecken, dass Jesus Christus derjenige ist, der rettet, dass er selbst gerettet und nicht Retter ist. Wie jeder andere Jünger ist er dazu aufgerufen, am Heil teilzunehmen und zugleich seinen Platz als Diener beizubehalten. Ohne sich dessen bewusst zu werden, verstand er sich als Quelle des Heils, hatte er den Platz Gottes eingenommen. Sobald er den falschen Weg ans Licht gebracht hat, kann er der Funktion absagen, die man ihm auferlegt hat, und seinen Platz als Sohn wieder einnehmen.

Julien kommt für ein Gespräch und erwähnt, dass er völlig ohne Halt sei und es nicht schaffe, aus einem Loch wieder herauszukommen. „Ich befinde mich in innerer Auflehnung, ich habe keine Lust mehr zu leben.“ Mit Leichtigkeit findet er das Ereignis wieder, das der Ausgangspunkt seiner Auflehnung ist: Er ist zwanzig Jahre alt und hat sein ganzes Leben lang den Wunsch gehabt, Jagdflieger zu werden. Er hat in allen Auswahlverfahren Erfolg gehabt, kann aber einer leichten Sehschwäche wegen nicht zugelassen werden. Schlagartig erscheint ihm nichts mehr von Interesse.

Er geht in seiner Geschichte weiter zurück. Sein Vater ist in seiner Kindheit von nicht gehaltenen Versprechen schwer gekennzeichnet worden. Er hat eine Reihe von für ein Kind sehr tiefen Enttäuschungen erlebt, so dass er es sich danach untersagt hat, seine eigenen Wünsche zu äußern, aus Angst, einmal mehr enttäuscht zu werden. Im Gegensatz dazu brauchte Julien einen Wunsch kaum auszusprechen, dann erfüllte ihn der Vater unverzüglich. Er griff sogar jeglichem Begehren des Kindes vor, dessen Verlangen König, ein wahrer Götze geworden war. Julien ist so, ohne es zu wissen, in ein Verhalten der Allmächtigkeit eingetreten: Die Welt soll sich vor ihm beugen.

Zum ersten Mal stößt er ernsthaft und grundsätzlich mit einem der ihm wichtigsten Wünsche an. Er prallt mit dem Problem der Grenzen zusammen, die das Leben einem auferlegen kann. Er wird einen langen Weg antreten, um das Grundgesetz, das den Menschen ausmachende Prinzip verstehen zu lernen und mit der Zeit die Realität anzunehmen und andere Wege zu entdecken.

Benoît erlebt eine versteckte Depression und kann sich nicht davon erholen. Er ist verheiratet, seine Frau erwartete ein Kind, doch das Kind ist bei der Geburt gestorben. Dieses Ereignis liegt zwei Jahre zurück. Benoît wird bewusst, dass er die Grenzen nicht akzeptiert, die das Leben einem auferlegen kann, die Krankheit, den Tod. Er ist tief gläubig, aber er stößt auf eine Grundangst, eine unüberwindliche Sperre. Die Begleitung erweist sich als schwierig, nichts klärt sich auf.

Er erzählt plötzlich, aber ohne dieser Begebenheit irgendeine Bedeutung beizumessen, dass er im Alter von sieben Jahren die Gewohnheit angenommen hatte, seine Noten zu fälschen, „irgendwie" sagt er, mit einem Rotstift, wo doch die Noten mit schwarzer Tinte geschrieben waren. Seine Eltern – gewiss keine Analphabeten, sie waren Intellektuelle – unterzeichneten sein Notenheft, ohne irgendetwas zu merken. So fuhr er ohne Probleme fort, sich gute Noten zu erteilen. „Was hast du in diesem Augenblick gedacht? Wie hast du reagiert, erinnerst du dich daran?" – „Sehr gut. Ich habe gedacht: Was auch immer ich mache, es kann mir nichts passieren!" Da haben wir den falschen Weg. Er hätte hinzufügen können: „Ich bin unverwundbar." So ist er in die Ablehnung der menschlichen Daseinsbedingungen geraten. Es wird ihm nun bewusst, dass er nicht Gott, dass er Mensch ist, wesensmäßig schwach und verletzlich und dass der Tod zu den Grenzen gehört, denen sich der Mensch unterwerfen muss. Zusätzlich zu dem sehr großen Kummer, den Benoît beim Tod seines Kindes verspürt hat, war er „wie vom Blitz getroffen" und war völlig fassungslos angesichts dieses Ereignisses. „Es stößt mir ein Unglück zu, während ich bis jetzt gedacht habe, dass mir nichts passieren kann." Er hat diese Erfahrung im Augenblick des Schocks nicht analysiert. Darum kommt er nicht aus seiner Depression heraus. Nach einer Traumatisierung eine Depression zu erleben ist normal, aber es handelt sich dabei um einen Durchgang, der zum Leben zurückführt. Man kann die Etappen einer Trauer nicht ausblenden, doch die Trauer hat ein Ende. Bei Benoît aber funktioniert etwas nicht, er spürt es gut. Sein ganzes System ist zusammengebrochen. Er wird verstehen lernen, was ihm widerfahren ist, nachdem er sich über den falschen Weg Klarheit verschafft hat, den er in seiner Kindheit eingeschlagen hat. Dann wird er wissen, wie und wann er in diese Richtung losgegangen ist. Nach und nach wird er einen anderen Begriff vom Leben, von Gott und von sich selbst bekommen, das Kind Gottes, das schwach und verwundbar geliebt und in allen Schwierigkeiten der Existenz begleitet ist. Er kann dann der Wurzel des Allmachtswahnes entsagen und seine menschliche Beschaffenheit einfach akzeptieren.

Gott im Kern des Irrwegs begegnen

Der Mensch hat sich verlaufen, aber Gott kommt ihm mitten in seinem Umherirren entgegen. Gott holt ihn wie immer gerade im Inneren seiner Verdrehtheiten ab. Er nimmt den Dialog wieder auf mit dem, der sich von der Quelle abgeschnitten hat, indem er ihm eine Frage stellt: *Gott, der Herr, rief Adam zu und sprach: Wo bist du? Er antwortete: Ich habe dich im Garten kommen hören; da geriet ich in Furcht, weil ich nackt bin, und versteckte mich* (Gen 3,7–11).

Wo, woran bist du auf deinem Weg?

Gott hätte seinen Zorn ausdrücken, sofort verdammen und die Beziehung abbrechen können[1]. Stattdessen ruft er den Menschen durch eine Frage herbei: Wo bist du? Gott weiß wohl, wo Adam ist, aber durch diese Frage lädt er ihn dazu ein, sich dessen bewusst zu werden, dass er nicht mehr dort ist, wo er sein sollte. Und dies betrifft sein ganzes Wesen: Er hat seinen Platz verloren und seinen Weg. Er hat den „Ort" verlassen, an dem er in Harmonie leben sollte, den, der ihm zu seinem Glück gegeben worden war. Er hat einen Platz eingenommen, der nicht der seine, sondern derjenige Gottes ist.

Woran bist du im Inneren deiner selbst? Wie bist du dahin gekommen? Welchen Weg hast du genommen? Wie ist so etwas möglich gewesen? Wie steht es mit dir in Sachen Rückweg, Weg der Reue? Verstehst du, wie und weshalb du vom Weg abgewichen bist?

Diese Frage, die sicherlich nicht neutral ist, ist zweifelsohne eine Offenbarung der Liebe Gottes, ein Versuch, die Beziehung wiederherzustellen. Adam flieht, flieht vor sich selbst, so wie er auch Gott und den anderen flieht. Anstatt seine Verantwortung ohne Umschweife anzuerkennen, lässt er sich auf Erklärungen über seine Nacktheit, seine Angst ein.

Es wurde ihm eine wunderbare Gelegenheit zur Umkehr geboten. Er verpasst sie, wo er doch hätte bereuen, Vergebung erhalten können, wie sie stets dem- oder derjenigen gewährt wird, die zurückkehrt. Er hätte in der Freude über eine Erfahrung, die zwar schmerzlich, aber lehrreich ist, erneut aufbrechen, in einem wiedergefundenen, durch das Vorkommnis gestärkten Bund wieder aufleben können. Er geht an dem, was ihm angeboten wird, vorbei. Anstelle einer Liebes- und Vertrauensbeziehung führt er eine Beziehung der Angst, der Beklemmung, der Einsamkeit ein.

1 J. Eisenberg und A. Abécassis haben in ihrem Buch *Et Dieu créa Eve* ausführlich den Sinn der Frage Gottes an Adam „Wo bist du?" vertieft (S. 310–331), ebenso die Folgen der Übertretung (S. 333–357). Die Gedankengänge, die hier in diesem Buch ausgeführt werden, verdanken ihrer Analyse viel.

Wo bist du? Diese Frage wird jedem Menschen gestellt. Derjenige, der in der Wahrheit seiner Geschichte zu Gott, zu Christus kommt, wird zunächst bedingungslos durch den Strom der mütterlichen Liebe Gottes in seinem Leiden, seinen Erfahrungen von und seiner Bereitschaft zu Gewalt, also den Nachwirkungen seiner Vergangenheit aufgenommen. Dann vernimmt er die Einladung zu wachsen: Wie steht es mit dir? Was hast du mit dem gemacht, was man dir angetan hat? Komm an deinen Platz zurück, verlaufe dich nicht mehr, bleib nicht auf dem Weg des Todes. Geh auf das Leben zu[2]!

Das Ende des Abstiegs – Sich der Übertretung bewusst werden[3]

Jetzt, nachdem man das Gesetz der Annahme der menschlichen Daseinsbedingungen ans Licht gebracht und ausformuliert hat, am Ende des Abstiegs zu den Wurzeln des Allmachtswunsches und seinen Erscheinungsformen kommt die Zeit, da man sich der Übertretung bewusst wird:

Wir entdecken, dass wir an einem grundlegenden Gesetz, einem Gesetz Gottes vorbeigegangen sind. Es ist vergessen, nicht respektiert worden. Wir begreifen plötzlich, wie wir unseren richtigen Platz haben verlieren können: den eines Geschöpfes, eines Sohnes oder einer Tochter Gottes. Wir versteht, wie wir uns von unserer Quelle getrennt haben.

Es ist ein schwerer Schock, zu entdecken, dass man sich auf eine Art allmächtig gebärdet hat, während man dabei stehengeblieben ist, sich selbst abzuwerten, oder im Gegenteil geglaubt hat, eine außerordentliche Großzügigkeit auszuleben. Wie hätte man denn ahnen können, dass man in dem lebt, was man die Ursünde nennt?

2 Man findet hier den väterlichen Ausdruck der Liebe Gottes, denn das Ziel der Frage ist es, dem Menschen dabei zu helfen, in seiner Verantwortung und seiner Wahrheit zu wachsen.

3 Siehe S. 267. *Einfache Orientierungspunkte auf dem Weg der Evangelisierung bis in die Tiefen des Herzens.*

Auf dem Weg der Evangelisierung bis in die Tiefen des Herzens sind die meisten verblüfft, in sich ein Bündel an Gewalt zu entdekken, das noch nie zutage gefördert worden ist; einen sorgfältig getarnten Hass; einen intensiven Kummer, der sich nie hat ausdrükken können; ein Entsetzen, das im Gedächtnis des Körpers vergraben ist. Sie sind noch bestürzter, wenn ihnen bewusst wird, dass sie gegen das bedeutende Gesetz der Grenzen verstoßen, indem sie diese Gefühle, all diese großen Regungen in sich vergraben. Das Gesetz der Grenzen legt fest, dass jeder Mensch erkenne, wo die Möglichkeiten seines Menschseins enden, und dass jeder Gläubige es lernen sollte, dies in der lebendigen Gegenwart Christi zu tun.

Der Weg des Wiederaufstiegs

Nach dem Abstieg zu den Wurzeln der Allmachtswünsche und -vorstellungen in einem selbst und zu deren Erscheinungsformen kommt die Zeit des Wiederaufstiegs. Dieser führt von der Reue, der Zustimmung zum Gesetz des Lebens über Entsagung und Trauer zur Wahl des Weges des Lebens.

Die Reue

Der Wiederaufstieg fängt mit der Reue darüber an, dass wir ein so grundlegendes Gesetz wie das der Annahme der menschlichen Daseinsbedingungen übergangen haben. Es ist vergessen, nicht respektiert worden. Wir begreifen plötzlich, wie wir unseren richtigen Platz haben verlieren können: den eines Geschöpfes, eines Sohnes oder einer Tochter Gottes. Wir verstehen, wie wir uns von unserer Quelle abgetrennt haben.

Zu entdecken, dass man sich wie allmächtig benommen hat, während man in Selbstverachtung erstarrt ist oder im Gegenteil geglaubt hat, eine außerordentliche Großzügigkeit auszuleben, ist ein sehr herber Schock. Wie hätte man denn ahnen können, dass man in dem lebt, was man die Ursünde nennt?

Die Reue ist der geistliche Ausgangspunkt für den Wiederaufstieg. Es handelt sich hierbei um eine Umkehr, eine Bewegung der Herztiefe, die man in einer persönlichen Beziehung mit dem lebendigen Gott erlebt.

Sie drückt sich in einem tiefen Bedauern dessen aus, dass man sich seinem eigenen Gesetz und seiner eigenen Weisheit entsprechend und nicht der Anordnung Gottes nach aufgebaut hat, dass man von allen Bäumen des Gartens gegessen und dabei das bedeutende, Struktur gebende Verbot, das die Menschen vor dem Umherirren schützt, für nichtexistent gehalten hat. Stattdessen hat man sich selber für einen kleinen Gott angesehen oder ganz auf Gott verzichtet, indem man das Streben nach einer wirklichen Zusammenarbeit mit dem Geist des lebendigen Gottes vernachlässigt hat.

Man bereut, dass sich das Allmachtsdenken in einem eingewurzelt hat, und die Art und Weise, wie es sich im eigenen Leben offenbart hat. Viele bleiben beim bloßen Feststellen der Übertretung des Lebensgesetzes stehen. Die geistliche Dimension wird dadurch ausgeblendet.

Die Reue geht der Bekehrung voraus, bereitet diese vor. Bei der Bekehrung ihrerseits handelt es sich um eine Richtungsänderung, eine Neuorientierung, eine Kehrtwende. Die Reue ist oft eine schmerzhafte und dennoch friedliche Zeit, denn man weiß, dass sie die Freude der Bekehrung vorbereitet, die durch die gesamte Botschaft von Jesus Christus hindurch angekündigt wird. Es handelt sich auch um eine helle Zeit, denn man entdeckt seine „wirkliche“ Realität. Die Reue ist eine Gabe Gottes, eine Gnade, die nicht immer erkannt, ergriffen wird, ein gesegneter Ort auf dem Weg des Wiederaufstiegs.

Über weite Strecken war die Übertretung des Lebensgesetzes eine unabsichtliche. Sie hat jedoch einen Orientierungsfehler nach sich gezogen, der wichtige Folgen für das eigene Leben und die Umgebung gehabt hat. Diejenigen, die zu einer Gemeinschaft von Gläubigen gehören, wo man das Sakrament der Versöhnung – eine katholische oder orthodoxe Tradition – oder wie in gewissen protestantischen Kirchen das Bekennen der Sünden praktiziert, werden mächtig gereinigt und gestärkt werden, indem sie die Jahre, die sie im Allmachtsdenken gelebt haben, zur Vergebung dem Herrn vorlegen.

Dem Lebensgesetz zustimmen

Aus der Verschwommenheit, dem Dahintreiben auszutreten, etwas in Worte zu fassen, stellt einen wichtigen Schritt dar. Es wird jetzt möglich, eine präzise innere Handlung zu vollziehen: dem Gesetz der Annahme der menschlichen Daseinsbedingungen zuzustimmen. Dies ist ein echtes Engagement. Man gesteht ein, man macht es sich selbst deutlich, dass dieses Gesetz ein Gesetz Gottes ist, dass es wahr und gut ist. Man entscheidet sich, dessen Sinn und Bedeutung zu vertiefen und es in seinem Leben in die Tat umzusetzen.

Der Verzicht – Die Trauerarbeit – Lebensabschnitte

Wir finden hier die Begriffe des Verzichts und der Trauer, die auf dem Weg der Evangelisierung bis in die Tiefen des Herzens so wesentlich sind. Diese Wegstrecken sind Voraussetzungen für das Leben.

Verzicht begleitet die Existenz eines jeden Menschen. Man kann erst dann wirklich ins Leben eintreten, wenn die notwendigen Verzichte durchlebt worden sind. Wenn das Kind gut begleitet wird, wird es die Verzichte nach und nach erleben. Doch es kommt vor, dass die Bewegung des Lebens massiv behindert wird. Eben dann kann man sich in der Übertretung des Lebensgesetzes fest einrichten, einen falschen Weg nehmen, einen Weg des Todes. Man kann das Leben jedoch nur wiederfinden, wenn man den Weg des Todes, den man eingeschlagen hat, verlässt. Der Verzicht auf die Übertretung wird dann in der Herztiefe auf ganz energische, entschlossene und präzise Art und Weise vollzogen. Dies kann man im Allgemeinen zu dem Zeitpunkt tun, wo man sich der Übertretung bewusst wird.

Man muss wissen, dass auf den Verzicht immer eine Trauerarbeit folgt; er eröffnet einen Weg, der lang sein kann. Es wäre eine Falle, zu glauben, dass alles getan sei, sobald man den Verzicht bewusst vollzogen habe. Zu diesem Zeitpunkt fängt vielmehr die Arbeit in der Tiefe an. Es geht um den gleichen Prozess, wie wenn man seinem Leben durch ein feierliches Versprechen oder einen

Eid eine bestimmte Richtung gibt oder wenn man ganz bewusst vergibt: Der Entschluss ist klar, präzise, doch muss jeder und jede ihn mit Ausdauer, durch Grenzen, Rückschritte, Ablehnung und Vorantasten hindurch in die Tat umsetzen. Es kommt vor, dass man den Verzicht erst am Ende der Trauerarbeit leben kann.

Die Trauer ist der Prozess, der es einer Person ermöglicht, sich in einen Verlust zu fügen, welcher Art er sein mag: den Tod einer nahestehenden Person, den Verlust einer Arbeit, seines guten Rufes, einer Freundschaft, der Gesundheit, oder es gilt einen Mangel anzunehmen.

Die Trauerarbeit umfasst mehrere Etappen: die Bestürzung, die Verweigerung, die Wut, die Auflehnung, der Gram, das Feilschen, die Depression.

Die erste Frucht der Trauerarbeit ist die endgültige und tiefgreifende Annahme seiner Geschichte, seiner selbst, des anderen, des Ereignisses. Die Trauerarbeit ist jedoch nicht vollständig, wenn sie bei der bloßen Annahme der Wirklichkeit stehenbleibt. Sie muss sich fortsetzen in einer Arbeit der Auferstehung, des Empfangs des erneuerten Lebens, des Lebens des Auferstandenen, der Entdeckung des Unerwarteten, das von Gott kommt, eines „glücklichen Fundes", wie Xavier Thévenot sagt.

Dies wird die Wiederentdeckung seines Standes als Sohn oder Tochter Gottes sein, wie auch seines richtigen Platzes innerhalb der Generation, egal ob dieser nun erfolgreich sei oder nicht, und es wird die Entdeckung der Freude, mit dem Heiligen Geist zusammenzuarbeiten, sein. Auf ganz natürliche Art und Weise werden wir dann Schritte auf dem Lebensweg machen können, um unser Verhalten an die neue Richtung anzupassen.

Auch da noch geht die Gnade dem menschlichen Bemühen voran. Nicht die Trauer führt uns zu Ostern, zum Übergang vom Tod zum Leben. Es ist die Einladung, Ostern zu feiern, die uns dazu bringt, eine Trauerarbeit zu leisten, um das Leben wiederzufinden.

Worauf verzichten, wenn ich die Wurzel einer Allmachtsphantasie entdeckt habe?

Es wird sich darum handeln, der Wurzel des Allmachtswunsches an sich abzusagen, wie auch seiner besonderen Form, die unbedingt genau benannt werden muss.

Der Verzicht wird je anders sein, entsprechend der Form, welche das Allmachtsdenken angenommen hat. Für gewisse wird der Verzicht von ganz alleine gehen. Das schließt eine äußerste Wachsamkeit danach und einen Trauerprozess nicht aus, denn Gewohnheiten sind hartnäckig und der Allmachts-„Wahn" kann sich aufs Neue mit anderen Gesichtern offenbaren. Zu lernen, dass kein Zwang mehr besteht, sich aufzureiben, um eine Vollkommenheit ohne Fehl zu erreichen; sich das Recht zu gewähren, nach einem Schock eine Depression zu erleben; die Trauerarbeit anzutreten, ohne Schuldgefühle zu haben; sich zu erlauben, die Möglichkeit eines Irrtums zu akzeptieren und die Last abzulegen, sich für einen kleinen Gott zu halten: jeder dieser Verzichte kann eine beträchtliche Erleichterung sein.

Viel schwieriger wird es für diejenigen sein, die sich voll auf der Grundlage der Beherrschung, der übermäßigen Kontrolle aufgebaut haben. Sie hielten sich für gerecht und großzügig und sind verblüfft, festzustellen, dass sie den Platz eines *anderen* eingenommen haben. Sie glaubten, dass sie ihr Haus auf Fels gebaut hätten, doch der Boden war vermint.

Da kann dann plötzlich die Angst vor dem Unbekannten, dem Nichts aufsteigen: „Wenn ich auf den Glauben verzichte, allmächtig zu sein, was liegt dann noch vor mir?", sagt Pierre. „Ich habe mein Leben damit verbracht, die anderen mit Ratschlägen zu überhäufen, habe mich nun aber dazu entschlossen einen Monat lang ein Fasten von Ratschlägen zu halten. Was werde ich erleben?"

Es ist normal, dass einer dann nicht mehr weiß, wo er steht. Nicht selten folgt in diesem Fall auf den Verzicht darauf, sich für allmächtig zu halten, eine Periode mit einem depressiven Zustand. Und das ist gut so, denn das beweist, dass ein Bewusstwerden stattgefunden hat, dass man sich in der Trauerarbeit auf den Weg gemacht hat. Dies ist der Augenblick, sich daran zu erinnern, dass man für etwas Neues geboren wird, wenn man dem abstirbt, was sterben muss. Man tut es, um etwas Besseres zu erleben als das, was man hinter sich lässt. Jeder Gläubige sollte es lernen, diese Bewusstwerdung in der lebendigen Gegenwart Christi geschehen zu lassen.

Bedeutung des Verzichts und der Trauerarbeit für den Umgang mit seinen Emotionen

Man verzichtet nicht einfach kraft seines Willens auf seine Emotionen, auf den Schmerz, die aggressiven Gefühle, die Angst, die Scham ... Das wäre völlig unwirksam und falsch, der Bewegung des Lebens entgegengesetzt, welche darin besteht, dass man die Emotion bis ans Ende, bis in ihren Mittelpunkt, in ihre Ursache durchquert, um sie umzuwandeln. Wenn die Emotionen vergraben oder aber zutage gefördert, jedoch nicht besänftigt worden sind, binden sie um sich herum alle Kräfte einer Person. Die Energie wird dann völlig in Beschlag genommen, in Alarmzustand versetzt und bleibt fruchtlos. Es geht aber darum, die Lebenskräfte wieder auf das Leben auszurichten.

Dies ist eine wesentliche Etappe auf dem Weg der Evangelisierung bis in die Tiefen des Herzens. Sie betrifft jede Person und braucht Zeit. Manche müssen viel langsamer vorangehen als andere. Es wäre ein schlimmer Fehler, zu schnell über diese Begegnung mit den Emotionen hinwegzugehen. Die Erfahrung zeigt, dass viele ihre Gefühle erst dann in Worte zu fassen vermögen, wenn sie den Sinn der Lebensgesetze wirklich verstanden haben. Sie verstehen dann, warum und wie sich intensive Gefühle in ihnen haben festsetzen können, als Folge von Übertretungen der Lebensgesetze, deren Opfer sie waren, oder weil sie selbst, ausgelöst durch ihre eigenen Verletzungen, die Lebensgesetze übertreten haben.

Als einen ersten Schritt muss man es lernen, die Klage freizusetzen: Diese Zeit kann man im Verlauf einer aufmerksamen Begleitung und im Herzen Christi, im Empfang Seiner lebendigen, sehr persönlichen Gegenwart inmitten einer jeden Emotion erleben. Es geht darum, zuerst die Verletzung selbst anzuerkennen und dann die Folgen, die sie auf mein Leben gehabt hat. Es gilt ans Licht zu bringen, welche Gefühle rechtmäßig hätten erlebt werden sollen, aber betäubt worden sind, und welche im Gegenteil die ganze Person überwältigt haben.

Der Verzicht und der Trauerprozess sind auf diesem Weg in verschiedenen Formen gegenwärtig. Diejenigen, die ihre Emotionen vergraben haben, werden auf dieses Blockieren verzichten. Sie werden sich vorsichtig mit ihren Gefühlen vertraut machen und sich in der Tröstung durch den Vater, in der Zartheit des Lichtes des Heiligen Geistes, in der Gnade Christi, die sie stärkt, schrittweise ihrer Geschichte und ihren Reaktionen annähern. Viele brauchen dann eine Zeit des Getröstetwerdens. Sie werden auch den Trauerprozess mit all seinen Etappen durchleben müssen, um den Verlust oder den Mangel an Liebe im tiefsten Inneren zu akzeptieren.

Diejenigen, die ihre Gefühle zwar ans Licht gebracht haben, es aber nicht schaffen, sie zu besänftigen, sind oft völlig entmutigt, weil sie nicht aus diesem Zustand herauskommen können. Es geht dann darum, in der Zusicherung Halt zu finden, dass Jesus Christus sie wirklich von dieser Bedrückung befreien wird. Der Heilige Geist ist nicht dazu da, sie zu verdammen, sondern ihnen so zu helfen, wie man einem Freund in Schwierigkeiten hilft. Sie können auf Ihn zählen. Es ist dann wichtig, Ihm alle Freiheit zu geben, das auszuleuchten, was sie daran hindert, das Leben wiederzufinden, und ein verfügbares Herz zu haben, die Sicherheiten, an die sie sich klammern, loszulassen, um dem Heiligen Geist eine Möglichkeit zu lassen, sich zu äußern.

Diese Menschen haben wahrscheinlich einen Abschnitt auf ihrem Entwicklungsweg verpasst. Welchen? Es kann sein, dass ein äußerst starkes Bedürfnis nach Trost vergeblich danach strebt, sich auszudrücken, sich auszuleben. Ist ihre Klage ausgedrückt, gehört worden? Durch wen? Ist der Trauerprozess wirklich bis zum Ende durchlebt worden? Welches Hindernis hat dessen Verlauf aufhalten können, ihn missglücken lassen? Wie ist er erlebt worden, in welchem Rahmen? In der Wüste und der inneren Einsamkeit, wie eine Waise, oder in der lebendigen Gegenwart des mitfühlenden Gottes?

Doch vielleicht verhindert auch das Streben nach einem ganz bestimmten Ziel die Annahme der eigenen Geschichte, der Wirklichkeit: ein Bedarf an Wiedergutmachung, an Gerechtigkeit, ein Wunsch nach einer Abrechnung oder der Wunsch, von dem gehört und verstanden zu werden, der das Leid zugefügt hat, ihn bezahlen zu lassen ... Man stellt häufig fest, dass in der Tat das wilde sich Klammern an ein solches Ziel der Grund für die Sperre ist. Die bloße Tatsache, es zu benennen, wird eine mächtige Hilfe dabei sein, zu akzeptieren, dass der Trauerprozess in Gang gesetzt und der Verzicht in die Tat umgesetzt, dass dem ganz bestimmten Ziel, das der Rückkehr zum Leben den Weg versperrt, abgesagt, es aufgegeben wird.

Christus ist dafür gekommen, jene zu befreien, die sich selbst eingesperrt haben, denen es nicht gelingt, einen Weg des Todes zu verlassen. Seine Gnade ist da, mitten in diesem Abschnitt des Erlebens. Seine Aufforderung ist dringlich: *Fahre in das tiefe Wasser hinaus* (Lk 5,4).

Wann die Klage zu Ende ist, verlangt eine sehr sichere Beurteilung. Man darf die Bewegung nicht zu früh anhalten; man kann aber auch nicht unendlich lange in der Klage verharren. In Wirklichkeit bemerkt die betroffene Person sehr gut, wo sie sich befindet, vorausgesetzt, dass sie die Wichtigkeit dieser Etappe nicht unterschätzt hat, dass sie es gelernt hat, in der lebendig machenden Gegenwart Christi bis ans Ende ihrer Emotionen zu gehen, indem sie ihren inneren Boden durch den Heiligen Geist fruchtbar machen lässt.

Die Etappen des Ab- und des Wiederaufstiegs kann man in der Erforschung und der Anwendung eines jeden Lebensgesetzes wiederfinden. Sie werden im dritten Band der Reihe *Die Evangelisierung bis in die Tiefen des Herzens* im Detail beschrieben werden[1].

Das Zögern angesichts des *Verzichts* und der anzunehmenden *Grenzen*

Es scheint so, dass es zurzeit sehr viel Zögern gibt, die Frage der ontologischen, der grundlegenden Grenzen alles Geschaffenen zu

1 Siehe auch S. 267. *Einfache Orientierungspunkte auf dem Weg der Evangelisierung bis in die Tiefen des Herzens.*

vertiefen. Man hält sich auch sehr zurück, wenn der lebenswichtige Sinn von Verzichten herauszuarbeiten ist, wie sie sich jedem Menschen aufdrängen, wenn er in ein fruchtbares Leben eintreten und die Beziehung erneuern will. Die aktuelle Strömung scheint ausschließlich auf die Entwicklung des persönlichen Potentials ausgerichtet zu sein. Darüber vergisst man das grundlegende Verbot (des Allmachtsdenkens) und riskiert es, seine eigene Struktur aufzulösen.

Andererseits soll man sich nicht herabmindern unter dem Vorwand, dass man Grenzen hat. Es wird unerlässlich sein, das Gleichgewicht zwischen diesen beiden Polen zu finden.

Sein Potential, seine Möglichkeiten zu entwickeln ist ein wunderbarer Weg, der uns im Gleichnis von den Talenten in Erinnerung gerufen wird (Mt 25,14–30): Der Diener, der seine Talente vergräbt, wird streng verurteilt. Das Gleichnis macht klar, dass es nötig ist, seine Talente in der Kenntnis des grundlegenden Verbots und im Respekt vor ihm zu entfalten, da man sonst riskiert, sich selbst zu zerstören. Wenn man die lebenswichtige Bedeutung des Wortes Gottes verkennt, geschieht es leicht, dass man sich auf einem Weg des Todes wiederfindet, während man doch glaubte, auf das Leben zugegangen zu sein.

Die Entscheidung für den Weg des Lebens

Tiefgehende und aktive Annahme der Realität ermöglicht, eine Zukunft zu empfangen, die von Gott kommt

Wir sind von dem Augenblick an echt von den Allmachtsvorstellungen und -wünschen geheilt, wo wir die Wirklichkeit völlig, ohne Abstriche, mit ihren Schatten- und ihren Lichtseiten annehmen, wo wir unsere eigene Wirklichkeit, die Realität unserer Geschichte, die Realität des anderen, die einer Situation akzeptieren. Doch um vollständig zu sein, muss sich die Bewegung der Annahme der Wirklichkeit in der Zustimmung zum Leben des Auferstandenen fortsetzen, im Empfangen des Unerwarteten, des Neuen, der überschwänglichen Gabe Gottes, in der Arbeit der Auferstehung.

Aktive Annahme und nicht Resignation

Es geht darum, den Sinn dieser Annahme gut zu verstehen. Sie ist nicht Resignation. Resignation ist zwar das Gegenteil von Auflehnung, aber sie ist keine Bewegung des Lebens. Sie führt zu einer Form von Tod, zur Traurigkeit, zur Ohnmacht.

Um ein Antrieb zum Leben zu sein, muss die Annahme aktiv und nicht passiv sein: Es geht darum, auf eine klare und definitive Art „ja" zu dem zu sagen, was geschehen ist, was uns das Leben gebracht hat; dies ist ein lebenswichtiger, innerer Akt. Das ist nicht gleichbedeutend mit: So ist das Leben, so ist es halt, was kann ich dafür? Das heißt vielmehr: Ich stimme dem zu, was ist, und von diesem Punkt aus: Was kann ich daraus machen? Das Wagnis dabei ist, dass ich aus dem Ereignis, aus der Geschichte, aus dem, was mir widerfahren ist oder mir heute widerfährt, ein Sprungbrett ins Leben mache und nicht ein Grab, einen Ort der Erstarrung. Die Annahme der Wirklichkeit führt nicht zu dem Irrglauben, dass man schon angekommen sei, oder zur Nachlässigkeit. Sie ist die wesentliche Bedingung dafür, dass das Leben wieder in Gang gesetzt wird.

Es ist eine Zeit des Erwachens, des Herausgehens aus der Blindheit, wahrscheinlich die eigentliche, erste und unerlässliche Bedingung für eine echte Bekehrung. Ja sagen, nein sagen, weder ja noch nein zur Realität zu sagen, diese drei Verhaltensweisen haben radikal unterschiedliche Folgen. Man kann nur von dem aus „werden", was man zu „sein" akzeptiert. Wenn man das ablehnt, was man ist, erstarrt man in einem Zustand, in dem man sich verurteilt oder Illusionen hingibt. Man hindert sich daran zu „werden".

Die Frucht dieses Wegabschnitts

Die Annahme der Wirklichkeit ist die erste Frucht einer wahrhaftigen und manchmal sehr langwierigen Trauerarbeit[1] denn dies ist der Augenblick, in dem man es akzeptiert, zu verlieren, loszulassen, aus der Illusion, dem Traum hinauszugehen. Man hört auf

1 Die Trauerarbeit ist im dritten Band der *Evangelisierung bis in die Tiefen des Herzens* ausführlich dargestellt.

zu kämpfen, sich mühsam nach oben zu winden oder aber sich in Geringschätzung seiner Selbst oder in hohen Ansprüchen aufzureiben. Man lässt den anderen gehen, indem man dessen Weg respektiert.

Wir gehen wieder aufwärts, setzen uns in Bewegung auf das Leben zu. Die Aufgabe ist groß, aber sie belastet uns nicht mehr, denn sie wird nicht mehr in Einsamkeit getragen. Wir haben hat den „Norden" wiedergefunden, die Richtung, die wichtigen Bezugspunkte.

In diesem Augenblick werden wir die Gabe Gottes empfangen, die Arbeit der Auferstehung antreten und dem neuen Leben, das angeboten wird, voll zustimmen können.

Allmacht und Ohnmacht – Schatten und Licht

Indem wir die Grenzen der menschlichen Daseinsbedingungen/ Beschaffenheit entdecken und annehmen, werden wir vom Allmachtsdenken geheilt. Wenn wir uns wirklich auf den Weg machen, werden wir ebenso vom Gefühl der Ohnmacht frei.

Man entdeckt, dass man nicht am Negativen stirbt, dass man es im Licht und in der Kraft des Heiligen Geistes, dem Urheber und Diener des Lebens, durchqueren kann. Man lebt nicht mehr unter der Bedrohung. Man erfährt, dass die Wahrheit frei macht; man lernt, dem Bösen die Stirn zu bieten mit Christus, der es in seinem vollen Ausmaß durchquert hat und Sieger darüber geworden ist. Nach und nach wird man von seinen Ängsten befreit, man wird zur handelnden Person in seinem Leben. Wer auch immer in Freiheit in dem lebt, was zu ertragen er gezwungen ist, wird all sein Potential, das bis jetzt versteckt und fruchtlos geblieben ist, entdecken und an die Oberfläche kommen lassen, seine Ressourcen ans Licht bringen. Er kann sich dann auf den Weg machen, um etwas aus dem zu machen, was geschehen ist, um seine Geschichte, ja jegliche Situation Leben hervorbringen zu lassen.

Die Wahrheit anzunehmen kommt einer sehr tiefen Heilung gleich. Diese ist es, die den Empfang des neuen Lebens ermöglicht: Frieden stellt sich ein, die Lebenskräfte konzentrieren sich auf die Gegenwart und sind mobilisiert, um fruchtbar zu werden. Freude kommt auf, und zwar die, die uns niemand rauben kann

(Joh 16,22), weil sie die Wahrheit zur Grundlage hat, die es einem ermöglicht, seine wirkliche Aufgabe, seinen wahren Platz zu entdecken.

Sich selbst annehmen

Sich selbst in seiner Wirklichkeit, mit seinen Schatten und seinem Licht, seiner Wahrheit anzunehmen, das ist die Quelle eines sehr tiefen Friedens, einer Entspannung des gesamten Organismus: Wir sind befriedet, und genau da sollten wir landen. Die Selbstannahme zeigt den Verzicht auf den Allmachtswunsch, das Eintreten in eine psychologische und geistliche Reife. Wir werden endlich die Gnade, die Gabe Gottes, empfangen können und von seiner Wirklichkeit aus erneuert werden.

Die Rückkehr zur Quelle. Sich seiner Identität als Sohn oder Tochter Gottes bewusst werden. – Um sich in seiner Wahrheit annehmen zu können, ist es wesentlich, die Offenbarung der Vaterschaft Gottes und damit auch seine wahre Identität als Sohn oder Tochter Gottes anzunehmen und zu entdecken, dass man so von Gott geliebt wird, wie man ist, mit seinen Grenzen, seinen Schwächen, seiner Nacktheit, auch mit den von seiner Geschichte zurückgebliebenen Spuren.

Der Weg des Lebens wird darin bestehen, *dem Lamm zu folgen, das zu den Quellen des lebendigen Wassers führt* (Offb 7,17), von dieser Quelle zu trinken, anstatt zu versuchen, selbst die Quelle zu sein.

Diese Rückkehr zur Quelle können wir leben, indem wir die besondere, sehr persönliche Beziehung zwischen Jesus und dem betrachten, den er ausschließlich mit dem Namen Vater anruft, die Art und Weise Jesu, wie er sich als Sohn versteht, er, der im höchsten Grade erwachsen und frei ist. Diese Botschaft in ihrem innersten Kern zu verstehen wird das Brot des Lebens auf dem neu ausgerichteten Weg sein. In und durch Jesus Christus wird es möglich sein, die Position der Sohn- und Tochterschaft Gottes auszufüllen, sich der Wirklichkeit der Vaterschaft Gottes anzunähern, indem man sie von all den Vorstellungen entlastet, die man aufgrund seiner Verletzungen auf sie übertragen hat. Man braucht dann also vor Gott nicht mehr nur sein Bestes vorzuführen und den Rest unter Verschluss zu halten. Es wird möglich, die Selbstverurteilungen zu überwinden, der Illusion abzusagen, die man aufrechterhalten hat, um sich in einem besseren Licht sehen zu können.

Mit seinem ganzen Wesen zu glauben, dass Gott Vater ist, geht nicht von selbst. Man findet da alle möglichen Abwege, das Entgleisen der Beziehung zur Mutter, zum Vater, die Irrwege, die davon herrühren, wie auch die falschen Vorstellungen von Gott, die sich aufgrund dieser ersten Beziehung in uns festgesetzt haben.

Viele brauchen eine echte Heilung in ihrer Beziehung zu Gott dem Vater. Doch wir haben kein anderes Wort als das des „Vaters", um die Beziehung Gottes zu jedem seiner Kinder auszudrücken.

In einem sehr schönen Buch führt uns Pastor Daniel Bourguet[1] näher an den Begriff des göttlichen Vaters heran. Er schreibt zum Beispiel, dass „im Kloster *des Dombes* derjenige, der die Liturgie leitet, zu bestimmten Stunden einfach nur ‚Unser Vater' sagt und dann an dieser Stelle innehält. Dadurch nimmt er die ganze Gemeinschaft mit hinein in eine tiefe Stille. Dies ist sehr schön, denn es zeigt, dass wir gar nicht fähig sind, über diese beiden Worte hinauszugehen, die uns in Gott hineinversenken ... An dieser Stelle des Gebetes ist Gott selbst still und empfängt uns in seiner Stille ..."

Auch wir könnten bei diesem Wort „Vater" stehenbleiben und dessen Offenbarung voll Frieden aufnehmen.

Daniel Bourguet führt den Abschnitt Lukas 11,1–4 näher aus. Eines Tages betete Jesus, seine Jünger schauten ihm dabei zu. *Und als er das Gebet beendet hatte, sagte einer seiner Jünger zu ihm: „Herr, lehre uns beten, wie schon Johannes seine Jünger beten gelehrt hat." Da sagte er zu ihnen: „Wenn ihr betet, so sprecht: Vater, dein Name werde geheiligt. Dein Reich komme. Gib uns täglich das Brot, das wir brauchen. Und erlass uns unsere Sünden; denn auch wir erlassen jedem, was er uns schuldig ist. Und führe uns nicht in Versuchung."*

Dieser Jünger war praktizierender Jude, er war also seinen Gebeten treu. Doch als er das Gesicht Jesu im Gebet sah, ahnte er,

1 D. Bourguet. (2000). *Approches du Notre Père*. o.O.: Réveil Publications. S. 11–35.

dass dieser etwas erlebte, was er selbst nicht erlebte; dass dieser in Beziehung zu einer Gegenwart stand, die er selbst noch nicht entdeckt hatte.

„Herr, lehre uns das, was du da erlebst. Das, was deine Beziehung zu Gott ist, was du mit ihm im Inneren deiner selbst erlebst. Lehre uns, was das ist, wie man dazu kommen kann." Jesus antwortet: „Sagt: Vater ..."

Daniel Bourguet macht darauf aufmerksam, dass die Israeliten verschiedene Arten hatten, sich an Gott zu wenden. Sie nannten ihn „Herr", „Gott Abrahams, Isaaks und Jakobs", „Allerhöchster". Sie kannten Gott sehr wohl auch als Vater, da sie mit Jesaja sagten: *Und doch bist du, Herr, unser Vater* (Jes 64,7), aber sie riefen ihn selten im Gebet so an. Jesus indessen hält sich an den Name „Vater", um seine Beziehung mit Gott anzusprechen und von ihm zu uns zu sprechen. Jesus sagt sogar „Abba", was eine zärtliche Verkleinerungsform des Wortes „Vater" ist und auf eine unglaublich intime Beziehung schließen lässt, die voll von vertrauender Liebe ist. Und er schenkt uns diesen Namen als das erste Wort des ersten Gebets. Er empfiehlt uns, den Namen „Vater" für Gott alleine zu reservieren (Mt 23,9), um uns damit zu zeigen, dass „die Vaterschaft Gottes die einzig wahre Vaterschaft ist und dass sie es ist, die jeder anderen Vaterschaft Bedeutung verleiht"[2]. Er öffnet uns die Augen dafür, dass diese sehr besondere Beziehung möglich ist. Er bereitet unsere Herzen auf dieses Glück, diese Möglichkeit, diese Entfaltung vor.

Wer mich gesehen hat, hat den Vater gesehen (Joh 14,9). Wenn du mich siehst, wenn du mich mit den Augen des Herzens anschaust, dann wirst du die Beziehung verstehen, die du mit dem Vater haben kannst. Wenn du verstehst, was ich sage, dann wirst du wissen, was die Liebe des Vaters ist für jedes seiner Kinder und vor allem für die am meisten verletzten und verlorenen.

Wenn jemand mich liebt, wird er an meinem Wort festhalten; mein Vater wird ihn lieben, und wir werden zu ihm kommen und bei ihm wohnen (Joh 14,23). Wenn wir Gott Vater entdecken wollen, dann können wir damit anfangen, schweigend die Beziehung

2 D. Bourguet. *Approches du Notre Père*. S. 31.

Jesu mit dem zu betrachten, den er „Abba“ nennt. Es ist gewiss, dass wir nicht von uns aus entdecken können, dass Gott Vater ist. Etliche bekommen plötzlich diese Offenbarung, es überkommt sie eine Gegenwart, eine Gewissheit. Doch für die meisten ist es ein wirkliches Gebären, eine Geburt. Ein Kind braucht neun Monate, um sich im Bauch seiner Mutter zu entwickeln; man sollte also nicht erstaunt sein über die Zeit, die nötig ist, um diese Wirklichkeit von Gott, dem Vater, zu fassen. Aber an uns ist es, uns darauf vorzubereiten, um diese Gnade zu bitten, die Tür nicht zu verschließen, indem wir denken, dass das für die andern, aber nicht für uns sei, oder indem wir auf eine außergewöhnliche Erleuchtung hoffen. Es genügt, das zu empfangen, was Tag für Tag gegeben wird.

Es gibt keine größere Gnade, keine schönere Gabe, die einem Menschen geschenkt wird, als die der lebenswichtigen Entdekkung, dass Gott Vater ist: Dies ist der Moment, wo man einen intellektuellen Glauben hinter sich lässt, um in die Gewissheit seiner eigenen Identität als Sohn oder Tochter Gottes einzugehen. Man weiß, dass es wahr ist, man erlebt es in seinem Fleisch. Wir können vertrauen und uns auf den Weg machen, um diese Offenbarung zu empfangen.

Die Entdeckung seiner Mitte – die Herztiefe

Um sich selbst mit seinen Schatten, seinen negativen Seiten annehmen zu können, muss man seine innere Mitte, den Kern seines Wesens, entdeckt haben, mit dem Herzen des Herzens, der Herztiefe verbunden sein, dort bleiben und von dort aus leben. Man ist dann beruhigt, die Mauern der Festung werden nach und nach nutzlos. Schließlich werden sie einstürzen, der Panzer kann abgelegt werden; man ist in den Stand der entscheidenden Sicherheit versetzt, denn man weiß ganz gewiss, dass das Herz seine Quelle in Gott hat.

Sich selbst mit seinen Lichtseiten annehmen

Seine tiefen inneren Möglichkeiten, seine wichtigste Stärke, seine Fähigkeiten ans Licht zu bringen und anzunehmen ist oft schwieriger, als seine Schattenseiten zu akzeptieren. Viele halten eine falsche Demut aufrecht, bleiben sehr zurückhaltend gegenüber ihren Möglichkeiten und wagen es nicht, bis ans Ende von dem zu gehen, was sie sind, was sie sein könnten. Die Selbst-Abwertung, der Mangel an Vertrauen in seine eigenen Fähigkeiten und die Trägheit, die daraus folgt, sind ein Gift, das den schöpferischen Elan des Lebens blockiert. Sich seiner Möglichkeiten, seiner wichtigsten Stärke und Qualität, seiner Gaben bewusst zu werden, sich die Zeit zu nehmen, sein eigenstes Maß zu entdecken, es zu entfalten, sich weder darunter noch darüber zu positionieren, bis ans Ende dessen zu gehen, was man leben kann: all das ist ein wesentlicher Bestandteil der Wahl des Lebens.

Die Realität seiner Geschichte aktiv annehmen

Dies ist ein bedeutender Abschnitt, der in Wirklichkeit das Ergebnis der Arbeit an den Emotionen ist. Er ist das Zeichen für eine wirkliche Heilung. Dieses Wegstück wird im dritten Band der *Evangelisierung bis in die Tiefen des Herzens vertieft.*

Die Realität des anderen annehmen

Die Wirklichkeit des anderen anzunehmen ist offensichtlich nicht einfach. Es ist ein harter Kampf und auch die Frucht einer Trauerarbeit, denn die Realität des anderen anzunehmen bedeutet auch, seine Andersartigkeit anzuerkennen, die Unterschiede zwischen mir und den anderen zu respektieren, den guten und richtigen Abstand zu entdecken, was Bedingung für eine echte Liebe ist. Um vollständig zu sein, wird sich die Trauerarbeit durch die Erneuerung der Beziehung fortsetzen, man könnte sie das Pfingsten der Beziehung nennen. Die Liebe ist wirklich die Grundlage jeglicher Beziehung. Aber welche Liebe[1]?

1 Siehe auch den Abschnitt *Pfingsten in der Beziehung*, S. 169.

Die Wirklichkeit der Ereignisse annehmen

Wie können wir die Wirklichkeit des Bösen und des Leids akzeptieren? Wie können wir das Unannehmbare annehmen? Wie können wir den Kummer überleben, das Leben nach einem Zusammenbruch wieder in Gang setzen?
Es geht hier um all die Ereignisse, die die Existenz von so vielen Menschen begleiten. Man wird dann jeweils mit all den falschen Vorstellungen von Gott konfrontiert, die umso tiefer verankert sind, je mehr man in Unkenntnis darüber ist, dass man sie hat – aber auch mit den falschen Interpretationen vom Willen Gottes, die schwer auf vielen Leuten lasten.

Die Entscheidung treffen, ein Ereignis wie ein Kind Gottes zu erleben

Das hat Jesus vorgelebt. Er weiß, dass er eine Mission zu erfüllen hat. Er ist zum Tode verurteilt worden, weil er sich dafür entschieden hat, nicht nachzugeben1. Er sucht nicht den Tod, aber er tut auch nichts, um ihm zu entfliehen. Er hätte seine Botschaft entschärfen oder sich eine Zeitlang, bis sich die Situation etwas beruhigte, zurückziehen können. Stattdessen hat er der Gegnerschaft in Jerusalem selbst, dem Ort aller Gefahren, die Stirn geboten. Die losbrechende Gewalt bringt den Verlauf der Dinge brutal zum Stehen. Jesus unterzieht sich dem Bösen, wird dessen Opfer, aber er erlebt das, was er durchmacht, in Freiheit. Er trifft die Entscheidung, mitten in der bedrängenden Situation, die er in diesem Augenblick erlebt, das Kernstück seiner Mission zu entfalten. Es sind nicht mehr die Aufsehen erregenden Zeichen, die von der Liebe des Vaters nur so überflossen, die man im Gebiet von Galiläa erleben konnte, noch die kostbaren Lehren, die im Laufe seiner Wanderung in den Städten und Dörfern gegeben wurden; es ist der Kern seiner Mission, dessen, was er lebt, den er

1 Über die Bedeutung des Kreuzes, siehe B. Sesboüé. (1999). *Croire.* Paris: Droguet-Ardent. S. 271–297; F. Varillon. (1990). *Joie de croire, joie de vivre.* Paris: Ed. du Centurion. S. 68–79; X. Thévenot. (1992). *Souffrance, bonheur, éthique.* Mulhouse: Salvator. S. 25–59; X. Thévenot. (1992). *Compter sur Dieu.* Paris: Ed. du Cerf. S. 137.140.

auch jetzt übermitteln will. Am Gründonnerstag, angesichts des unvermeidlichen Endes (Mt 26,26–29), greift er vor und bietet sein Leben im Abendmahl als Geschenk an. Durch die quälende Angst während der Nacht in Getsemani, durch sein Bedürfnis nach Hilfe, durch seine Fragen hindurch erlebt er bis zum Ende, was ein Mensch angesichts eines heranrückenden gewaltsamen Todes empfinden kann. Doch er bewahrt ein offenes Herz, vergibt seinen Henkern und bleibt vor allem mit dem Vater verbunden in der Wüste, die er innerlich durchquert.

Jesus Christus lehrt uns, wie wir als Söhne und Töchter Gottes dramatische Ereignisse, ausweglose Situationen durchleben können, wie wir durch seine Gnade in dem, was ein Ort des Todes ist, Anstifter des Lebens bleiben und es dem Samen der Auferstehung ermöglichen können, dort in die Erde zu fallen.

Das Leben im Heiligen Geist

Der Verzicht auf den Wunsch, allmächtig zu sein, wird das Verlangen nach einem echten Leben im Heiligen Geist aufsteigen lassen. Dieses wird allen angeboten und ermöglicht es, eine Form des Glaubens zu vermeiden, die bisweilen ohne Empfindung, ausgetrocknet und ausschließlich intellektuell ist. Wer im Heiligen Geist lebt, hat Leben in sich, Wärme, etwas vom Leben Gottes, das in der geringsten seiner Taten durchscheint. Er macht Gott überall dort gegenwärtig, wo er vorbeikommt; er bezeugt eine neue Seinsweise, selbst ohne den Mund aufzumachen.

Diejenigen, die im Heiligen Geist leben wollen, können ihn mit Kühnheit und ohne jegliche Furcht oder Zweifel darum bitten, sie zu lehren, wie man richtig mit ihm zusammenarbeiten kann. Der erste Schritt ist es dann, ihm zu erlauben, dass er in ihrem gesamten Wesen und insbesondere in den Bereichen ihrer selbst wirke, die erleuchtet oder gestärkt werden müssen. Dem Geist freien Lauf zu lassen bedeutet, lernen zu wollen, was es heißt, sich inspirieren und leiten, sich von dem Hauch des Geistes etwas einflößen zu lassen, mit dem Ohr eines Jüngers zuzuhören.

Das Leben im Heiligen Geist ist eine wirkliche Lehre, welche Unterscheidungsvermögen verlangt. Man darf seine eigenen, ungereinigten Wünsche nicht mit den Eingebungen des Geistes verwechseln; das würde eine Vermischung der psychologischen mit der geistlichen Ebene bedeuten. Die Eingebungen des Geistes erkennen, das lernt man im Laufe der sogenannten „Schulung der Unterscheidung“.

Viele wissen nicht, welchen Platz sie der Intelligenz und dem Willen in der Zusammenarbeit mit dem Heiligen Geist zuweisen sollen: Die Fähigkeiten des Menschen müssen voll ihre Aufgabe erfüllen, aber indem sie von innen heraus erleuchtet werden durch die Weisheit des Heiligen Geistes, die man in der Herztiefe erlebt. Es kann jedoch auch eine Vergötterung der Intelligenz geben oder aber ein Zurückschrecken, eine Art Faulheit.

Etliche schalten unter dem Vorwand, dass sie im Heiligen Geist leben, ihre Intelligenz aus: Sie vergessen, dass sie gesunden Menschenverstand haben, stürmen unvorsichtig drauflos, räumen sich nicht das Recht ein, eine Situation objektiv zu analysieren, gehorchen blind dem, was sie für eine von ihnen völlig unabhängige Eingebung des Geistes halten. Viele wagen es weder, sich Fragen ihren Glauben betreffend zu stellen, noch ihre Fragen bis ans Ende durchzudenken, aus Angst, sich als ungläubig zu erweisen. Das Glaubensleben läuft damit Gefahr, aus Mangel an gesunder und kräftiger Nahrung zu verkümmern; auch können so viele falsche Vorstellungen von Gott weiter existieren. Niemand kann seine Fragen wegschieben, ohne dass er das Risiko eines möglichen inneren Konflikts in Kauf nimmt. Aber in Gott, im Lichte des Heiligen Geistes lässt es sich voranschreiten.

Die Erkenntnis wird mitunter unmittelbar in die Herztiefe eingegeben, sie ist dann wie im Wesen verwurzelt: Das Wort ist Fleisch geworden, das *Wort* Gottes ist ins Fleisch eingedrungen. Meistens wird die Erkenntnis jedoch zuerst von der Intelligenz empfangen. Dann muss sie in das Herz hinabsteigen, um lebendig zu werden.

Das Leben im Heiligen Geist kann gewiss nicht das Studium, das Nachdenken und das Vertiefen des Glaubens ersetzen. Es gehört sich für jeden Christen, das, was man die Tradition nennt, kennenzulernen, zu lieben und zu vertiefen, deren Saft und Kraft wiederzufinden. Zahlreiche theologische Bücher sind heute einfach und zugänglich geschrieben. Auf der Suche nach der Einheit des Wesens vollzieht sich die theologische Vertiefung indessen nicht nur auf der intellektuellen Ebene. Man kann sie nicht vom Leben im Heiligen Geist, der uns zu der ganzen Wahrheit führt, abschneiden oder trennen.

Mit dem Willen verhält es sich ebenso. Dem Hinweis des Heiligen Geistes folgsam zu sein bedeutet nicht, dass er es uns ersparen wird, etwas zu begehren, zu wählen oder unseren Willen zu betätigen. Manche wagen einen Schritt nicht, aus Angst, dem Heiligen Geist ungehorsam zu sein; sie erwarten gewissermaßen, dass ihnen die Dinge auf einem Tablett serviert werden. Der Mensch muss sich in Bewegung setzen, Initiativen ergreifen, Entscheidungen treffen, aber es auch gleichzeitig lernen, den Heiligen Geist um Rat zu fragen, ihm eine Möglichkeit einzuräumen, das Wort zu ergreifen. Dafür bittet er nicht einfach um eine Bestätigung für eine bereits getroffene Entscheidung, sondern um einen offenen Platz, einen gewissen Spielraum; er lässt eine Waagschale leer, dass er also offen bleibt, in Frage gestellt zu werden, offen für eine neue Möglichkeit.

Der Platz des Menschen – seine Aufgabe

Jeder der die Bedeutung des Gesetzes, dass die menschlichen Daseinsbedingungen anzunehmen sind, erforscht hat, weiß, dass beide Pole, das Fleisch und der Geist, zur menschlichen Wirklichkeit gehören. In dem Maße, wie einer sich bewusst wird, dass Grenzen zum Wesen seiner Struktur gehören, wird er ruhig; er hört damit auf, sich deswegen schuldig zu fühlen. Zur gleichen Zeit integriert er diese wunderbare, geistliche Wirklichkeit: Er ist der Tempel des lebendigen Gottes, in dem der Heilige Geist wohnt (1 Kor 3,16). Wenn er wirklich verstanden hat, was das bedeutet, verlässt er den Bereich des bloßen Wissens, um in eine andere Dimension einzutreten: die Gegenwart Gottes in ihm. Er entdeckt, dass der Heilige Geist nur dann in die menschliche Erfahrung eingehen, dort „landen" kann, wenn er da eine Basis hat, ein Stück Boden, auf dem er aufsetzen kann. Dieser Unterbau ist der irdische Mensch, das Wesen aus Fleisch, das von Grenzen umgeben ist und in dem gleichzeitig der Unendliche wohnt. Jetzt erweitert sich seine Vision: Es ist kein Unglück, sondern eine heilige Aufgabe, seine Menschlichkeit ganz und gar zu leben, wenn man weiß, dass man der Tempel des lebendigen Gottes ist, und dies trotz der Grenzen, die das Leben auferlegt. Anstatt sie einfach hinzunehmen, engagiert man sich für diese Aufgabe.

Auch Christus hat die Grenzen der menschlichen Beschaffenheit erlebt, aber mit einer anderen Bezugnahme als wir: seine Art, mit dem Vater verbunden zu sein.

Seinen wirklichen Platz und zuerst seinen inneren Stand als Geschöpf, als Sohn und Tochter Gottes zu finden ist eine Freude, ein lebenspendender Akt, eine wunderbare Quelle des Friedens. Jeder, der sich an seinem richtigen inneren Platz befindet, wird dahin geführt, seine besondere Aufgabe zu entdecken, das ihm Zugemessene zu entfalten.

Sein besonderes Maß an Möglichkeiten und Fähigkeiten zu entdecken und zu entfalten, bis ans Ende der Grenzen, seiner eigenen Grenzen zu gehen, nicht weniger weit und nicht weiter, ohne Nachlässigkeit noch Faulheit, noch ängstliche Zurückhaltung, aber auch ohne sich aufzublasen, ohne seine menschliche Wirklichkeit zu verleugnen, ist ein Weg, der von Kreativität und Glück überfließt.

Adam und Eva begehren die Allmacht Gottes, nähren dabei jedoch eine falsche Vorstellung von seiner „Übermacht".

„Gott lehnt es ab, alles zu verwirklichen."[1] „Er hat den Teil verwirklicht, der ihm selbst zukommt: zu erschaffen und etwas bleibt noch zu tun übrig, und der Mensch ist es, der sich dessen annehmen wird"[2], in enger und richtiger Zusammenarbeit mit dem Heiligen Geist, der es ihm erlauben wird, in der Ähnlichkeit mit seinem Schöpfer zu wachsen, seinerseits eine Beziehung (mit Gott) aufzubauen, die belebt.

In sich selbst sogar das Leben Christi zu empfangen, es zu lernen, wie man sich als Mensch durch den Hauch des Geistes beleben lassen und gleichzeitig an seinem Platz als Geschöpf bleiben kann, bringt eine Frucht voller Saft hervor. Der Mensch wird seine Stellung, diese Lebensbedingungen lieben. Er wird friedlich, glücklich, weil er den wichtigsten Sinn seines Lebens, seine grundlegende Aufgabe wiedergefunden hat. Hier findet man den

1 A. Wénin. a.a.O. S. 34.
2 A. Wénin. a.a.O. S. 27.

Osterweg wieder, die Empfehlung, dem Weg des Todes zu entsagen, um den neuen zu entdecken, den Traum und die Illusion hinter sich zu lassen, um mutig und frei dem Wirklichen, der Gegenwart, der richtigen Stellung eines Geschöpfes, der Aufgabe, die einen erwartet, die Stirn zu bieten.

Die Antworten Christi angesichts der menschlichen Grenzen – Die Versuchungen Jesu in der Wüste

„Nicht von Brot allein"[3]

Nach dreißig Jahren stiller Vorbereitung in Nazareth, bevor er seine öffentliche Mission antritt, zieht sich Jesus in die Wüste zurück und fastet vierzig Tage lang. Am Ende dieses Fastens hat er Hunger, er ist zweifellos erschöpft. Nun überkommt ihn die Versuchung.

Jesus wird mit der gleichen Prüfung konfrontiert werden wie die ersten Menschen: die Grenze durch die menschlichen Daseinsbedingungen, das Gesetz der Wirklichkeit. Adam und Eva haben sich diesem wesentlichen Gesetz nicht zu stellen vermocht: Sie haben den Sinn des Wortes Gottes verloren, die grundlegenden Richtlinien, die ihnen gegeben worden sind; sie wissen nicht mehr, wie sie sich positionieren sollen.

Jesus bleibt am richtigen Platz und vereitelt die List Satans (der Schlange, des Betrügers), der ihn mit der gleichen Methode angeht, die Adam und Eva irregeführt hat: Dieser benützt das Wort Gottes, indem er dessen wahren Sinn verdreht. Jesus hält keine Rede, ergeht sich nicht in langwierigen Erklärungen. Er gibt dem Wort Gottes einfach wieder seinen Sinn, rückt es wieder in den Mittelpunkt zurück; seine Antwort ist kurz, vollkommen klar.

Es ist nicht erstaunlich, dass Jesus das erleben muss, was Anlass für die Übertretung der ersten Menschen gewesen ist. Er wird die gleichen Ereignisse durchqueren, indem er sie anders lebt,

3 Lk 4,4; und der Titel des Buches von A. Wénin.

mit einer anderen Bezugnahme. So tut er uns kund, wie durch ihn jeder Mann und jede Frau die Möglichkeit hat, seinen bzw. ihren Platz als Sohn oder Tochter Gottes in der Realität der menschlichen Daseinsbedingungen einzunehmen.

Das Objekt der Begehrlichkeit Adams und Evas war die Allmacht: Sie wollten der Ursprung ihres eigenen Gesetzes werden, akzeptierten es nicht, Grenzen zu haben, nicht von allem essen zu können. Es ist also die gleiche Versuchung, allmächtig sein zu wollen, die Jesus in dreierlei Gestalt überfällt.

Dann wurde Jesus vom Geist in die Wüste geführt; dort sollte er vom Teufel in Versuchung geführt werden. Als er vierzig Tage und vierzig Nächte gefastet hatte, bekam er Hunger. Da trat der Versucher an ihn heran und sagte: „Wenn du Gottes Sohn bist, so befiehl, dass aus diesen Steinen Brot wird.“ Er aber antwortete: „In der Schrift heißt es: ‚Der Mensch lebt nicht nur von Brot, sondern von jedem Wort, das aus Gottes Mund kommt.‘“

Darauf nahm ihn der Teufel mit sich in die Heilige Stadt, stellte ihn oben auf den Tempel und sagte zu ihm: „Wenn du Gottes Sohn bist, so stürz dich hinab; denn es heißt in der Schrift: ‚Seinen Engeln befiehlt er, dich auf ihren Händen zu tragen, damit dein Fuß nicht an einen Stein stößt.‘“
Jesus antwortete ihm: „In der Schrift heißt es auch: ‚Du sollst den Herrn, deinen Gott, nicht auf die Probe stellen.‘“

Wieder nahm ihn der Teufel mit sich und führte ihn auf einen sehr hohen Berg; er zeigte ihm alle Reiche der Welt mit ihrer Pracht und sagte zu ihm: „Das alles will ich dir geben, wenn du dich vor mir niederwirfst und mich anbetest.“ Da sagte Jesus zu ihm: „Weg mit dir, Satan! Denn in der Schrift steht: ‚Vor dem Herrn, deinem Gott, sollst du dich niederwerfen und ihm allein dienen.‘“

Darauf ließ der Teufel von ihm ab, und es kamen Engel und dienten ihm. (Mt 4,1–11)

Wenn du Gottes Sohn bist, so befiehl, dass aus diesen Steinen Brot wird. Fülle den Mangel aus, erlebe keinerlei Mangel, sagt ihm der Betrüger mit andern Worten. Du hast Hunger, iss! Jesus ist zu diesem Zeitpunkt von bohrendem Hunger geplagt, wie die

Israeliten in der Wüste. Doch er wird mit dem Problem der Nahrung ganz anders umgehen als sie.

Der Mensch lebt nicht nur von Brot, sagt Jesus, *sondern von jedem Wort, das aus Gottes Mund kommt.* Das heißt so viel wie: Um zu leben, ist es nötig zu essen, aber es genügt nicht zu essen[1]. Der Mensch bedarf noch einer anderen Nahrung.

Das Wort Gottes nährt den Menschen wirklich, sein Leben, seine eigensten Entscheidungen, sein Suchen, sein Verlangen zu teilen, sein Werden. Es ist das Gegengift zum Wort der Lüge, auf das er oft seine Existenz gegründet hat; es wird wieder aufrichten, was in ihm zerstört worden ist.

Die erste Versuchung bezieht sich auf die große Frage des Mangels, der Angst, Mangel zu leiden, an einem Mangel zu sterben, welches auch immer dessen Form sein mag (affektiver Mangel, Mangel an Anerkennung, Einsamkeit, Selbst-Entwertung usw.). Mangel wird immer zum Leben dazugehören. Es zu lernen, den Mangel nicht mehr zu fürchten, ist die Frucht eines wirklichen Bundes mit Gott, ein Sprung im Glauben, im Vertrauen, eine Wahl des Lebens. Christus versichert uns, dass wir nie wieder Waisen sein werden (Joh 14,18), dass er immer mit und in uns sein wird (Jos 1,5.9), um uns in den Schwierigkeiten des Lebens zu stärken, was auch immer kommen mag. Von nun an wird man nichts mehr auf die gleiche Art und Weise erleben. Es ist also möglich, nicht in den Mängeln der Vergangenheit eingesperrt zu bleiben. Indessen, auch wenn sie der Vergangenheit angehören, hindern uns die Mängel sehr oft daran, ins Leben einzutreten. Der Heilige Geist führt uns auf dem Weg, der es uns erlauben wird, ihnen ins Gesicht zu sehen, ihre Wirklichkeit anzunehmen und beruhigt zu werden, innerlich bereit, in ein erneuertes Leben einzutreten. Die Gaben Gottes werden auf all diesen Wegen nie fehlen.

Nehmen wir vor Gott ausschließlich die Haltung von Konsumenten ein, die zufriedengestellt werden wollen? Oder sind wir auf der Suche nach einer wirklichen Begegnung, einem möglichen Bund, von etwas anderem als nur zu essen, zu konsumieren?

1 A. Wénin. a.a.O. S. 91.

Eine der hauptsächlichen Schwierigkeiten der Israeliten in der Wüste lag auf der Ebene des Essens der Nahrung, des schmerzlichen Bedauerns, nicht mehr die abwechslungsreichen und saftigen Gerichte aus der Zeit Ägyptens, der Sklaverei, zu haben. Die Versuchung, an sich zu reißen, alles für sich haben zu wollen, kommt wiederholt in ihrer Geschichte vor[1], besonders als sie eine verschwenderische Fülle an Gütern bei anderen Göttern, den Baalen, suchen: *Wenn sie andere Götter suchen,* sagt der Herr zum Propheten Hosea, *dann tun sie das, weil sie Traubenkuchen mögen* (Hos 3,1). Wir sind alle mit diesem Problem konfrontiert.

Es ist jedoch nicht zu vergessen, dass Jesus nie jemanden zurückgewiesen hat; alle sind empfangen worden, was auch immer ihre Bitte war. Wir brechen von dort auf, wo wir sind, und wir sind sicher, aufgenommen, gehört zu werden in unserer Not, unserem Leid. Das Wesentliche aber ist es, nicht auf dem Weg stehenzubleiben, sich nicht an der erhofften Frucht festzuklammern: Gott antwortet immer, aber nicht immer so, wie wir es erwarten. Wenn es das einzige Ziel ist, eine ganz bestimmte Frucht zu erhalten, laufen wir Gefahr, den Vorübergang des Heiligen Geistes zu verpassen. Der himmlische Vater hat seine eigene Weise, seine Kinder nach Hause zu bringen; wir dürfen ihm vertrauen.

Es geht darum, weiterzumarschieren, wenn man erst einmal aufgebrochen ist, und sollte man sich einmal in einer Wüste befinden, nicht zu vergessen, dass sich in einer Wüste viele Dinge ereignen können, vorausgesetzt, man hat ein aufmerksames, lenksames, nicht starres Herz.

Fasten besteht darin, mit Essen aufzuhören. Man geht zur Nahrung auf Distanz. Es öffnet einen Raum, und macht so Platz für etwas anderes, einen Anderen. Fasten heißt, auf symbolische Weise auf Gewaltanwendung zu verzichten, auf das Töten, um selbst leben zu können. Es heißt also, darauf zu verzichten, dem andern sein Leben, seine Freiheit, seine Andersartigkeit zu rauben, indem man ihn zerstört, ihn aufzehrt. Fastend verzichtet man darauf, den anderen zu essen, und gibt gleichzeitig darauf Acht, dass er selbst etwas zu essen hat[2].

1 A. Wénin. a.a.O. S. 247–268.
2 A. Wénin. a.a.O. S. 247–268.

Auf dem Weg der Evangelisierung bis in Tiefen des Herzens fasten viele auf besondere Art: nicht am Essen, sondern gewissermaßen geistig. Während einer bestimmten Zeitspanne von einem oder mehreren Tagen werden sie es sich zum Beispiel untersagen, sich systematisch abzuwerten; sie werden keine Ratschläge mehr erteilen, wie es sonst dauernd der Fall ist, wenn sich das Verlangen nach Allmacht in ihnen eingewurzelt hat; sie werden negative Gedanken durch Gedanken ersetzen, die zum Leben führen; sie hören auf, das zu „essen", was sie zerstört, das Gift, das sie genährt hat. Dieses Fasten findet nicht in irgendeinem beliebigen Augenblick des Wandlungsweges statt; es gehört zum geistlichen Kampf, der sich dann abspielt, wenn die verschiedenen Etappen, die der Entscheidung für den Weg des Lebens vorausgehen, durchlaufen worden sind.

Die Verletzlichkeit des Menschen annehmen

Wenn du Gottes Sohn bist, so stürz dich hinab; denn es heißt in der Schrift: Seinen Engeln befiehlt er, dich auf ihren Händen zu tragen, damit dein Fuß nicht an einen Stein stößt. „Nichts kann dir widerfahren, du bist von jeder Grenze frei, auf keine musst du Rücksicht nehmen." Jesus antwortet: Du sollst den Herrn, deinen Gott, nicht auf die Probe stellen.

Wir befinden uns hier im Herzen des Allmachtsdenkens, der Versuchung, die Verletzlichkeit jedes Menschen abzulehnen. In seiner völligen Solidarität mit den Menschen akzeptiert Jesus die Grenzen der menschlichen Daseinsbedingungen/Beschaffenheit. Er weigert sich hier, einen unwiderlegbaren, glänzenden Beweis seiner Göttlichkeit zu geben: Er hält sich an den absoluten Respekt vor der Freiheit anderer, überlässt jedem und jeder die Wahl, das Wagnis des Glaubens, um aufrichtig bemüht selbst zuzustimmen.

Das Wort Gottes, von Jesus erneut bestätigt, erinnert uns außerdem daran, dass das Leben den Menschen anvertraut ist, dass sie die heilige Aufgabe haben, es zu schützen, um es besorgt zu sein. Sich unvorsichtig irgendeiner Gefahr auszusetzen, indem man denkt, dass einem nichts geschehen könne oder dass uns Gott schon beschützen werde, was auch immer passieren mag, ist eine Art, Gott „binden“ zu wollen. Es ist cinc Form von Macht, die man über ihn ausüben will, ein Verleugnen der Beschaffenheit, Bedingtheit, der man als Mann oder Frau unterworfen ist.

Auf einer anderen Ebene können starke Emotionen – sie sind Ausdruck der Verletzlichkeit – betäubt, im tiefsten Inneren seines Selbst vergraben werden, so als ob sie nicht existierten. Sie können dann beträchtliche Schäden im gesamten Organismus nach sich ziehen. Es ist die Verantwortung eines jeden, seine Gemütsbewegungen und damit auch seine Verletzlichkeit bis zum Ende zu leben, auf sich zu nehmen, sie in der lebendigen Gegenwart Christi zu durchqueren, indem man sich auf seine lebendigen Kräfte, seine tiefen Ressourcen stützt, die durch die Gnade belebt werden. Danach wird das Leben in Fülle zurückkommen.

Die Beziehung zur Macht

[...] er zeigte ihm alle Reiche der Welt mit ihrer Pracht und sagte zu ihm: Das alles will ich dir geben, wenn du dich vor mir niederwirfst und mich anbetest. Da sagte Jesus zu ihm: Weg mit dir, Satan! Denn in der Schrift steht: Vor dem Herrn, deinem Gott, sollst du dich niederwerfen und ihm allein dienen.

Man findet hier eine wesentliche Frage wieder: Wie soll man die Gaben Gottes gebrauchen? Jesus lehnt ausdrücklich den Willen zur Macht ab, die Gewalt, die totalitäre Herrschaft, welche die Menschen unterwirft, sie ihrer grundlegenden Freiheit beraubt. Er räumt Gott ganz klar wieder seinen Platz als Schöpfer ein. Der Mensch ist weder der Mittelpunkt noch der Ursprung. Einen Menschen oder eine Sache an die Stelle Gottes zu setzen ist Götzendienst.

Später wird Jesus ganz deutlich über seine Beziehung zum Vater sprechen:

> *Glaubst du nicht, dass ich im Vater bin und dass der Vater in mir ist?*
> *Die Worte, die ich zu euch sage, habe ich nicht aus mir selbst. Der Vater, der in mir bleibt, vollbringt seine Werke.*
> *Glaubt mir doch,*

dass ich im Vater bin und dass der Vater in mir ist;
wenn nicht, glaubt wenigstens aufgrund der Werke!
Amen, amen, ich sage euch:
Wer an mich glaubt, wird die Werke, die ich vollbringe, auch vollbringen,
und er wird noch größere vollbringen, denn ich gehe zum Vater.
Alles, um was ihr in meinem Namen bittet,
werde ich tun,
damit der Vater im Sohn verherrlicht wird [...]!
Ihr habt gehört, dass ich zu euch sagte:
Ich gehe fort und komme wieder zu euch zurück.
Wenn ihr mich lieb hättet, würdet ihr euch freuen,
dass ich zum Vater gehe;
denn der Vater ist größer als ich
(Joh 14,10–13.28).

Am Vorabend des Todes Jesu streiten sich die Jünger noch darüber, wer der Größte unter ihnen sei (Lk 22,24.27). Jesus tadelt sie unermüdlich, um sie ein weiteres Mal über die Natur des wirklichen Dienstes, das innere Verhalten des Dieners aufzuklären.

Im Gegensatz zu Adam und Eva lehnt Jesus die Versuchung zur Allmacht mit grösster Entschlossenheit ab. Er wird es mit seinem Leben bezahlen, dass er im Augenblick seiner Verurteilung zum Tode den Gebrauch von Waffen ablehnt. Der Evangelist Lukas überliefert uns bezüglich einer gleichen Episode im Leben Jesu Folgendes: *Und als der Teufel jede Versuchung vollendet hatte, wich er für eine Zeit von ihm* (Lk 4,13).[1] Dies bedeutet, dass sich in diesen drei Versuchungen die Wurzel aller grundlegenden Versuchungen der Menschen findet. Nicht umsonst wird das Problem des Verlangens nach Allmächtigkeit, der Ablehnung von Grenzen gleich zu Beginn der beiden Testamente angegangen. Damit wird uns seine äußerste Wichtigkeit gezeigt.

1 Revidierte Elberfelder Übersetzung von 1993.

Nehmt und esst

„Nehmt und esst“, sagt die Schlange zur Frau. Sie nimmt und isst, Adam ebenso, um wie Gott zu sein, um alles zu beherrschen.

Nehmt und esst, sagt Jesus beim letzten Mahl mit seinen Jüngern:

Während des Mahls nahm Jesus das Brot und sprach den Lobpreis; dann brach er das Brot, reichte es den Jüngern und sagte: Nehmt und esst; das ist mein Leib (Mt 26,26).

„Nehmt und esst“ mein Fleisch und mein Blut, das Brot und den Wein, die gereicht werden, mein Leben selbst.

Noch einmal geht es darum zu essen[1].

Christus hat zur Menschenmenge von diesem lebendigen Brot gesprochen, das er selbst ist, dem Brot, welches das Leben gibt und nicht vergeht, im Unterschied zum Manna, das den Tod nicht verhindert. Er hat sie im Voraus in Kenntnis gesetzt: Seine Worte sind Wirklichkeit und gleichzeitig sind sie *Geist und Leben, denn der Geist ist es, der lebendig macht; das Fleisch nützt nichts* (Joh 6,63).

Adam und Eva nehmen an sich, was nicht ihnen gehört, was nicht für sie bestimmt ist[2]. Jesus gibt das her, was er behalten könnte.

Die Gewalttätigen werden sich seiner bemächtigen, ihn zu Tode bringen. Schon im Voraus anvertraut er sein Leben dem Vater, gibt es ihm zurück und schenkt so der Welt sein eigenes Leben, dieses Fleisch, dieses Blut, die man zermalmen wird. Diese Gabe wird in Gestalt des Brotes und des Weins gegeben: „Was bedeutet dieser Übergang von Fleisch und Blut zu Brot und Wein, wenn nicht die Einladung, von der Gewalt abzulassen, um in Sanftheit zu leben, einer Sanftheit, die eine wirkliche innere Kraft ist.“[3]

Er, der Herr und Meister ist (Joh 13,12–15), verwirft energisch jede Form von Herrschaft, die am falschen Platz ist. Er stellt sich den Seinen als der vor, welcher dient (Lk 22,27). Er lehrt so seine Jünger, wie sie die Bedeutung des herrlichen Wortes „dienen“ wieder entdecken, wie sie die Diener des Allerhöchsten, des Lebens werden können.

1 Am Ende jeder der drei Teile seines Buches vertieft André Wénin die Bedeutung dieser Nahrung, der Eucharistie.
2 Sie reißen etwas an sich, verschlingen es gierig.
3 A. Wénin. a.a.O. S. 174.

Die Eucharistie ist der neue Bund. Sie ist der Höhepunkt der Gabe, der Liebe, die sich bis ans Ende gibt. Der Diener erkennt die tiefe Bedeutung der Tat Christi, empfängt sie mit Dankbarkeit, nimmt Teil an diesem Leben, das sich ihm schenkt, und wird seinerseits in die gleiche Bewegung der Rückkehr zum Vater und der Hingabe an die Menschen eintreten. Die Eucharistie ermöglicht es dem Gläubigen, eine wirkliche Verbindung mit dem auferstandenen, geistlichen[4] Christus einzugehen. Der Glaubende war in „das Alte" versenkt, nun wird er sich in diesen mächtigen Strom erneuerten Lebens, in diesen großen Kreislauf eines lebendigen Lebens, hineinbegeben können.

Wir können den Heiligen Geist um das lebenswichtige Verständnis für diese Bewegung der Gegenseitigkeit zwischen Gott und seinen Söhnen, seinen Töchtern bitten. Es ist die Verantwortung eines jeden, einer jeden, den neuen Bund auf ganz und gar alltägliche Weise zu leben, den Bund, der sich in der Gemeinschaft eines Herzens aufbaut, das die Gabe empfängt und sich seinerseits gibt. So geht man in die volle Fruchtbarkeit eines Lebens ein, das an der Quelle genährt wird: Dann wird uns Jesus nicht mehr „Diener", sondern „Freunde" nennen (Joh 15,15).

4 *Vocabulaire de théologie biblique.* (1978). Paris: Ed. du Cerf. S. 411.

Drittes Lebensgesetz: Die Einzigartigkeit jeder Person entfalten – in Gott und in respektvollen zwischenmenschlichen Beziehungen

---

Der Herr sprach zu Abram: Geh für dich, weg von deinem Land, von deiner Verwandtschaft und deinem Vaterhaus in das Land, das ich dir zeigen werde (Gen 12,1).

Man wird dich nicht mehr Abram nennen. Abraham (Vater der Menge) wirst du heißen (Gen 17,5).

Ich werde ihm einen weißen Stein geben, und auf dem Stein steht ein neuer Name, den nur der kennt, der ihn empfängt (Offb 2,17).

Du bist einzigartig geschaffen und wirst einzigartig geliebt. Werde du selbst in Gott, folge deinem persönlichen Weg in einer richtigen Beziehung zum anderen. Es ist dir untersagt, deine Identität mit der einer anderen Person zu vermischen, sie zu besitzen oder dich besitzen zu lassen, Verwirrung in einer Beziehung aufrechtzuerhalten, dich vor einer missbräuchlichen Macht zu beugen, das zu begehren, was der andere hat oder ist.

Erste Annäherung – Orientierungspunkte

Das dritte Lebensgesetz begründet die Identität und die Freiheit des Menschen. Es zeigt die Bedingungen einer wahren Liebe, der Qualität einer Beziehung auf: Wie kann man sich selbst werden in Gott, im Respekt vor seiner eigenen Freiheit, seiner Identität, wie auch vor der des anderen? Dieses Gesetz liefert die Orientierungspunkte, die es einem ermöglichen werden, eine angemessene Distanz zum anderen herzustellen, ohne dass man dabei in Gleichgültigkeit oder Entzweiung verfällt oder den anderen ausschließt. Es lehrt die Grundlagen einer neuen Art von Beziehung, die Beziehung des Reiches Gottes.

Die Auswirkungen des Gesetzes sind lebenswichtig, denn es berührt unmittelbar die Identität und die Beziehung. Es zeigt die Bedingungen einer echten Gemeinschaft auf.

Eine Lebensaufgabe

An erster Stelle gilt: Werde du selbst in Gott; folge deinem eigenen Weg; entdecke und entfalte deine Eigenart, dein Anderssein, deine besondere Aufgabe.

Das Verbot

Die erste Übertretung bestand darin, dass die Menschen den Unterschied zwischen dem Schöpfer und seinem Geschöpf aufheben wollten: Wir wollen wie Götter sein. In der Folge wird sich diese erste Übertretung direkt auf die Beziehung der Menschen untereinander auswirken: Auch da sind sie versucht, ihre Unterschiedlichkeit zu leugnen, was schwerwiegende Folgen für die Entwicklung ihrer Freiheit, ihrer Identität nach sich ziehen wird. Ein Struktur gebendes Verbot wird dem Menschen gegeben, aber wie immer kommt das Verbot an zweiter Stelle. Es liefert die Orientierungspunkte, die es ermöglichen, den Unterschied, die Andersartigkeit zu respektieren, das Entgleisen von Beziehungen, Irrwege, Wege des Todes zu vermeiden. Man wird es in der ganzen Bibel deutlich ausgedrückt finden: Es ist dir untersagt, dich mit der Identität eines anderen zu vermischen, die Grenze zum anderen zu verwischen: den anderen zu „essen", ihn zu „verzehren" (konsumieren), ihn zu besitzen, ihn dir anzueignen, seine Freiheit, seine Identität zu stehlen, umzubringen. Ebenso ist es dir untersagt, dich von einem oder einer anderen „essen", besitzen zu lassen, Komplize dessen zu werden, der deine eigene Freiheit, Identität stehlen, umbringen, dich deiner Andersartigkeit berauben will.

Wenn man die wechselseitigen Unterschiede, die für die Entwicklung einer echten Beziehung wesentliche Andersartigkeit nicht respektiert, wenn man nicht mutig die inneren Trennungen akzeptiert, durch die jede Person ihre unverwechselbare Art zu sein entwickeln kann, dann vermischt man sich mit dem oder der anderen, nimmt ihn wie Nahrung in sich auf Man verschlingt den anderen, verschluckt ihn, indem man danach strebt, ihn zu besitzen, ihn zum eigenen Nutzen zu beschlagnahmen, ihn zu beherrschen, seine Freiheit zu unterdrücken, zu fordern, dass er meine affektiven Mängel auffülle, dass er meine Quelle des Lebens werde. Sich von dem anderen verschlingen zu lassen ist genauso schlimm, wie ihn zu verschlingen.

Es ist dir untersagt, das zu begehren, das haben zu wollen, was der andere hat, oder das werden zu wollen, was der andere ist (Dtn 5,21), zu versuchen, wie er zu sein, dich von deinem eigenen Platz wegzubewegen. Du isst den anderen auf, wenn du das haben willst, was er hat, oder das sein willst, was er ist. Zugleich isst du nicht das, was du essen solltest; du empfängst nicht deine eigenen Talente, die Gabe Gottes. Wenn du dieses Verbot übertrittst, wirst du gewiss sterben, du wirst dich auf eine Form des Todes, der Zerstörung deiner selbst, des anderen, der Beziehung zu bewegen; das Leben wird nicht mehr fruchtbar sein.

Eine andere Folge dessen, wie Gott sein zu wollen, sich selbst als die Quelle des Guten und Bösen zu halten, wird darin bestehen, dass man alles vom anderen wissen, ihn völlig kennen will. Man will das bloßlegen, was in ihm gut und böse ist, an seiner Stelle entscheiden, was der richtige Weg des Lebens ist, den er einschlagen sollte. Man will, dass er sich meinen eigenen Wünschen, meiner eigenen Erkenntnis des Guten und des Bösen entsprechend verändere.

Nicht zu akzeptieren, dass wir den andern in vielen Bereichen nicht kennen, bedeutet eigentlich, ihm keinen Lebensraum zu lassen, der einen Weg des Vertrauens und der inneren Freiheit öffnen könnte.

Jetzt verstehen wir erst richtig, inwiefern das Verbot, den anderen zu „essen“ und „sich selbst essen zu lassen“ so wesentlich ist für die Entwicklung einer echten Beziehung und der eigenen Identität. Die Grenze offenbart sich nun als das, was sie wirklich ist: eine Quelle des Lebens. Sie wird den Respekt gegenüber dem anderen und sich selbst, die richtige Distanz aufrechterhalten, welche die Bedingung für eine echte Liebe ist, die Vertrauen ermöglicht, Die Grenze wird jeglichen, wie auch immer gearteten Übergriff auf einen Menschen verhindern.[1]

1 A. Wénin. a.a.O. S. 92.

Das Verbot schafft Ordnung, Struktur: Es lehrt den Menschen, was eine richtig eingeordnete Kenntnis ist.

Freudige Entdeckungen

Welches ist der lebenswichtige Sinn dieses Gesetzes? Was bedeutet es für einen selbst, für das eigene Leben?

Du bist einzigartig erschaffen

Dies ist die Grundlage des Gesetzes der Einzigartigkeit: das Bewusstwerden der eigenen Identität. Zu entdecken, dass man einzigartig geschaffen ist, und dieser Realität auch zuzustimmen ist eine Zeit der übergroßen Freude.

Denn du hast mein Inneres geschaffen, mich gewoben im Schoß meiner Mutter [...] Meine Seele kanntest du wohl und mein Gebein war dir nicht verborgen, als ich geformt wurde im Dunkeln, kunstvoll gewirkt in den Tiefen der Erde (Ps 139,13–15).

Du wirst einzigartig geliebt

Sich *einzigartig geliebt* zu wissen, so wie man ist, mit seiner Verletzlichkeit, seiner Geschichte, seiner Umgebung, mit seinen Schwierigkeiten, seinem Sich-Vorantasten und seinen Fehlern, mit seinen Grenzen, aber auch mit den authentischsten Wünschen, seinem Verlangen zu lieben, seinen Gaben, das ist eine der Grundlagen der wesentlichsten Sicherheit eines jeden. Es handelt sich hier um eine geistliche Wirklichkeit, die man nicht einfach mit dem Verstand erfassen kann. Eine längere Zeit ruhig und friedlich, im Glück dieser Entdeckung, in der Stille des Herzens zu verweilen, ohne sich abzuhasten, das führt zu einer Gewissheit, die sich im Kern des Wesens einwurzeln und ins Fleisch einschreiben wird. Der Heilige Geist leitet uns bei diesem lebenswichtigen Bewusstwerden, wir können ihm vertrauen. Er ist es, der uns zu unserer wesentlichsten Wahrheit führt, zum Verständnis der Dinge des Reiches Gottes.

Weil du in meinen Augen teuer und wertvoll bist und weil ich dich liebe (Jes 43,4). *Sieh her: Ich habe dich eingezeichnet in meine Hände* (Jes 49,16). *Wie mich der Vater geliebt hat, so habe auch ich euch geliebt* (Joh 15,9). *Denn der Vater selbst liebt euch* (Joh 16,27). *Meine Schafe werden niemals zugrunde gehen, und niemand wird sie meiner Hand entreißen. Mein Vater, der sie mir gab, ist größer als alle, und niemand kann sie der Hand meines Vaters entreißen* (Joh 10,28–29). *Auf gute Weide will ich sie führen, im Bergland Israels werden ihre Weideplätze sein. Dort sollen sie auf guten Weideplätzen lagern, auf den Bergen Israels sollen sie fette Weide finden. Ich werde meine Schafe auf die Weide führen, ich werde sie ruhen lassen – Spruch Gottes, des Herrn* (Ez 34,14–15).

Du bist bei deinem Namen gerufen

Sich persönlich bei seinem Namen gerufen zu hören ist zweifellos eine wesentliche innere Wegstrecke, eine grundlegende Etappe im Aufbau seiner Identität: *Ich habe dich beim Namen gerufen, du gehörst mir* (Jes 43,1). *Der Herr hat mich schon im Mutterleib berufen; als ich noch im Schoß meiner Mutter war, hat er meinen Namen genannt* (Jes 49,1). *Man ruft dich mit einem neuen Namen, den der Mund des Herrn für dich bestimmt* (Jes 62,2). *Meinen Knechten aber wird man einen anderen Namen geben* (Jes 65,15). *Jeden Morgen weckt er mein Ohr, damit ich auf ihn höre wie ein Jünger. Gott, der Herr, hat mir das Ohr geöffnet [...]* (Jes 50,4–5).
Der erste Schritt könnte darin bestehen, um die Gnade der Heilung eines mit Taubheit geschlagenen Ohres zu bitten, um die Fähigkeit, im Hören zu verweilen, ohne Druck und ohne irgendeine Frucht erreichen zu wollen. Dazu nähert man sich einfach dem Grund seines Wesens, lässt sich in der Herztiefe nieder. Dort wird es nach und nach möglich werden, in der Zärtlichkeit einer unendlichen Liebe wie auch im Vertrauen seinen Namen zu hören. Denn bei seinem Namen gerufen zu werden bedeutet, als das anerkannt zu werden, was man ist, und auch dazu eingeladen zu sein, sich auf den Weg zu machen.

Der Name eines Menschen bezeichnet seinen Platz, seine Rolle in der Welt, drückt seine Bestimmung aus. Jeder und jede tritt dann aus der Anonymität, dem Vergessen heraus und weiß von dem Zeitpunkt an, dass er als jemand Besonderes zählt, dass er ein lebendiger Stein im Bau der Welt ist.

Er ruft die Schafe, die ihm gehören, einzeln beim Namen und führt sie hinaus (Joh 10,3).

Ich bin der gute Hirt; ich kenne die Meinen, und die Meinen kennen mich (Joh 10,14).

Folge deinem persönlichen Weg

Du hast deine eigene Unterschiedlichkeit auf dich zu nehmen, mutig darauf zu verzichten, den anderen zu kopieren, ihn auszuschließen oder dich selbst auszuschließen. Du sollst die notwendige gegenseitige Ergänzung akzeptieren, dich jedoch nicht aus ängstlicher Zurückhaltung, Faulheit, Geringschätzen oder Verkennen deiner eigenen Möglichkeiten auf eine Straße mitschleppen lassen, die nicht die deine ist.

Du bist nach dem Bilde und in der Ähnlichkeit Gottes geschaffen. Niemand wird je du sein. Fördere im Licht des Heiligen Geistes die unvermuteten lebendigen Kräfte zutage, die in dir sind, und entfalte sie zusammen mit deinen persönlichen Qualitäten, deinen inneren Möglichkeiten. Hüte dich davor, in die Falle der Selbstabwertung zu gehen. Dies ist ein Weg des Todes, eine Weigerung zu leben.

Du bist dazu eingeladen, eine Erneuerung der Beziehung zu erleben

Du bist einzigartig, der andere ist es auch. Du bist dazu berufen, deine Identität, deine Freiheit zu entfalten, und auch der andere empfängt den gleichen, grundlegenden Ruf. Es gilt, die Grundlage seiner Identität sowie die vom göttlichen Gesetz gegebenen Orientierungspunkte zu entdecken, zuzustimmen dem so bedeutsamen Verbot des Besitzens und der Konfusion, die Unterschiedlichkeit, den Lebensraum eines jeden Menschen zu respektieren und dabei bei sich selbst zu beginnen, den richtigen Abstand zu entdecken. Das ist ein Bewusstwerden, das es erlauben wird, die Unordnung in der Beziehung hinter sich zu lassen, sie zu erneuern: Liebe und Wahrheit werden sich begegnen, sich miteinander verbinden können; es wird möglich sein, in Wahrheit zu lieben und wahr zu bleiben in der Liebe.

Übertretungen – Irrwege

Die Suche nach der eigenen Identität ist eines der Fundamente für das Leben eines jeden Menschen. Danach zu suchen, ist tief in ihn, in seinen Lebenstrieb eingraviert. Wenn alles gut geht, wird sein „Ich“ nach und nach auftauchen, sich aufbauen, sich seiner selbst vergewissern. Doch die ursprüngliche Umgebung, die Verletzungen, die man in der Kindheit erlitten hat, können einen unterwegs verwirren.

Jeder und jede ist mit der lebenswichtigen Notwendigkeit konfrontiert, die eigene Identität aufzubauen, die wirkliche innere Freiheit im Respekt vor der des anderen zu gewinnen. Man muss einem Kräfteverhältnis die Stirn bieten, bei dem man der Beherrschende oder der Beherrschte zu sein riskiert. Der eigene Lebensbereich kann völlig überwuchert werden oder aber verriegelt sein.

Auf dem Weg der Evangelisierung bis in die Tiefen des Herzens ist es ratsam, *vier mögliche Übertretungen des Gesetzes der Identität* gründlich zu erforschen, die zu einer Art der Zerstörung seiner selbst und der Beziehung führen. Das sind die Fusion, die Verwirrung der Rollen in der Familie, die beherrschende Beeinflussung und die Begehrlichkeit.

Jeder Mann, jede Frau begegnet ihnen in unterschiedlichem Ausmaß, ist ihr Opfer oder bürdet sie den anderen auf. Sollte man die grundlegenden Orientierungspunkte, die das Gesetz der Identität der Person liefert, vergessen oder nicht respektieren, so ist das Risiko groß, dass man sich auf Wege des Todes verirrt: in die Verwirrung, in von Gewalt geprägte Beziehung, in die Entfremdung von sich selbst, von seiner und des anderen Identität und Freiheit.

Diese vier Übertretungen wurden in dem ersten Band der „Evangelisierung bis in die Tiefen des Herzens“ näher betrachtet, wobei von dem Thema der infizierten Verletzungen ausgegangen wurde, von der Art und Weise, wie sich eine Wunde hat infizieren können[1]. Ich möchte hier auf diese Themen zurückkommen, sie aber jetzt im Wesentlichen von den Folgen her angehen, welche die Übertretung des Gesetzes der Einzigartigkeit der Person auf die Beziehung haben wird. Auch die erste Übertretung des Verbotes, die Ablehnung des Unterschiedes zwischen dem Geschöpf und dem Schöpfer also, sowie das Zurückweisen der Grenze, der menschlichen Daseinsbedingungen (Gen 2,16–17), werden die Beziehung zum anderen entscheidend stören.

Die Erforschung des Gesetzes der Identität und das gründliche Studium des Wortes Gottes lassen begreifen, wie man dazu gelangen kann, sich zu unterscheiden, und in welchen Bereichen man arbeiten muss. Beide zeigen klare Wege des Lebens und ebenso eindeutige Wege des Todes auf. Sie öffnen Türen, die Schritte des Bewusstwerdens erlauben und im Einzelnen aufzeigen, worin das „essen" und das „nicht essen" in Wirklichkeit bestehen kann.

Die Verschmelzung (Fusion)

Eine Verschmelzung ist durch die Vermischung von zwei Identitäten gekennzeichnet[2].

Wenn alles gut geht für den Säugling, beginnt er sein Leben von der Gegenwart der Mutter umhüllt. Er lebt in der Vorstellung des „Gleichseins", in einer Form von Nicht-Getrenntsein, in einer geschlossenen und geschützten Welt. Doch wenn das Kind zu lange im Mutterschoß eingesperrt bleibt, wenn es zu lange das Alles der Mutter bleibt, wird es sich nicht frei in seiner eigenen Identität entwickeln können.

Die Verschmelzung ist die Illusion, dass es möglich sei, aus zwei Personen ein einziges Wesen zu bilden, geschützt gegen Trennungen und Trauer; „eins" sein zu können, wo man doch zu zweit ist. Das Ziel der Fusion ist die Suche nach dem „Gleichen", nach der Identifikation mit dem anderen; das Verlangen, ihn in sich aufzunehmen, ihn sich anzugleichen. Das Schicksal der Verschmelzung ist es zu verschwinden; hier braucht es eine Arbeit

1 Siehe S. Pacot. *Evangelisierung bis in die Tiefen des Herzens.* S. 72–102 und 116–125.

2 X. Thévenot. *Les péchés, que peut-on en dire.* S. 29–43.

im Sinne des Verzichts, der Ent-täuschung. Die Fusion hat katastrophale Folgen, sollte sie sich über die ersten Lebensmonate hinaus verlängern, vor allem, wenn sie jede andere Beziehung ausschließt: Die Logik zweier Personen, die sich in einer Situation der Fusion befinden, ist es, ein Drittes auszuschließen, den Vater, und dabei das Gesetz der Einzigartigkeit, der Autonomie eines jeden, einer jeden außer Acht zu lassen.

Die Verschmelzung beginnt mit einer gegenseitigen Verführung, kann aber in einer beherrschenden Beeinflussung münden. In einer Paarbeziehung kommt es häufig vor, dass mit den Jahren einer der beiden Partner sich völlig wie in einem Gefängnis befindet. Er hat das Gefühl, dass seine Autonomie, seine Freiheit auf allen Ebenen des Lebens eingeschränkt seien, ebenso wie seine Identität und seine eigenen Wünsche. Wer aus dieser Einkesselung herauszukommen versucht, riskiert in hohem Maße, auf heftigen Widerstand zu stoßen: Erpressung mit Gefühlen, Tränen, Drohung mit Krankheit, manchmal sogar mit Selbstmord. In dieser Situation kann man von Schuldgefühlen nur so überflutet werden, in der Ohnmacht, dem inneren Misshandeltwerden versinken. Eine große Hilfe kann es in diesem Fall sein, dass man das Gesetz der eigenen Identität der Person ans Licht bringt. Da gilt die Anordnung Gottes: Werde „Du selbst"; vermische dich nicht mit dem anderen, wenn du selbst fruchtbar, aufs Neue geboren werden willst. Licht und Kraft werden dann gegeben, um aufzubrechen auf dem Weg, der zur inneren Freiheit und zur Erneuerung der Beziehung führt.

Die Verschmelzung ist das genaue Gegenteil einer richtig eingespielten Beziehung, einem guten und notwendigen inneren Getrenntsein, einer angemessenen Distanz, die es jedem Menschen erlaubt, im Respekt vor dem, was er ist, vor seiner Andersartigkeit, seiner Art, einzigartig zu sein, sich selbst zu werden. Sie hat nichts mit einer echten Liebe zu tun, die dem andern hilft, zu wachsen, zu entdecken, was er ist und werden kann. Es handelt sich bei ihr um die Form von Liebe mit der größten Unordnung; ja kann man da überhaupt noch von Liebe sprechen? Im Zustand der Fusion hat man sich im Weg geirrt: Man geht auf eine Unterschiedslosigkeit zu, anstatt der Anforderung einer wohl angebrachten Unterscheidung Folge zu leisten.

Verwirrung der Rollen in Familie und in individuellen Lebenswegen

Es kommt oft vor, dass die familiären Fixpunkte verlorengegangen sind, dass Verwirrung in Bezug auf die Rollen als Sohn, Tochter, Vater, Mutter … herrscht. Man weiß dann nicht mehr, wie man sich einordnen soll; man kann seine Identität nicht entfalten, wenn man an einem Ort verwurzelt ist, der nicht der eigene ist.

Viele nehmen den Weg eines anderen auf sich. Sie laden sich eine Last auf, die nicht zu ihnen gehört und unter der sie zusammenbrechen können; so sehr wollen sie den anderen retten, an seiner Statt Dinge wieder gutmachen. Sie riskieren es, sich völlig von einem Problem einnehmen zu lassen, das nicht das ihre ist; sich für Versprechen einzusetzen, die sie von ihrem eigenen Weg abbringen und in Wirklichkeit oft Pakte mit dem Tod und nicht mit dem Gott der Lebendigen sind.

Meistens schlagen wir diese zerstörerischen Wege im Namen der Liebe ein, doch es handelt sich hierbei um falsch verstandene Liebe. Das Gesetz der Identität lädt uns genau dazu ein, im Heiligen Geist zu entdecken, wie man richtig liebt, ohne sich zu zerstören, ohne selbst auf eine Art von Tod zuzugehen. Für viele von denen, welche die richtigen Fixpunkte in diesem Bereich der Rollen, der Wege verloren haben, ist es schwierig, ihre eigene Identität aufzubauen, und oft sind sie sich der eigentlichen Ursache ihrer Schwierigkeiten nicht bewusst.

Wer in der Verwirrung der Rollen, der Wege lebt, ist in einer Art Selbstentfremdung gefangen. Er ist seiner eigenen Bahn untreu, er „verschluckt" den Unterschied, läuft auf einer Straße, übt eine Funktion aus, die nicht die seine ist. Es wird von niemandem verlangt, erfolgreich das Leben eines anderen zu leben.

Die beste Hilfe, die man jemandem bringen kann, der nicht richtig in seiner Identität verankert ist, besteht darin, sich selbst richtig zu orten, in seiner eigenen Mitte, eben selbst an seinem richtigen Platz zu sein. Dann wird die Beziehung wieder in Ordnung kommen können.

Falsche Vorstellungen von der Wiedergutmachung: eine häufige Ursache von Verwirrung

Viele Männer und Frauen verbringen ihr Leben damit, Dinge wieder gutzumachen Meistens wissen sie nicht, dass sie sich in einem Prozess der Wiedergutmachung befinden, und sind auch in Unkenntnis über das, was sie reparieren. Die Wurzeln dieses Verhaltens sind unbewusst, und das macht es ja gerade so zwiespältig. Wer sein Leben damit verbringt, das wieder gutzumachen, was er eigentlich nicht auf sich nehmen müsste, geht gezwungenermaßen an seinem eigenen Weg vorbei. Es ist so, als ob er ein Kleidungsstück anzöge, das nicht ihm gehört.

Nur Schäden und Wege der Zerstörung folgen daraus! Es lohnt sich, die folgende Frage zu stellen: Versuche ich in meinem Leben etwas wieder gutzumachen? Was? Weshalb?

Die Wahl einer Ausrichtung des Lebens, eines Berufes, erfolgt oft aufgrund dieses unbewussten Wunsches nach Wiedergutmachung. Das Sich-Bewusstwerden dieser Motivation wird ein Mehr an Leben herbeiführen. Es wird nicht zwingend eine Richtungsänderung mit sich bringen, aber es ist sicherlich eine Gelegenheit, die ursprünglich eingeschlagene Richtung aufs Neue frei zu wählen. Man kann daraufhin in Klarheit seinen Weg fortsetzen, ganz anders, befreit von diesem Bedürfnis nach Wiedergutmachung. Das geschieht, indem man das Herz seiner Aufgabe entdeckt und indem man akzeptiert, dass im menschlichen Sein gar nichts völlig rein ist, dass jede Wahl vielschichtig motiviert ist.

Es ist wichtig, dieses ganze Gebiet dem Licht des Heiligen Geistes zu öffnen.

Es geht also darum, all das ans Licht zu bringen, was man wieder gutmacht und was man nicht wieder gutzumachen hätte.

Für den andern Dinge wieder gutmachen

Es kommt vor, dass ein Elternteil, ohne das Geringste zu sagen, ja selbst ohne dass es ihm bewusst ist, dem Kind aufbürdet, das nun richtig zu machen, was er selbst nicht geschafft hat: die Wahl seines Berufes, sein Studium, seine Ehe, die Beziehung zu seinen eigenen Eltern. Das Kind weiß nicht genau, was man von ihm verlangt, nimmt aber nichtsdestoweniger die Last auf sich und wird sein Leben damit verbringen, eine Aufgabe zu erfüllen, die nicht die seine ist.

Ein Kind kann von sich aus die Entscheidung treffen, der Retter eines alkoholabhängigen Vaters, einer depressiven Mutter, eines drogensüchtigen Bruders oder von Eltern, die sich scheiden lassen, zu sein, wie wenn es dafür verantwortlich wäre. Es ist niedergedrückt, schafft es nicht, lebt neben sich selbst her. Die harte Wirklichkeit auf sich zu nehmen, die beste Art und Weise zu entdecken, wie man dem anderen helfen, aber gleichzeitig auf allen Ebenen des Lebens zu sich selbst Sorge tragen kann, das ist ein Weg, der sich mutig im Herzen Christi gehen lässt. Er ist es, der uns lehrt, unser Kreuz zu tragen, das heißt, die Schwierigkeiten des Lebens zu durchqueren und dabei aufrecht zu bleiben, mit den Füßen auf dem Boden zu stehen und gleichzeitig mit ihm verbunden zu sein.

In den Familien, die Geheimnisse verbergen, kommt es sehr oft vor, dass Kinder, ohne sich dessen bewusst zu sein, zum Beispiel den Fehler eines Vorfahren wieder gutmachen. Es ist offensichtlich, dass man in keinem Fall die Unordnung, die Qual oder das Übel eines anderen auf sich nehmen kann, denn das Böse kommt nicht von Gott. Wir sollen nicht ein Übel zu einem andern Übel hinzufügen. Man kann keine Schuld auf sich nehmen, die einem anderen gehört. Man hat nicht die Verfehlung, das Versagen eines anderen wieder gutzumachen. Die einzige Art und Weise, etwas wieder gutzumachen, besteht darin, in seine eigene Befreiung hineinzugehen, die Kette der Unordnung zu zerbrechen. Die Erfahrung zeigt sehr oft: Derjenige, der sich selbst befreit, befreit auch den anderen, ohne dabei auch nur den Mund aufmachen zu müssen. Wir vergessen manchmal, dass die von Christus versprochene Befreiung keine Poesie und kein leeres Wort ist; es ist eine Realität. Er hat bis zum Äußersten geliebt, mitten in der menschlichen Begrenztheit. Er hat sie gänzlich auf sich genommen, bis hin zu einem ungerechten Prozess und einem gewaltsamen Tod. Dennoch kann man bei ihm niemals das finden, was man eine „Verzerrung des Opferbegriffes“ (s. S. 45) nennen könnte. Alles ist bei ihm vollkommen richtig und liegt ganz im Sinne des Lebens, das es voll und ganz zu leben gilt, was auch immer kommen mag. Sie liegt auch im Sinne der Liebe, die das wieder ins Leben zurückbringt, was tot ist. Nach seiner Auferstehung kehrt er mit offenem Herzen zu denen zurück, die ihn verurteilt, getötet und verraten haben, und lädt sie erneut und immer wieder dazu ein, sich mit ihm auf den Weg zu machen. Er macht das Böse wieder gut, indem er das Leben wählt.

Die Folgen einer Situation, für die wir uns zu Unrecht verantwortlich glauben, wieder gutmachen

Es kommt oft vor, dass man versucht, die schädlichen Folgen einer Situation, einer Begebenheit wieder gutzumachen, für die man überhaupt nicht verantwortlich ist: Man berührt da den Bereich der falschen Schuldgefühle, welche die Ursache für vielerlei Qualen sind. Es wird hier wesentlich sein, zu unterscheiden, ob die Schuldgefühle begründet sind oder nicht, die Werte wieder richtig zu justieren.

Jacqueline hat einen Bruder, der sehr viel weniger brillant als sie. Sie selbst schafft mit Leichtigkeit all ihre Prüfungen, hat eine scharfe Intelligenz. Sie hat deswegen starke Schuldgefühle, vor allem deshalb, weil ihr die Familie stillschweigend vorhält, dass sie ihren Bruder durch ihren Erfolg erdrückt. Mit vierzig Jahren trägt sie große berufliche Verantwortung, die sie sehr effizient versieht. Sie ist jedoch innerlich verwirrt, lebt in einer ständigen inneren Qual, die anderen zu erdrücken, einen Posten an sich gerissen zu haben, der ihr nicht zusteht. Für Jacqueline wird es darum gehen, ihren Weg von dem ihres Bruders zu trennen, die Talente bewusst zu empfangen, die ihr persönlich anvertraut worden sind, die zu entfalten sie den Auftrag hat, sich ihre spezifische Aufgabe wieder anzueignen, vollständig sie selbst zu werden. Es liegt an ihrem Bruder, seine eigenen Talente, die nicht die seiner Schwester sind, zu entwickeln.

Mathilde ist bei der Geburt ihres Babys in eine Depression gefallen, hat mehrere Monate in einer Art Lethargie, einer Unlust zu leben verbracht. Sie weiß sehr wohl, dass ihr Kind nicht so aufgenommen worden ist, wie es hätte sein sollen. Ihr Sohn ist nun ein Jugendlicher. Sie verbringt ihre Zeit damit, sich zu quälen und sich vorzuwerfen, dass sie damals ihre Depression nicht hat überwinden können. Schließlich informiert sie ihn über das, was ihr bei seiner Geburt widerfahren ist. Alle beide nehmen das Ereignis auf sich und vertrauen dem Leben, das wieder anfängt.

Die beherrschende Beeinflussung, die Vereinnahmung

Unter einer beherrschenden Beeinflussung (l'emprise) versteht man die von einem Menschen auf einen anderen ausgeübte, missbräuchliche Macht. Bei einer beherrschenden Beeinflussung werden nicht Identitäten vermischt, sondern es gibt eine Beziehung zwischen einem Beherrschenden und einem Beherrschten. Man findet da häufig die drei Merkmale wieder, die einen Götzen ausmachen: Verführung, Verwirrung, Manipulation. Eine beherrschende Beeinflussung zeigt sich in höchst verschiedenen Formen: Autoritäres Verhalten, Verführung, geistliche und intellektuelle Machtausübung, falsches Einreden von Schuld, der beherrschende Einfluss durch ein Wort, einen Blick, ein schlechtes Verbot, das nicht von Gott kommt, und durch sogenannte „familiäre Leitsätze“[1] ...

Jemand anderem seine persönlichen Ansichten, seine eigene Vorstellung vom Glück, vom Leben aufzuerlegen, zu behaupten, alles von ihm zu wissen, kommt gewissermaßen einem Eindringen in seine Intimität gleich. Es fehlt der Respekt vor den echtesten Wünschen des anderen, seiner Suche nach seiner eigenen Zukunft und nach seiner Besonderheit. Dies bedeutet, ihn seines Raumes zu berauben, seiner Autonomie, seiner Lebensmöglichkeiten.

Man kann einen beherrschenden Einfluss auf jemand anderen ausüben oder sich selbst solchem Einfluss unterordnen. Das ist genauso schlimm, denn dadurch verliert man seinen eigenen Weg; man ist sich selbst nicht mehr treu.

1 Hierbei handelt es sich nicht um Verbote, sondern um eine Art Glaubenssätze, die schwer auf der Freiheit des Individuums lasten, wenn man sie annimmt, ohne sich darüber Rechenschaft abzulegen. Als Beispiel sei folgender Leitsatz gegeben: „Es ist immer gefährlich, sich mit anderen zusammenzuschließen. Jeder für sich.“

Wer dieser Grenze nicht zustimmt, ist sicher, Recht zu haben, akzeptiert die „Grauzone“ nicht, welche die Intimität des andern garantiert und schützt[2], stülpt ihm in der Tat seine Erkenntnisse, seine Gewissheiten über und hält damit einen Sohn, eine Tochter Gottes in der Sklaverei, in Ägypten, zurück. Er fällt in das Land des andern ein und reißt das an sich, was ihm nicht gehört.

Die entartete Dominanz

Es gibt Abstufungen innerhalb der beherrschenden Beeinflussung. Diese ist mehr oder weniger zwingend; doch bei der äußerst zerstörerische Art der Beziehung, die man entartete Dominanz nennt, wird das Opfer zum bloßen Objekt erniedrigt und gewissermaßen die Beute des anderen.

Durch einen Prozess der „moralischen Quälerei“[3], einer Form von psychologischer, sehr hinterlistiger Zerstörung, kann eine Person eine andere ernsthaft aus dem Gleichgewicht bringen. Für gewöhnlich wird den Opfern nicht bewusst, was sie in Wirklichkeit durchleben.

Die Person mit dem entarteten Verhalten beherrscht die Kunst, in ihrem Opfer Schuldgefühle zu wecken. Sie lässt den andern ständig die Verantwortung für das tragen, was nicht gelingt, stellt sich zu keinem Zeitpunkt in Frage und stellt sich selbst als Opfer hin. Sie ist gierig nach Macht, will bewundert, bestätigt werden. Das Opfer wird sehr oft durch die Intelligenz, die Brillanz der Person verführt, die ihr Gewalt antut, die es außerordentlich gut zu manipulieren versteht. Die Gewalt ist äußerst groß und doch verborgen. Sie bricht aber aus, sobald das Opfer sich zu verteidigen sucht. Dieses verliert völlig seine Orientierung, wagt es nicht einmal, sich vorzustellen, dass es ständig Gewalt ausgesetzt ist; es zweifelt andauernd an sich selbst.

Man sollte eine Beziehung nicht zu schnell als entartet, pervers bezeichnen, aber es ist von Bedeutung, sich der Realität bewusst zu werden, den Prozess, der den Täter mit dem Opfer verbindet, zu analysieren und aufzudecken, um dieses aus dem Netz des Tä-

2 A. Wénin. a.a.O. S. 46–47.
3 Siehe M.-F. Hirigoyen. (1998). *Le Harcèlement moral.* Paris: La Découverte et Syros.

ters herausführen zu können. Es ist vor allem wichtig, sich der Art und Weise bewusst zu werden, wie man vom Opfer zum Schuldigen wird, sowie der extremen Verwirrung, die dies im Leben mit sich bringen kann. Die Opfer einer entarteten beherrschenden Beeinflussung müssen sich helfen lassen. Sie müssen den Mut haben, die Schuldgefühle hinter sich zu lassen und sich jemandem anzuvertrauen, der es ihnen ermöglichen wird, klar zu sehen. Sie tragen die Verantwortung dafür, einen gesunden Blick zu gewinnen. Ein Sohn, eine Tochter Gottes wird sich nicht von einer missbrauchenden, zerstörerischen Macht manipulieren lassen und der Lüge des anderen nicht zustimmen. Christus hat sich nie von Gegnern manipulieren lassen, welche die Wahrheit, die Infragestellung ihrer selbst abgelehnt haben, die ihre Zeit damit verbracht haben, ihm Fallen zu stellen und zu versuchen, im Schuldgefühle einzuflössen.

Die Identifikation mit der Unordnung der Vorfahren

Viele leben unter dem beherrschenden Einfluss der Unordnung, die bei gewissen ihrer Vorfahren existiert hat, doch dies bleibt die meiste Zeit ganz und gar unbewusst[1]. Es ist allgemein bekannt, dass Schuldgefühle und Scham, egal ob sie in Worte gefasst werden oder nicht, von Generation zu Generation übertragen werden. Ebenso scheint es, dass einige eine Art Determinismus erleben, der auf ihnen lastet.

Eric kommt zu einem Gespräch und glaubt sich in Gefahr: „Ich bin depressiv. Ich weiß, dass ich Selbstmord begehen werde; ich werde es nicht vermeiden können." Wie ich mit ihm seine Geschichte nochmals durchgehe, kommt zum Vorschein, dass sich sowohl sein Großvater als auch sein Vater und zwei seiner Onkel das Leben genommen haben. Eric ist überzeugt davon, dass er es nicht vermeiden kann, dasselbe zu tun.

Muriel ist alleinerziehende Mutter. Sie erlebt diesen Status als sehr schlecht, obwohl sie zum Ausdruck bringt, ihn sich gewünscht zu

1 A. Ancelin-Schutzenberger. (Mai 1993). *Aïe mes aïeux.* o.O.: Ed. Epi-La Méridienne.

haben. Indem sie in ihrer Geschichte zurückgeht, entdeckt sie, dass drei Generationen von Frauen, von ihrer Urgrossmutter an, ihre Kinder alleine aufgezogen haben, ohne die Gegenwart eines Mannes.

Es kommt häufig vor, dass man sich mit der Unordnung seiner Vorfahren identifiziert, ohne sich dessen bewusst zu sein. Es handelt sich hier im Grunde um eine Belastung, die zur Folge hat, dass man in seinem Leben nicht mehr die handelnde Person ist, nicht mehr frei dazu, seinen besonderen Weg zu wählen. Man wird von einer Last, einem Gewicht niedergedrückt; es zeigt sich kein Ausweg, solange der Ursprung des Übels verborgen bleibt.

Es ist wichtig, die mögliche Unordnung seiner Vorfahren, das Unglück, das sie ereilt hat, ans Licht, in Worte zu bringen, die Art und Weise, wie sie es durchlebt haben, welche Folgen das auf das eigene Leben gehabt und wie man sich mit ihrer Geschichte identifiziert hat. Wenn man sich in seiner eigenen Geschichte im Kreis dreht, ohne sie erhellen zu können, ist es nützlich, seine Vorfahren, die generationenübergreifenden Verbindungen zu betrachten, um zu verstehen, was geschehen ist.

Es ist indessen ratsam, darüber zu wachen, dass diese Suche keine Ausflucht ist, weil man seiner eigenen Verantwortung nicht in die Augen sehen will.

Die Unordnung überträgt sich mit umso mehr Heftigkeit, wenn Geheimnisse im familiären Unterbewusstsein weitergegeben werden. Wenn man ahnt, dass es in der Familie ein Geheimnis gibt, das Ursache einer Störung ist, ist es gut, den Versuch zu machen, es ans Licht zu bringen, wenn dies überhaupt möglich ist. Man muss seine Kinder nicht systematisch über alle Familiengeheimnisse aufklären. Vorsicht ist angezeigt; doch wenn das Kind wirklich auf der Suche ist, sich Fragen stellt, dann kann es dienlich sein, darüber zu sprechen.

„Meine Großmutter hat ein außereheliches Kind gehabt. Sie musste sich verstecken, das Kind weit von ihrem Dorf entfernt aufziehen lassen“, sagt Sebastien, der eine hartnäckige Hautkrankheit hat, die nichts hat lindern können, so als ob sich die Schande auf seinem ganzen Körper offenbarte.

„Mein Vater gehörte zu einer Sportmannschaft. Er hat einen riesigen Fehler im Laufe eines Spiels gemacht und die Mannschaft hat seinetwegen verloren. Er hat sich nie mehr davon erholt, hat sich geschämt und wollte nie mehr zu einer Gruppe dazugehören." Michel leidet sehr unter einer Art Unvermögen, sich einer Mannschaft anzuschließen, und entdeckt auf einmal die Wunde seines Vaters, die er völlig zu seiner eigenen gemacht hat.

„Man hat mir gesagt, mein Großvater sei an einem Herzversagen gestorben", erklärt Jean-Pierre, „doch in Wirklichkeit hat er Geld unterschlagen und Selbstmord begangen." Jean-Pierre, der von peinlich genauer Ehrlichkeit ist, hat eine krankhafte Panik vor einer Steuerkontrolle. Vergeblich versucht er sich von dieser Angst, die völlig unsinnig ist, zu befreien. Jetzt versteht er, wie sie sich in ihm hat festsetzen können.

Die Begehrlichkeit

Du sollst nicht nach der Frau deines Nächsten verlangen, und du sollst nicht das Haus deines Nächsten begehren, nicht sein Feld, sein Rind oder seinen Esel, nichts, was deinem Nächsten gehört (Dtn 5,21). Die Begehrlichkeit besteht darin, das haben oder sein zu wollen, was der andere hat oder ist, anstatt sich von seinem eigenen Potential her aufzubauen. Es handelt sich hier um eine Art Entfremdung, deren Folgen entweder zu einer mörderischen Rivalität oder zur Selbstabwertung führen, also zwei Wegen der Zerstörung und Selbstzerstörung. Die Selbstabwertung kann freilich auch andere Wurzeln haben als die Begehrlichkeit.

Wenn man der Begehrlichkeit verfallen ist, steuert man auf eine Identität, einen Platz zu, der nicht der eigene ist: Das eigene Verlangen kann sich nicht entfalten, da man ja auf ein illusorisches Ziel ausgerichtet ist: wie der andere zu sein oder das zu haben, was er hat. Man „schielt" auf die Gaben und Talente des anderen und hält dabei seine eigenen für verachtenswert. Dies ist eine Beleidigung der Schöpfung, der Gaben Gott; es ist eine Form des Vergrabens seiner eigenen Talente.

Hinter der Begehrlichkeit steckt die Illusion, dass man sich von den vermuteten Reichtümern des anderen her wird entfalten können: Man „nährt“ sich also von dem, was einem nicht gehört, was nicht für einen ist, was einem anderen gehört, anstatt sich von seinem eigenen Kapital, seinen eigenen Möglichkeiten her aufzubauen.

Es erscheint sinnvoll, die Begehrlichkeit von dem zu unterscheiden, was man „das Erwachen“ nennen könnte. Hierbei entdeckt man beim andern eine Seinsweise, eine Art, das Leben anzugehen, eine Stärke, eine Art von Gabe, welche die Tür zu neuen Möglichkeiten aufstößt: Man ahnt, dass es da eine Spur des Lebens gibt, der man gerne folgen würde, welche sich vor einem auftut. Man versucht nicht, dem andern etwas zu rauben, noch ihn zu überholen. Wer etwas Gutes in seinem Leben entdeckt hat, übermittelt es so an andere, ohne es selbst zu wissen. Dies gehört zur menschlichen Geschwisterlichkeit, zum Teilen, zu einer Art, sich zu verschenken, das Beste von sich zu geben.

Wir finden hier die verschiedenen Funktionen des Wortes Gottes wieder. Es zeigt die großen Richtlinien des Lebens auf, ist aber auch ein lebendiges Brot, das jedem auf den Weg mitgegeben wird.

Wichtige Wegweisungen zum Schutz der Einzigartigkeit

Jeder Mann, jede Frau trägt das Gesetz *der Einzigartigkeit, der besonderen Identität jeder Person* in sich selbst, tief ins Herz seines Wesens eingraviert. Man findet es in der Bibel klar ausgedrückt wieder. Das Wort Gottes wird einem helfen, dieses Gesetz in die Tat umzusetzen, alle Auswirkungen unserer Art und Weise mit Beziehung umzugehen, zu begreifen, sich selbst zu bleiben und zugleich die Freiheit und Identität des anderen zu respektieren.

Gottes Wort erlaubt es einem, den Weg zu entdecken, der zur Differenziertheit, zur Fruchtbarkeit der Beziehung führt: Es handelt sich da um eine universelle Unterweisung.

Von seiner Erschaffung an wird der Mensch über die Wege unterrichtet, die es ihm ermöglichen werden, sich von anderen zu unterscheiden. Das Wort Gottes wird gleich die erste Beziehung berühren, die er kennt, seinen Bezug zu den Erzeugern, den Ort, wo alles anfängt: die Beziehung zum Vater und zur Mutter.

Zwei wesentliche Anweisungen werden ihm gegeben: *Darum*

verlässt der Mann Vater und Mutter und bindet sich an seine Frau, und sie werden ein Fleisch (Gen 2,24). *Ehre deinen Vater und deine Mutter, wie es dir der Herr, dein Gott, zur Pflicht gemacht hat, damit du lange lebst und es dir gut geht in dem Land, das der Herr, dein Gott, dir gibt* (Dtn 5,16).

Jesus ist äußerst klar in Bezug auf die Frage der Beziehungen zur Familie. Seine Worte sind schockierend und werden oft arg falsch verstanden: *Wer Vater oder Mutter mehr liebt als mich, ist meiner nicht würdig, und wer Sohn oder Tochter mehr liebt als mich, ist meiner nicht würdig* (Mt 10,36).

Marie Balmary zeigt uns die Bedeutung dieser Worte auf[1]: Wer sich lieber auf Dauer nicht unterscheiden will, wer in der Vermischung verharren möchte, statt eine angemessene, innere Trennung zu erleben, die es einem jeden erlaubt, seinen eigenen Weg zu verfolgen, indem er sich vom Heiligen Geist inspirieren lässt, der ist meiner nicht würdig.

In einem großartigen Kommentar zu den zehn Geboten erklärt Daniel Sibony, dass seinen Vater und seine Mutter zu ehren darin besteht, ihnen die Wichtigkeit ihrer Geschichte, ihr Maß an Verletzungen zuzugestehen, ohne sich deswegen ihren vielleicht ungeordneten Wünschen unterzuordnen: Jeder soll seiner eigenen Bahn folgen und gleichzeitig die des anderen respektieren; wir ehren sie vor allem als die, welche das Leben an uns weitergegeben haben[2].

Die ganze Bibel erzählt uns die Geschichte eines Volkes, das dazu aufgerufen ist, mutig seine Identität zu entdecken, Ägypten, den Einflussbereich Pharaos, zu verlassen, um in seine Freiheit einzugehen und auf den vorgeschlagenen Bund eine Antwort zu geben. Die Episode mit dem Turm zu Babel will uns zu verstehen geben, dass der Ewige diejenigen zerstreut, welche versucht sind, „das Gleiche" zu leben, welche die Differenzierung ablehnen. Jesus richtet eine Frau wieder auf, die seit achtzehn Jahren gebeugt ist, und lädt so jeden, jede ein, sich wieder aufzurichten, nicht vor einer missbräuchlichen Macht gebeugt zu bleiben (Lk 13,10–18). *Sohn und Frau, Bruder und Freund, lass sie nicht herrschen über*

1 M. Balmary. (1986). *Le sacrifice interdit*. Paris: Grasset. S. 96.
2 D. Sibony. (1992). *Les Trois Monothéismes*. Paris: Ed. du Seuil. S. 329–334.

dich, solange du lebst [...]. Solange noch Leben und Atem in dir sind, mach dich von niemand abhängig ... (Sir 33,20–21)!

Das tägliche Brot für jeden auf seinem Weg

Gott ist der Schöpfer; er wird die Identität eines jeden seiner Kinder bestätigen. Diejenigen, die ihre Orientierungspunkte verloren haben, können Gott darum bitten, sie gewissermaßen in ihrer besonderen Identität aufs Neue zu „gebären". Der Heilige Geist wird sie zu inneren Wegabschnitten führen, die es ihnen erlauben werden, sich in ihrem *Namen* zu verwurzeln.

Das Wort Gottes versichert ihnen, dass sie nicht in der Anonymität verloren sind, dass sie dazu eingeladen sind, eine persönliche Beziehung mit dem lebendigen Gott einzugehen. Es nährt sie, stärkt sie, lässt sie die Möglichkeit einer Beziehung entdecken, die ihre Freiheit und die des anderen respektiert: die Beziehung des Reiches Gottes.

Am Teich von Betesda (Joh 5,1–18) beginnt Jesus ein Gespräch mit einem gelähmten Mann, der seit achtunddreißig Jahren auf seiner Matte liegt. Dieser Mann hat keinen Namen, er ist eine Nummer unter anderen, völlig isoliert, ohne irgendeine Hilfe. Jesus schaut ihn so an, wie das keiner je zuvor getan hat: als eine lebendige, eigene Person, mit ihrer besonderen Geschichte, ihrem Werden. Ein Dialog entsteht, so als ob Jesus nur das zu tun brauchte. Er hält ihn für fähig, der erstaunlichen Einladung beizustimmen, die er an ihn richtet: *Steh auf, nimm deine Bahre und geh!* Und in der Tat *nahm [er] seine Bahre und ging.* Seine Lebenskraft ist wieder voll aufgewallt, sobald er gemerkt hat, dass er für jemanden zählt.

Zachäus ist ein Steuereintreiber (Lk 19,1–10), Oberhaupt der Zöllner, in schlechtem Ruf bei seinen Landsleuten. Da er klein ist, wird er von der Menschenmenge daran gehindert, den vorbeigehenden Jesus zu sehen; so klettert er auf einen Baum. Jesus blickt auf, sieht ihn und lädt sich bei ihm zum Essen ein. Er begegnet ihm mitten in seinem Leben, seinem Beruf und antwortet mit einer Geste des Vertrauens und der Freundschaft auf sein Verlangen. Er hält ihm keine Rede, macht keine moralisierenden Bemerkungen. Zachäus ist zutiefst berührt; er, der als Dieb, Betrüger gilt, im Dienste der Besatzungsmacht steht, wird von jemandem wie Jesus geachtet und geehrt. So findet er das wieder, was tief in seinem Inneren rein und aufrecht geblieben ist, was er wirklich ist, was er werden soll. Er „kehrt sich völlig um", obwohl nichts von ihm gefordert worden ist: *Herr, die Hälfte meines Vermögens will ich den Armen geben, und wenn ich von jemand zu viel gefordert habe, gebe ich ihm das Vierfache zurück.* Zachäus wird wahrscheinlich in seinem Beruf weitermachen, aber auf andere Weise. Jesus wendet sich immer an das Einzigartige, Unersetzliche in seinem Gesprächspartner. Das bewirkt dann die Erschütterung des gesamten Wesens. So führt er den Mann oder die Frau, denen er begegnet, auf ihr „Ich", ihre Autonomie zurück, um sie danach in die Welt, den Dienst, die Hingabe zurückzusenden.

Dem Gesetz der Einzigartigkeit begegnen – in der Geschichte einer Person, in ihrer Gegenwart

Der Abstieg

All diese Zustände der Fusion, der Verwirrung der Rollen, der beherrschenden Beeinflussung, der Begehrlichkeit bringen Angst, tiefgehende Unsicherheit, Furcht, inneren Aufruhr, falsche Schuldgefühle, oft auch Hoffnungslosigkeit und Ohnmachtsgefühle mit sich: Viele haben den Eindruck, dass sie da nie wieder herauskommen werden. Aber in der Gnade Gottes kann die Freiheit wiedergefunden werden. Es geht nicht darum, aufgrund des erkannten Tatbestandes zu verzweifeln, sondern damit zu beginnen, sich auf den Weg zu machen, das Unbestimmte, das Verschwommene hinter sich zu lassen, indem man die Realität, die man erlebt, „in Worte fasst".

Die Verletzung anerkennen

Das ist der Zeitpunkt, sich die sehr einfachen Fragen zu stellen, die den Weg der Evangelisierung bis in die Tiefen des Herzens abstecken: Was habe ich erlebt, was ist mir widerfahren? Was hat mich zutiefst gezeichnet? Welche Verletzungen sind mir zugefügt worden? Welche Folgen haben sie auf mich gehabt?

Die eigene Reaktion auf die Verletzung in Worte fassen – Das Ende des Abstiegs

Wie habe ich auf eine verschlingende Fusion reagiert, auf eine Erpressung mit Gefühlen, die in mir ständig Schuldgefühle hervorgerufen hat, auf eine unerträgliche beherrschende Beeinflussung, auf die Vorliebe eines Elternteils für meinen Bruder oder meine Schwester, den Vergleich mit einer schöneren oder intelligenteren Schwester, auf die Abwesenheit des Vaters ...? Welche Richtung habe ich daraufhin eingeschlagen, um die Verletzung zu überwinden? Habe ich sie bewusst bis ans Ende durchlebt oder sie umgangen? Habe ich etwa, ohne es zu wissen, das Gesetz der besonderen Identität eines jeden Menschen übertreten?

Sich seinen Emotionen stellen

Ein Zustand der Fusion, der Verwirrung der Rollen, der beherrschenden Beeinflussung, der Begehrlichkeit bringt gezwungenermaßen beim Opfer sehr starke Emotionen mit sich. Empörung, Wut, Hass schwelen oft vor sich hin oder brechen je nachdem aus gegenüber der Person, die einen daran hindert zu leben.

Diese starken Gefühle sind oft sehr tief vergraben. Der- oder diejenige, die sich in der Verschmelzung oder unter einem beherrschenden Einfluss eingeschlossen erfährt, wagt es nicht, diese Emotionen an die Oberfläche kommen zu lassen. Man hat die Gewohnheit angenommen, alles für sich zu behalten, da ja das Ausdrücken von Gefühlen soviel wie verboten ist. Sehr oft werden sie einem nicht einmal bewusst. „Ich habe den Eindruck, eine schlummernde und eingerollte Wildkatze tief in meinem Inneren zu haben“, sagt André, der einen unerträglichen Machtmissbrauch durch seinen Vater erlebt hat und von einer schweren Krankheit betroffen ist. „Bis heute ist mir das absolut nie bewusst geworden. Ich weiß noch nicht, was ich damit machen werde, aber zumindest weiß ich, dass die Wildkatze in mir schlummert.“

Oft verbirgt sich hinter dem innern Aufruhr ein großes, namenloses Leiden: So verhält es sich bei einem Kind, das Opfer einer Fusion oder eines beherrschenden Einflusses gewesen ist, das zu Unrecht für das, was es ist, verkannt, geringgeschätzt, nicht um seiner selbst willen geliebt worden ist. Es weiß nicht, was echte Liebe ist, die zur Freiheit führt, die den Wünschen des anderen Raum gibt. Es lebt unter der ständigen Bedrohung, verschlungen, erdrückt oder zurückgewiesen zu werden: Es denkt, dass Liebe gefährlich ist. Es umgibt sich mit einer Art Schutzwall, es schirmt sich ab gegenüber dem Überfallenwerden, oder es zieht sich in sich selber zurück.

Die legitime Forderung – die Klage – kann sich nicht ausdrücken. Sollte dies aber doch der Fall sein, wird sie entweder geleugnet oder findet kein Gehör, wird mit bitteren Vorwürfen erwidert. Es kommt häufig vor, dass man in der Angst lebt, nicht wirklich sich selbst zu sein, nicht das werden zu können, was man ist, verbunden mit der tiefgehenden Unsicherheit, die daraus hervorgeht – dies vor allem im Fall der Fusion oder bei verworrenen Rollenverhältnissen.

Wenn die Emotionen vergraben sind, wird es notwendig sein, ihnen ins Gesicht zu sehen und sie in Worte zu fassen, denn diese Gefühlswallungen sind wie ein schlummernder Vulkan, der aber jeden Augenblick explodieren kann. Er breitet seine Lava im ganzen Organismus aus und bis in den Körper hinein, der schwer befallen sein kann.

Es kann aber auch sein, dass man eine extreme Heftigkeit mit sich herumträgt, die bis zum Hass gehen kann, die ganz und gar erkannt, ans Licht gebracht ist, aber mit der man nicht umzugehen weiß, weil man in der Ohnmacht gefangen ist: Man sieht keinen Ausweg aus seiner Situation.

Auf diese Art und Weise können die vergrabenen oder ans Licht gebrachten Emotionen, mit denen man nicht fertig wird, die man nicht besänftigen kann, die Person daran hindern, Zugang zu ihrer wirklichen Identität zu finden. Diese Emotionen konzentrieren dann die Aufmerksamkeit auf eine Verletzung und auf deren Ursache. So kann es vorkommen, dass man sich eine Pseudo-Identität schafft: Man identifiziert sich mit seiner Verletzung, seinem Leiden oder auch mit der Person, deren Verhalten die Emotion ausgelöst hat.

Umgekehrt bauen sich welche in einer Art „Gegenreaktion“ auf, um zu vermeiden, wieder mit dem Leiden konfrontiert zu werden, als Opposition zum andern oder einem Ereignis und nicht von ihren eigenen Ressourcen ausgehend.

Eric definiert sich als einen Intellektuellen und betreibt keinen Sport mehr, weil er bei einer körperlichen Aktivität eine tiefe Demütigung erlitten hat.

Elisabeth versucht mit allen Mitteln, nicht ihrer Mutter zu gleichen, und nimmt systematisch das Gegenteil ihrer Verhaltensweisen an.

Auf diese Weise wird einem bewusst, wie wichtig es ist, sich seinen Gefühlen zu stellen, um wieder den Zugang zu seiner tiefen Sehnsucht zu finden. Sie können Steine darstellen, die den Zutritt zur Identität versperren.

Sobald die Anweisung, sich selbst zu werden, in seiner Freiheit, seiner Identität zu wachsen, gehört, aufgenommen und empfangen wird, wie ein Aufruf an das Leben, der jede Tochter und jeden Sohn Gottes auf präzise und fordernde Art und Weise betrifft, gelangen wir wieder zu Kräften. Wir haben die Richtung, die Wahrheit wieder gefunden; wir verstehen, dass wir einen Weg des Todes eingeschlagen haben; wir sehen klar den Weg des Lebens. Wir haben die Gewissheit, dass der Ausweg schon greifbar nahe ist, dass wir fähig sein werden, dieser Aufforderung zum Leben zuzustimmen, denn Gott ist da, um uns beim Erleben dieses Auferweckt-Werdens (Ostern) zu helfen.

Dann konzentrieren sich die Lebenskräfte auf dieses Ziel, sie gehorchen der Dynamik des Heiligen Geistes und nicht mehr der des Götzen. Die Energie, die wir in den vergrabenen Gefühlen oder dem fruchtlosen inneren Aufruhr verloren haben, wird wieder erlangt und auf das Leben hin ausgerichtet werden können.

Der Wiederaufstieg

Die Zustimmung zum Lebensgesetz: Sie ist jetzt möglich.

Reue

Wir werden die Reue in der Herztiefe erleben, in einer Beziehung von Herz zu Herz mit Christus. Gott ruft uns zur Freiheit, und wir haben es nicht gewusst. Er lädt uns dazu ein, unsere Identität zu entfalten, und wir haben unser Leben begrenzt. Die Entdeckung des Götzendienstes, den wir gelebt haben, indem wir in der Fusion, der Verwirrung, der beherrschenden Beeinflussung und der Begehrlichkeit geblieben sind und uns nun bewusst werden, dass wir unsere Orientierungspunkte verloren haben, das ist oft ein sehr schmerzhafter, aber gleichzeitig auch freudvoller Augenblick.

Vergessen wir niemals, dass die Zeit der Reue, auch wenn sie den Schmerz so vieler Jahre der Unwissenheit, des Umherirrens mit einschließt, gleichzeitig eine Zeit der großen Freude ist. Die Reue wird von der Freude der Rückkehr überstrahlt (Lk 15,4–7; 15,24).

Übrigens: Wenn wir bereuen können, dann deshalb, weil wir damit beginnen, uns aufzurichten: Der Weg des Todes ist ans Licht gebracht worden; die Zuversicht, dass ein Ausweg möglich ist, flösst wieder Mut ein. Von da an lassen wir die zur Verzweiflung bringende Ohnmacht, den Irrglauben, unangebrachte Schuldgefühle hinter uns, und wir wissen, wo sich das Leben findet. So betrachtet ist die Reue Quelle einer wirklichen Lebenskraft.

Was soll man bereuen?

Es ist wesentlich, dass die Bewegung der Reue richtig, genau ist. Sie setzt voraus, dass der Fehler und die Unordnung, die sich bei einer Missachtung des Gesetzes der Einzigartigkeit in einem einwurzeln, in Worte gefasst werden.

Die Reue erstreckt sich also nicht nur auf das Symptom, den Freiheits-, den Identitätsverlust, sondern in erster Linie und hauptsächlich auf den Götzendienst. Wir wussten nicht, dass wir falschen Göttern dienten. Doch jetzt wissen wir es und können nicht in diesem Zustand bleiben. Darum werden wir ihn bereuen, um ihm anschließend absagen zu können.

Wir wussten nicht, dass wir in großer innerer Unordnung waren. Christus, der die Tiefe unseres Herzens kennt, weiß, dass wir gelitten und dass wir unser Möglichstes getan haben, um zu leben, indem wir vergeblich den Weg gesucht haben, der zum Leben führt. Die zerstörerischen Folgen der Begehrlichkeit waren uns nicht bewusst; wir dachten nicht, dass es Ungehorsam einem Lebensgesetz gegenüber sein könnte, sich unaufhörlich mit dem anderen zu vergleichen und sich selbst geringzuschätzen. Wenn man die Schönheit des Identitätsgesetzes, den wunderbaren Aufruf zum Leben, den es darstellt, sich zu Eigen gemacht, in sich aufgenommen hat, dann kann man bereuen, es verkannt zu haben.

Die Absage

Der Gehorsam einer Anordnung Gottes gegenüber: Quelle der Kraft und des Lebens

Diejenigen, welche die Vermischung der Identität, die Verwechslung von Wegen, das Erdrücktwerden, die Selbstentfremdung im Vergleich mit anderen erlebt haben, haben ihre Orientierungspunkte verloren. In einer gut geordneten Familie ist es der Vater – oder zumindest die väterliche Funktion der Mutterliebe, wenn der Vater zuhause abwesend ist –, der die Ordnung wiederherstellen muss, eine wirkliche Ordnung entsprechend der Anordnung Gottes. Es ist seine Verantwortung, dem Kind das klarzumachen, was man das Verbot des Inzests nennt: Das Paar soll sich zwischen dem Vater und der Mutter bilden, und nicht zwischen einem Kind und einem Elternteil. Es liegt auch am Vater, die geschlechtliche Identität des Jungen oder des Mädchens zu bestätigen, die Verwechslung der Rollen, der Wege zu verhindern, eine Autorität auszuüben, die zur echten Freiheit führt, und die Fallen der Bevorzugung und der Vergleiche zu vereiteln.

Viele Väter sind verletzt, so wie alle andern Menschen auch, und die Orientierungspunkte sind nicht an dem Platz, an dem sie sein sollten. Gott wird die Dinge wieder in Ordnung bringen. Wer seine Orientierungspunkte verloren hat, wird also vor allem der

Anordnung Gottes „gehorchen". Das Kind hat darunter gelitten, keine echte Liebe gekannt zu haben. Die Liebe hat für es etwas Bedrohliches. Doch es muss von jetzt an und in erster Linie die richtige „Verordnung" des Lebens wiederfinden, dem Folge leisten, was zu leben von ihm verlangt wird, um sich selbst zu werden.

Für viele wird der Gehorsam einer (An-)Ordnung Gottes gegenüber, die auf einer anderen Ebene liegt als das Wort eines verletzten Menschen, eine mächtige Hilfe sein, um Stellung beziehen zu können. Das Bewusstwerden, dass sie sich im Götzendienst befinden, ist ein Schock, wenn auch ein gewinnbringender. Sie kennen die Natur ihres Übels, werden dessen Wurzel erreichen und sie der Gnade öffnen können.

Wenn man die Orientierungspunkte des Lebens wiedergefunden hat, kommt die gute Nachricht, dass man nicht sein Leben lang dazu verurteilt ist, an den Folgen einer Unordnung zu leiden. Man ist mit Nachdruck dazu aufgerufen, einen Weg der Freiheit, der Reife, der Differenzierung zu wählen, einen Ausweg des Lebens in seinem Umfeld zu finden. Daraus folgt dass dieser Wegabschnitt für jeden und jede in Reichweite ist, welcher Art auch immer der Zwang sein mag, dessen Opfer man war oder ist. Es kann da keinen Mangel an Gnade geben (Dtn 30,11–14).

Hinsichtlich der Einladung, dem Lebensgesetz zuzustimmen ist das, was den Menschen unmöglich ist, für Gott möglich. Jeder Mensch hat die Fähigkeit, einem Weg des Todes abzusagen, wenn er um diese Gnade bittet und sie empfängt.

Welcher Sache absagen?

Der Wurzel der Unordnung, dem Götzendienst, jener Form der Übertretung des Lebensgesetzes, die man in Worte gefasst hat, und auch dem möglichen geheimen Einverständnis. Doch das genügt nicht. Damit die Absage ihre ganze Frucht trägt, muss sie sich auf eine sehr präzise Sache beziehen: Die Personen, die in einem Zustand der Fusion leben oder die sich einer beherrschenden Beeinflussung unterworfen haben, sind wie in den Maschen eines Netzes gefangen; es ist wichtig, die Dinge deutlich beim Namen genannt zu haben, um zu wissen, welcher Sache genau abzusagen ist. Im Falle einer Verschmelzung zum Beispiel wird man der Verführung absagen oder der Angst, die Ursache für das Leiden des andern zu sein ... Bei einer beherrschenden Beeinflussung kann sich die Absage auf den irrigen Glauben erstrecken, dass man unfähig zu einem persönlichen Gedanken, einem freien Wort sei ...

Der Übertretung, dem falschen Weg abzusagen ist unerlässlich, unumgänglich. Die Absage muss auf energische und klare Art und Weise geschehen. Wir leben das in der Herztiefe. Dies ist der Augenblick, um die Gabe der Kraft zu bitten und sie zu empfangen. Zum Zeitpunkt der Absage ist es gut, sich daran zu erinnern, dass es nutzlos ist, sich zu fragen, wie man wohl die neue Verhaltensweise wird in die Tat umsetzen können. Zuerst geht es um die Entscheidung, die Tiefe der Entschlossenheit: „Ich will; ich weiß nicht, ob ich kann, aber ich gehorche und vertraue."

Der Akt der Absage wird Rückwirkungen auf das Umfeld haben, insbesondere auf die Angehörigen, die mit einem unerwarteten Verhalten konfrontiert sein werden. Es ist dann wichtig, den eingeschlagenen Kurs zu halten, ohne dass es zu einem Bruch in der Beziehung kommt. Durch das Leben im Heiligen Geist und mit Hilfe einer regelmäßigen Begleitung wird sich das Gleichgewicht wiederherstellen.

Es ist notwendig, die Absage jeden Tag aufs Neue zu vollziehen, da der Weg zurück eine große Wachsamkeit erfordert. Jeder, jede wird eine persönliche Falle vereiteln müssen. Die unvermeidlichen Rückfälle sind Gelegenheiten zur Vertiefung und nicht der Entmutigung.

Die Hindernisse

Sie ans Licht zu bringen wird dabei helfen, den Gegenstand der Absage genau zu definieren. Das erste Hindernis, dem man beim Akt der Absage begegnet, ist wahrscheinlich die Angst. Um der Angst die Stirn bieten zu können, ist es notwendig, sie genau zu benennen.

Die Angst vor seinem eigenen Unvermögen: „Ich werde nie den Mut haben, ganz bewusst einen Schritt zu tun. Ich werde da nie herauskommen", sagt Olivier. „Meine Mutter wird wie immer gewinnen." Dies ist der Augenblick, sich daran zu erinnern, dass Jesus Christus den Tod überwunden hat, dass er gekommen ist, um *den Gefangenen die Entlassung [zu] verkünden und den Blinden das Augenlicht; damit [er die] Zerschlagenen in Freiheit setzt* (Lk 4,18). Jesus sagt: *Habt Mut, denn ich habe die Welt überwunden,* den Geist der Welt, das Gefühl des Unvermögens, das in euch ist. *Nichts von dem, was ich sage, lässt lange auf sich warten; was ich sage, geschieht*, sagt der Herr (Ez 12,28). Wenn wir treu und wachsam sind, werden wir ohne Zweifel die Gnade erhalten, in die Freiheit des Herzens einzugehen.

Die Angst vor der Gewalt: Wer die Entscheidung trifft, dem Wort des Lebens zuzustimmen, seine echtesten Wünsche an die Oberfläche kommen zu lassen, sie zumindest teilweise zu verwirklichen zu suchen, sein Verlangen nicht mehr im Keim zu ersticken, riskiert, Zusammenstöße auszulösen, Konflikte, neues Anpassen in der Beziehung und muss einer möglichen Gewaltreaktion widerstehen: der eigenen, die man vielleicht nicht wird kontrollieren können, oder der des andern, die man auf sich zu nehmen lernen muss. Doch in dem Maße, in dem man einen möglichen Ausweg, die Möglichkeit aufzustehen ahnt, wird sich die Gewalt nach und nach in eine schöpferische Kraft umwandeln, die einen dann befähigen wird, der Möglichkeit eines Konfliktes gelassener ins Gesicht zu sehen.

Die Angst, den andern zu enttäuschen: Wer nicht mehr bedingungslos der Erwartung des anderen entspricht, riskiert, von seinem Podest zu fallen, nicht mehr die ideale Ehefrau oder der ideale Ehemann, der gute Sohn oder die vorbildliche und liebevolle Tochter zu sein. Zu akzeptieren, dass man den andern enttäuscht, weil man einen wesentlichen Weg des Lebens einschlägt, ist eine mutige Handlung, ein Akt des Gehorsams dem Heiligen Geist gegenüber, eine wirkliche Trauerarbeit. Um jeden Preis Zustimmung erhalten zu wollen ist ein Hindernis für die innere Freiheit und führt zu einer Form, sich beherrschender Beeinflussung zu fügen.

Die Angst, zu entdecken, dass die Eltern nicht immer Recht hatten, dass sie sich geirrt haben. Sie haben jedoch ein Anrecht auf eigene Verletzungen.

Die Angst, schuldig zu sein: Falsche Schuldgefühle erschweren oft den Akt der Absage. Die Verschmelzung und die Unterwerfung unter die beherrschende Beeinflussung werden dem Kind meistens als eine Pflicht dargestellt. So verliert es seine Orientierungspunkte: Wenn ich die Wahl treffe, in meine innere Freiheit hineinzugehen, werde ich mich (eventuell) für die Tränen, das Leiden des andern, für seine Depression, seine Krankheit, ja vielleicht seinen Tod verantwortlich fühlen. Viele sind in den Netzen einer geschickten Erpressung durch Gefühle gefangen. Einige halten sich wahrhaftig für potentielle Mörder: Der andere wird schwer krank werden oder sterben, wenn ich meine Freiheit einfordere; das kann ich nicht ertragen, ich ziehe es vor, mich nicht zu rühren.

Falsche Schuldgefühle werden entlarvt, sobald man die lebenswichtige Bedeutung des Gesetzes der Einzigartigkeit versteht. Die Worte der Bibel, die Botschaft und das Leben Christi, die die Grundlage dieses Gesetzes sind, sind diesbezüglich sehr klar. Es ist dann leicht verständlich, dass man sich in großer innerer Unordnung befindet. Sich von dem Wort der Wahrheit zu ernähren, die lügenhafte Glaubensüberzeugung aufzuspüren, auf der man seine Identität begründet hat oder sie hat begründen lassen, sich in der Gewissheit zu festigen, dass man der Lebensordnung gehorcht, beruhigt, schafft Sicherheit, gibt Kraft und Mut für den Weg. Es stimmt, dass es Fälle gibt, wo die Situation unverändert bleibt: doch die richtige Bewegung, die es zu vollziehen gilt, besteht jedenfalls in erster Linie darin, für sich selbst den Weg des Lebens wiederzufinden.

Für einige wird dies der Ort eines wirklichen geistlichen Kampfes sein. Das Gefühl der Schuld ist oft tief in der Psyche eingeschrieben. Dies ist eine furchtbare Falle; aus dem Opfer wird man zum Schuldigen. Sich von den falschen Schuldgefühlen loszulösen ist ein richtiger und guter Kampf, ein Kampf um das Leben.

Die Angst, den sogenannten Sekundärnutzen (Leidensgewinn) zu verlieren: Was würde ich verlieren, wenn ich meine Freiheit ergriffe? Welchen Dingen würde ich mich aussetzen? Bin ich bereit dazu, den scheinbaren Frieden zu verlieren, die trügerische Abwesenheit an Konflikten? Welches neue Verhalten – auch des andern – werde ich auf mich nehmen müssen, wenn ich meine Freiheit ergreife?

Indem wir der Angst nachgeben, in welcher Form sie auch auftreten mag, werden wir ein *Helfershelfer* der Unordnung des anderen.

An dieser Stelle ist daran zu erinnern, dass der Absage eine Trauerarbeit folgt, die wir in der lebendigen Gegenwart Christi durchleben werden, und die Sache, der wir absagen, ganz klar bestimmt sein muss: die Trauer über eine falsche Sicherheit, über den täuschenden Frieden, den Götzendienst, dessen Objekt man war, über die Illusion, die Verführung ... Die Trauer wird zur tiefen Annahme aller Arten von Verlusten führen und sich im Anhangen am Leben des Auferstandenen zum erneuerten Leben fortsetzen.

Wege des Lebens

Wie dem Akt der Loslösung den richtigen Platz beimessen?

Und der Verstorbene kam heraus, gebunden mit Grabtüchern an Füßen und Händen, und sein Gesicht war verhüllt mit einem Schweißtuch. Jesus spricht zu ihnen: Löst die Binden und lasst ihn gehen (Joh 11,44).

Der Akt der Loslösung (Ent-bindung) wird im Laufe des Weges der Befreiung von der Fusion, der beherrschenden Beeinflussung und von allen möglichen Verwirrungen in der Beziehung vorgeschlagen. Es ist eine Art und Weise, wieder in Ordnung zu kommen, seine Identität wiederzufinden.

Der Akt der Loslösung ist bereits im ersten Band der „Evangelisierung bis in die Tiefen des Herzens" näher untersucht worden[1], aber die Erfahrung aus den Begleitungen hat gezeigt, dass es notwendig ist, das Thema erneut aufzunehmen. Es gilt, seine wirkliche Bedeutung nochmals in Erinnerung zu rufen, es zu lernen, ihn richtig zu vollziehen, indem man klar bestimmt, wovon man sich loslöst, und dass man ihn so oft wie nötig aufs Neue vollzieht. Der Akt der Loslösung ist einfach und trägt reichlich Frucht. Er kann folgendermaßen formuliert werden: „Heute löse ich mich von den Schatten und der beherrschenden Beeinflussung los, die der andere, wer er auch immer sein mag – Eltern, Ehepartner, Kinder, eine Beziehung, Vorgesetzter im Beruf –, auf

1 S. Pacot. *Evangelisierung bis in die Tiefen des Herzens*. S. 82–83.

mich ausübt (oder hat ausüben können), und ich lasse ihn seines Weges im Segen Gottes ziehen." So löst man sich von der Wirkung, die das Verhalten des anderen auf mich haben kann (oder hat haben können). „Ebenso löse ich den andern los von den Schatten oder der beherrschenden Beeinflussung, die ich auf ihn oder sie habe ausüben können (indem ich sein Helfershelfer geworden bin, Dinge nicht ausgesprochen habe, ihn oder sie einfach habe gewähren lassen ...), und ich nehme für mich das Recht in Anspruch, frei meinen Weg an der Hand Gottes zu gehen."

Es ist jedoch wichtig, diesen Akt richtig einzuordnen. Der Akt der Loslösung ist ein Akt der inneren Trennung, der weder den Ausschluss des andern, noch Spaltung, noch Bruch der Beziehung, noch das Verlassen des andern mit sich bringt (auch wenn sich manchmal eine geographische Trennung aufdrängt). Der Akt der Loslösung erlaubt es, das zu verlassen, was man unbedingt verlassen muss, wenn man in seine innere Freiheit eintreten will: die Unterwerfung unter das, was der andere verlangt; die Tatsache, vom andern besessen zu werden oder sich vor ihm zu beugen; den Wunsch nach Identifikation, nach Unterschiedslosigkeit.

Der Akt der Loslösung wird in der Herztiefe vollzogen und braucht selbstverständlich nicht vor dem oder der Betroffenen ausgesprochen zu werden. Es ist eine innere Entscheidung, die einen wichtigen Wegabschnitt kennzeichnet. Sie wird im Gebet und in der Gnade Christi erlebt: Das ist der Augenblick, in dem wir die Knechtschaft verlassen, uns dafür entscheiden, von unserer inneren Freiheit wieder Besitz zu ergreifen, einer Anordnung Gottes gehorchen und unser Leben wieder in Ordnung bringen.

Wir vollziehen diesen Akt auf entschlossene Art und Weise an einem bestimmten Tag und zu einer bestimmten Stunde. Aber es ist gut, ihn jeden darauffolgenden Tag zu wiederholen – zum Beispiel in der Form der Danksagung –, sollten wir das Gefühl haben, dass dies notwendig sei, oder wenn wir uns in Schwierigkeiten befinden. Wir lösen uns nicht bei jeder Gelegenheit von irgendjemandem und auf irgendeine Weise. Dieser Akt wird lange im Gebet vorbereitet.

Die Loslösung, so wie jeder andere innere Akt auch, der auf dem Weg der Evangelisierung bis in die Tiefen des Herzens vollzogen wird, ist kein Patentrezept. Jedes Mal, wenn er vollzogen wird, muss er vertieft werden. Die Fusion, die beherrschende Beeinflussung, die Verwechslung der Rollen, die Identifikation mit dem andern kann verschiedene Ursachen haben und sich in besonderen Formen offenbaren. Es ist daher unerlässlich, ganz präzise das in Worte zu fassen, wovon man sich loslöst. Ansonsten läuft man Gefahr, an der Oberfläche zu bleiben und den Knoten, das Eingesperrtsein fortbestehen zu lassen.

Wenn wir einen Akt der Loslösung vollzogen haben und dennoch in unserm Problem eingesperrt bleiben, ist es notwendig, ihn aus der Nähe zu betrachten, um zu sehen, wie er gelebt worden ist: Ist er richtig verstanden worden? Ist er nicht zu allgemein gehalten gewesen? Wovon haben wir uns losgelöst? Es ist nicht besonders schwierig; es genügt, diesen Fragen gegenüber aufgeschlossen zu sein. Jesus Christus ist gekommen, um den Blinden das Augenlicht wiederzugeben (Lk 4,18). Seine Gnade wird uns nach und nach die Augen öffnen und es uns erlauben, zu sehen, was in der Beziehung versteckt geblieben ist.

Agnes vollzieht einen Akt der Loslösung in Bezug auf eine mit ihrer Mutter gelebte Fusion. Einige Monate später erkrankt ihre Mutter schwer. Agnes fällt darauf in tiefe Angst zurück, die sie buchstäblich lähmt: Sie sagt, dass sie den Gedanken nicht ertragen kann, dass dieser Akt der Loslösung sie dazu zwingen wird, ihre Mutter in einem entscheidenden Augenblick ihres Lebens zu verlassen. Sie hat nicht begriffen, dass der Akt der Loslösung nicht einen Abbruch, sondern eine Erneuerung der Beziehung mit sich bringt. Agnes ist offensichtlich von neuen Umständen abhängig: Sie wird sich zunächst in ihrer Wahl, die Verschmelzung zu verlassen, auf richtige Art und Weise neu positionieren müssen; in der Folge wird sie im Licht des Heiligen Geistes entdecken, wie sie die Grundlagen für eine neue Beziehung zu ihrer Mutter schaffen kann – in der Situation, wie sie sich derzeit darstellt. Diese Situation, die scheinbar ein Hindernis auf dem Weg zur Freiheit ist, wird in Wirklichkeit die Gelegenheit für eine Vertiefung sein. *Darum verlässt der Mann Vater und Mutter* (Gen 2,24). *Ehre deinen Vater und deine Mutter, wie es dir der Herr, dein Gott, zur Pflicht gemacht hat, damit du lange lebst und es dir gut geht in dem Land, das der Herr, dein Gott, dir gibt* (Dtn 5,16).

Michèle lebt in einer sehr starke Verschmelzung mit ihrer Mutter. Sie gibt an, buchstäblich von ihr besessen, eingekreist zu sein. Sie vollzieht einen Akt der Loslösung, der sie auf einen Weg der echten inneren Freiheit bringt. Sie hat einen beträchtlichen Schritt gemacht, sagt jedoch, dass sie etwas anderes in sich spüre, das sie nicht klar identifizieren könne, das sie aber zurückhalte: „Es ist, wie wenn eine Fessel mich noch binden würde, aber ich weiß nicht, was es ist."

Als sie noch Jugendliche war, konnte die Mutter von Michèle ihre eigene Mutter nicht retten, als sie sich vor ihren Augen das Leben nahm. Von diesem dramatischen Ereignis an hat sie völlig zerstörerische Schuldgefühle entwickelt. Sie hat ihre Mutter nicht retten können; unbewusst belastet sie Michèle damit, die Tochter zu sein, die sie selbst hätte sein wollen, und das zu verwirklichen, was ihr selbst nicht gelungen ist: ihre Mutter zu retten, also nun sie zu retten. Ohne dass etwas gesagt worden ist, findet sich Michèle in dieser Rolle des „Retters" wieder, die sie bindet und daran hindert, ihrem eigenen Weg zu folgen. Sie entwickelt selbst andauernd Schuldgefühle, während ihre Mutter von Jahr zu Jahr tiefer in einer schweren Depression versinkt, ohne dass Michèle das Geringste zu einer Besserung ihres Zustands beitragen kann.

In einem Fall wie diesem genügt eine allgemeine Loslösung nicht, man muss weitergehen. Michèle wird sich von der Erwartungshaltung ihrer Mutter ihr gegenüber lösen müssen und dieser Rolle als Retter, die sie übernommen hat, die aber nicht die ihre sein kann, absagen, denn Gott allein rettet. Sie wird ihre Mutter enttäuschen müssen, auch wenn der Akt der Loslösung rein innerlich vollzogen wird. Zu akzeptieren, dass der- oder diejenige enttäuscht wird, die auf einen zählt, stellt eine sehr tiefgreifende Absage dar, eine echte Trauerarbeit. Sie wird ihrer Mutter innerhalb ihrer eigenen Grenzen, wie sie jeder Mensch hat, dabei helfen, soweit sie es kann, eine schwierige Situation auf sich zu nehmen. Sie wird dabei achtgeben, dass sie sich nicht zerstören lässt. Sie ist nicht Gott: *Du sollst neben mir keine anderen Götter haben* (Dtn 5,7). So wird sie ihren Platz als Tochter Gottes wieder einnehmen, die das Heil Christi genauso empfängt, wie ihre Mutter es auch tun muss. Sie wird entdecken, dass der Wunsch, Retter eines anderen zu sein, eine der Formen des Allmachtswahns ist;

es handelt sich hier um eine Übertretung des Gesetzes, dass die menschlichen Daseinsbedingungen, Begrenztheiten anzunehmen sind.

Am Ende eines Seminars wirft Michael als konkreten Schritt einen Ring weg, den seine Großmutter sehr geliebt und den sie ihm als Erbe hinterlassen hat. „Du kannst nicht auf diese Art und Weise ein Schmuckstück wegwerfen, das lange von jemandem getragen wurde und das einen großen symbolischen Wert hat. Das ist so, als ob du deine Großmutter ins Nichts werfen würdest." – „Aber sie hat einen solch starken, beherrschenden Einfluss, Zugriff auf mich ausgeübt, dass es mir wichtig ist, einen sehr energischen Akt zu vollziehen." – „Dann suche ein anderes Symbol. Es ist nicht ohne Grund, dass man sich im Akt der Loslösung von der beherrschenden Beeinflussung freispricht, die der andere auf einen hat ausüben können. Doch man übergibt die Person wieder dem Segen Gottes und legt sie nicht irgendwo ab". – „Das ist eine Formel, die ich nicht nachsprechen kann." – „Finde eine Formulierung, die zu dir passt." – „Ich übergebe meine Großmutter der Weisheit Gottes. Das kann ich sagen." Dann nimmt Michael einen Strick und schneidet ihn entzwei: Er wirft einen Teil des Stricks in den Papierkorb und legt den anderen Teil neben die Bibel ... Er schneidet die üble Bindung entzwei und wird nach und nach in der Gnade Christi die Art der Beziehung zu entdecken haben, die er mit seiner Großmutter, die auch ein Kind Gottes ist, aufbauen kann.

Michael hat eine sehr starke innere Auflehnung in sich vergraben, die er noch nicht durchgearbeitet und wahrscheinlich auch noch nicht aufgeklärt hat. Wenn er sich vom Verhalten seiner Großmutter löst und dabei den Hass behält, wird er in einer Form der Verschmelzung bleiben. Man kann nämlich in einem Zustand der Fusion dadurch verharren, dass man dem andern durch den Hass, den man gegen ihn hegt, verbunden bleibt. Michael kann sicher nicht sofort in die Vergebung eintreten – und es ist auch nicht der Zeitpunkt dafür –, aber er wird sich die Zeit nehmen, dem zu begegnen, was er tief in sich drin erlebt, Christus in dieses Hassgefühl hineinkommen und dort sein Werk des Lebens vollbringen zu lassen. Dann werden die starken Kräfte, die jetzt dieses

Hassgefühl nähren, auf eine Bewegung des Lebens hin umgelenkt werden, dem Aufkommen einer neuen Freiheit dienen können.

Jacques hat einen Akt der Loslösung von der beherrschenden Beeinflussung durch einen äußerst brutalen und gewalttätigen Vater vollzogen, ohne dabei die Emotionen ans Licht zu bringen, die er während seiner Kindheit und seiner Jugend erlebt hat. Er wird schwer krank und einige Monate vor seinem Tod von einem heftigen Leiden überwältigt: „Das hat mit meinem Vater zu tun“, sagt er, „aber ich verstehe nicht, was los ist; ich habe doch eine wirkliche Loslösung erlebt.“

Er hat diesen Akt zu früh vollzogen. Er ist sich seiner Auflehnung bewusst geworden und hat ihr kurzerhand entsagt, ohne bis zur Wurzel seiner eigenen Gewalthaftigkeit hinabzusteigen, ohne sie in der Gegenwart Christi zu durchqueren, ohne sie von seiner Gnade bearbeiten zu lassen. So ist er sich des hinter seiner Auflehnung verborgenen Leidens überhaupt nicht bewusst gewesen. Es wird ihm die Gnade zuteil, in seiner Krankheit von jemandem begleitet zu werden, der ihm dabei hilft, diesen Abstieg in seine eigene Gewalthaftigkeit, aber auch in seinen tiefgehenden Kummer, sein bohrendes Bedauern, dass er nie eine echte Beziehung mit seinem Vater haben konnte, zu durchleben. Er lernt es, sich von Christus trösten zu lassen. So wird er völlig beruhigt sein und er kann den Akt der Loslösung, den er übereilt, unter Auslassung einer Etappe vollzogen hat, neu, anders und natürlich angehen.

Durch die Gnade dieses Aktes der Loslösung bereitet uns der Heilige Geist darauf vor, die Erneuerung der Beziehung, eine echte und liebevolle Beziehung zu erleben, die im Respekt sich selbst und dem anderen gegenüber richtig liegt. Das ist dann eben das Reich Gottes. Und ER lädt uns dazu ein, uns voll Glück für das Pfingsten der Beziehung zu engagieren.

Die Geschichte der Befreiung von einer beherrschenden Beeinflussung – Der Weg Pauls

Nicht selten hört man, Personen Folgendes sagen: „Ich höre das Wort Gottes, ich möchte es mir zu Eigen machen, aber ich kann nicht.“ Sie haben eine Art Bremse in sich, eine Fessel, die sie daran hindert vorwärts zu gehen. Vielleicht haben sie eine Etappe verpasst. Die Geschichte Pauls ist zu diesem Thema sehr erhellend.

Paul hat an einem Zyklus von mehrtägigen Seminaren teilgenommen. Er sagt, dass er die dort vermittelten Lehren verstanden habe, aber dennoch durch sein Problem gebunden bleibe: „Ich bin wertlos, ein Versager." Diese Botschaft ist ihm von seiner Mutter in einer unwahrscheinlichen Stärke und mit Beharrlichkeit vermittelt worden. Es hat mit seiner Geburt angefangen: Seine Mutter hat sich geweigert, ihr Baby ihren Nachbarn zu zeigen, da sie es hässlich fand. Später wurde Paul zu verstehen gegeben, dass er sowieso ein Versager sei, egal was er unternahm oder zu leben versuchte. Seine Laufbahn war von Brüchen gekennzeichnet, so als ob er dem Versagen entgegenginge und nicht ergreifen könne, was ihm das Leben an Gutem biete.

Er entschließt sich dazu, sein Problem einem Begleiter darzulegen. Er sagt, dass er nicht verstehe, was in ihm vorgehe: „Ich bin sicher, dass es ein Wort Gottes für mich gibt. *Du bist teuer in meinen Augen und wertvoll, und ich. ich liebe dich [...] Fürchte dich nicht, denn ich bin mit dir* (Jes 43,4–5). Ich höre wohl eine andere Stimme, ein anderes Wort als das meiner Mutter, und dennoch ... Nichts hilft, ich kann es mir nicht zu eigen machen, weil ich wirklich ein Nichts, ein Versager bin. Das ist Beton." Diese Gewissheit, dass „das Beton ist", kehrt unaufhörlich im Gespräch wieder. Paul steht unter dem beherrschenden Einfluss eines zerstörerischen, menschlichen Wortes, das sich in ihm wie ein schlechter Samen eingepflanzt, tief verwurzelt hat, das sein ganzes Leben vergiftet.

Warum kann er sich das Wort Gottes nicht zu Eigen machen? Wie ihm helfen? Welches Vorgehen ihm vorschlagen? Paul kann das Wort Gottes nicht in sich aufnehmen, das ihn nähren, das stark beschädigte, psychische Gewebe reparieren würde, weil er eine wesentliche Etappe ausgelassen hat, die man die Etappe der „Umkehr" nennen könnte. Er begnügt sich damit, sein Eingeschlossensein im Gebet darzulegen und die Befreiung zu erwarten, wobei er die Gewissheit in sich verwurzelt sein lässt, dass „das Beton ist". Er hat sich nicht gefragt, ob seine Art und Weise, wie der er auf die Verletzung reagiert hat, mit dem Wort Gottes, einem Gesetz, das die Grundlagen des Lebens legt, in Einklang steht oder nicht. Er hat nicht versucht, zu entdecken, ob er einen falschen Weg eingeschlagen, grundlegende Anhaltspunkte missachtet hat; er ist nicht bis zur die Wurzel seiner Bindung vorgestoßen. Da er den falschen Weg nicht in Worte gefasst hat, kann er ihm auch nicht absagen, und genau das hält ihn gefangen: Die Art und Weise, in der er sich selbst in seinem Gefängnis eingesperrt hat, hat er sich nicht bewusstgemacht. Er hat keine Verantwortung übernommen im Blick auf das, was ihm widerfahren ist.

„Du sagst: ‚Das ist hart wie Beton, ich kann nichts dafür und kann auch nichts daran ändern.' Könntest du mit anderen Worten ausdrücken, was du wirklich in der Beziehung zu deiner Mutter, zu Gott erlebst, wenn du das sagst?" – „Das Wort meiner Mutter ist allmächtig; ihm gegenüber kann das Wort Gottes nichts ausrichten ... Ich glaube an das Wort meiner Mutter; ich schaffe es nicht, an das Wort Gottes zu glauben." – „Anders ausgedrückt ist das Wort deiner Mutter ein Absolutes, das dich bestimmt. Ist dir bewusst, dass du deine Mutter an Gottes Stelle setzt, indem du das sagst, indem du dich auf die Meinung festlegst, dass das Beton ist, in den selbst Gott nicht eindringen kann? Deine Mutter ist mächtiger als Gott! Das hat einen Namen in der Bibel, kennst du ihn?"

Paul entdeckt, dass er Götzendiener ist. Dies ist ein neues Wort für ihn. Er hatte es nie in Bezug auf sich selbst ausgesprochen. Er hatte sich auch nie gefragt, was es bedeutete. Ihm wird bewusst, dass er der Sklave eines Götzen ist: des lügenhaften Wortes, des zerstörerischen Blickes seiner Mutter. Dieser Götzendienst hat ihn daran gehindert, „er selbst" zu werden. Anstatt sich vom Heiligen Geist beeinflussen, inspirieren, führen zu lassen, hat er sich mit dem verheerenden Reden seiner Mutter identifiziert; er hat es „gegessen", sich davon genährt. Mehr noch: Sein innerer Boden ist „besetzt", es gibt keinen Platz für das Wort Gottes, es kann da nicht Wurzeln fassen. „Ich gebe zu, dass ich Götzendiener bin, aber ich weiß nicht, wie ich es anstellen soll, um hier herauszukommen." – „Das ist ganz einfach: Diese Tatsache zu verstehen, zu kennen, zu benennen genügt nicht. Du musst im Gebet einige innere grundlegende Akte vollziehen. Zuerst sollst du den Götzendienst, den du aufrechterhältst, bereuen, dann ihm absagen, das lügenhafte Wort (der Mutter) energisch hinauswerfen und einen Weg des Lebens einschlagen.“ Das Gebet Pauls ist demütig und einfach, es drückt seine Wirklichkeit aus und die Schritte, die zu leben er jetzt bereit ist.

> Herr, ich komme vor dich mit dieser problematischen Situation des Eingeschlossenseins, in die mich das negative Wort meiner Mutter gebracht hat: „Du bist eine Null, ein Taugenichts.“ Bis jetzt habe ich in dieser absoluten Gewissheit gelebt: Ja, ich bin eine Null, ein Versager; diese Überzeugung ist wie Beton. Heute höre und verstehe ich zum ersten Mal, dass ich meiner Mutter eine absolute Macht über mich gegeben habe, wo ich doch deiner Liebe und deinem Ruf zum Leben eine absolute Macht hätte geben sollen. Denn nur du hast die Macht zu sein, und nur du kannst mir bestätigen, was ich bin. Ich entdecke, dass ich dem Wort meiner Mutter mehr Macht zuerkannt habe als deinem eigenen Wort. Ich verstehe heute, dass ich mich von einem falschen Gott habe unterjochen lassen, und ich erfahre, dass man das Götzendienst nennt. Ich möchte das um keinen Preis. Ich werde keinen anderen Gott haben als dich. Ich bin blind und taub gewesen; ich habe vergessen, dass du gekommen bist, um uns das Leben zu bringen, und zwar das Leben in Fülle (Joh 10,10), dass du gekommen bist, um den Gefangenen die Befreiung anzukündigen und um den Unterdrückten die Freiheit zurückzugeben (Lk 4,18).
> Ich habe diesen Aufruf zum Leben, den du an deine Söhne ergehen lässt, unbeachtet beiseite geschoben, diese Aufforderung zum Leben, die du ihnen gibst, die ihnen empfiehlt, niemals einen Weg des Todes zu wählen. Ich habe vergessen, dass mir diese Wahl in meiner Freiheit anvertraut war, und ich bereue von ganzem Herzen, dass ich an einer solchen Botschaft, einer solchen Gabe vorbeigegangen bin, dass ich auf der Straße des Verderbens umhergeirrt, wie eine vom Weinstock abgeschnittene Rebe verdorrt bin (Joh 15,6). Ich sage von ganzem Herzen, mit meinem ganzen Wesen diesem Götzendienst ab. Ich erkenne an, dass *du der Herr, der Gott Israels bist,*

der mich bei meinem Namen ruft. Ich weiß, dass du der Herr bist, der nicht seinesgleichen hat, dass *es außer dir keinen Gott gibt* (Jes 45,3.5).
Ich nehme meiner Mutter endgültig die Macht weg, die sie über mich hat; von jetzt an wird mich ihre Macht nicht mehr zerstören. Ich reiße das verheerende Wort, den todbringenden Blick aus mir heraus und befördere sie beide nach draußen, und dies im Kreuze Christi, der alles in mir sterben lässt, was sterben muss.
Jetzt kann ich dein Wort empfangen, das du mich schon hast kennen lernen lassen: *Weil du in meinen Augen teuer und wertvoll bist und weil ich dich liebe [...] Fürchte dich nicht, denn ich bin mit dir [...]* (Jes 43,4–5). Von jetzt an soll dieses Wort meine tägliche Nahrung sein; ich werde durch dieses Wort in meiner wahren Identität und Freiheit wiedergeboren werden.
Jeden Tag werde ich mir die Zeit nehmen, drei Geschehnisse in meinem Alltag zu entdecken, durch die du mir zu verstehen gibst, dass ich etwas wert bin; ich werde sie dir als Früchte des Tages darbringen. Ich werde das *Wort* hören, das mir versichert, dass ich ein guter und treuer Diener sein und in die Freude meines Herrn eingehen kann (Mt 25,21).
Herr, ich überlasse all dies deiner Obhut, dieses Versprechen, diesen Übergang vom Alten zum Neuen, von meinem Tod zu meiner Auferstehung. Ich bitte darum, dass die Kraft, die Sanftheit und das Licht des Heiligen Geistes mich jeden Tag auf dem Weg begleiten mögen, und ich verpflichte mich auch dafür, mir dies ständig in Erinnerung zu rufen. Ich empfange es als meine Aufgabe, diesen neuen Samen, den du eben in mich gepflanzt hast, tief in mir wurzeln zu lassen, ihn zu schützen, mich um ihn zu kümmern. Ich glaube, dass ich wie Hiob sagen kann: *Vom Hörensagen nur hatte ich von dir vernommen; jetzt aber hat mein Auge dich geschaut* (Ijob 42,5). Ja, in meinem Fleisch habe ich wirklich meinen Erlöser berührt, und ich bin gewiss, dass das eine Freude ist, die mir niemand jemals wird wegnehmen können. Jeden Tag

meines Lebens werde ich dir dafür danken, dass du mich ins Leben zurückgeführt hast.

Paul hat diese Art voranzuschreiten Tag für Tag, mit großer Wachsamkeit gelebt, bis der Beton Risse bekommen hat: Zu seiner großen Überraschung ist dieser rasch dahingeschmolzen, wie Schnee in der Sonne.

Paul war auf der psychologischen Ebene aufgeklärt. Er hatte eine genaue Analyse der langsamen Zerstörung gemacht, die er im Laufe seiner Geschichte erlebt hatte. Er kannte und liebte das Wort Gottes, er blieb jedoch zwischen diesen beiden Dimensionen hängen, ohne die Brücke zu finden, die es ihm ermöglicht hätte, von der einen zur andern hinüberzugehen. Diese Brücke war das Bewusstwerden der Tatsache, dass er, indem er sich von der negativen Sicht seiner Mutter bestimmen ließ, gegen ein Gesetz Gottes verstieß, nämlich das, welches ihm ausdrücklich befiehlt, „er selbst" zu werden. Er zerstörte sich in einem nicht erkannten Götzendienst. Paul war in Ägypten, in der Sklaverei, eingeschlossen. Er musste Ägypten verlassen, um anschließend die Wüste zu durchqueren und sein eigenes Land zu entdecken. Es war unerlässlich, dass er seine Abhängigkeit aufgab, dass er seinen falschen Glaubensüberzeugungen abstarb. Dazu musste man sie erst einmal erkennen, sie beim Namen nennen, sie auf den Punkt bringen, um das Wort, das Leben Gottes bis zur Wurzel des Übels durchdringen zu lassen.

Die Erneuerung – Das Pfingsten der Beziehung

Seht, ich mache alles neu (Offb 21,5). Eine der ersten Früchte des Weges der Evangelisierung bis in die Tiefen des Herzens ist die Erneuerung der Beziehung, das heißt der Aufbau des Reiches Gottes. Es kann nicht anders sein. Beziehung ist wesentlich, sie bildet die Mitte des menschlichen Lebens.

Es erweist sich demnach als wichtig, einige Seiten der Vertiefung dieses Themas zu widmen.

Pfingsten in der Beziehung

Das Pfingsten der Beziehung bedeutet, dass sich der Heilige Geist in der Mitte einer Beziehung niederlässt. Wir öffnen ihm die Tür dafür und sind seinen Hinweisen gegenüber empfänglich. Dann wird er sie beleben, erneuern.

Du sollst deinen Nächsten lieben wie dich selbst (Lev 19,18; Mt 19,19).

Die Verwandlung der eigenen Person führt zur Verwandlung der Welt. Es ist daher angebracht, bei sich selbst anzufangen, aber nicht, bei sich selbst aufzuhören. Man soll sich als Ausgangspunkt, aber nicht als Ziel nehmen[1].

Die Neuordnung der Beziehung

Wer sein ganzes Wesen dafür einsetzt, das Leben zu wählen, wird die Aufgabe haben, Vermittler, Anstifter des Lebens zu werden: Die Beziehung wird dann wiederbelebt, der Samen des Lebens kann ausgestreut werden; der Mensch wird wirklich das Salz der Erde ... (Mt 5,13). Während die Arbeit an der Wahrheit über einen selbst weitergeht, fängt das Leben an sich zu entfalten, die bis dahin erloschenen Sehnsüchte tauchen auf, die falschen Schuldgefühle werden aufgespürt, zutage gefördert. Die dringende Notwendigkeit, „sich selbst" zu werden, seine Identität zu entfalten, seinen Platz zu entdecken, drängt sich auf, und es wird unerlässlich, die Beziehung wieder in Ordnung zu bringen.

Wenn man nicht darauf Acht gibt, läuft eine ausschließlich psychologische Sichtweise Gefahr, bisweilen zu einem erbarmungslosen Klarblick hinzureißen. Das kann dazu führen, dass man den andern festnagelt, mit größter Überzeugung festlegt, ihn in seiner Schwierigkeit einschließt: Es kann einem die Hauptsache sein, seine eigene Haut um jeden Preis zu retten, besonders wenn man eine belastende Vergangenheit der Unterdrückung hinter sich lässt.

1 M. Buber. (1950). Der Weg des Menschen nach der chassidischen Lehre (2. Aufl.). Jerusalem: Pulvis Viarum. S. 27.31.

In jeder Beziehung finden sich die gleichen, bedeutsamen Fragen wieder: Wie lieben, gleichzeitig frei bleiben und die Freiheit des anderen respektieren? Wie den anderen freilassen, ohne ihn dabei im Stich zu lassen[1]? Wie die Illusion hinter sich lassen und die Wahrheit zu sehen beginnen, ohne dabei die Liebe zu verlieren? Wie sein Herz nicht verhärten, wenn man anfängt, die Art, wie der andere funktioniert, klar zu sehen, und gleichzeitig auch seine eigenen Neigungen, sich erdrücken zu lassen, erkennt? Wie lieben, ohne sich zerstören zu lassen, sich zu verlieren? Wie sich schützen, ohne gleichgültig zu werden? In der Tat, wie können wir in der Schwierigkeit einer verletzten Kommunikation lieben?

Wir finden hier die beiden Strömungen einer jeden Liebe wieder, die väterliche und die mütterliche: Liebe und Wahrheit; Zärtlichkeit, Mitgefühl, Annahme, Offenheit, aber auch einen Orientierungspunkt, ein Lebensgesetz, Sinn, inneren Zusammenhang, Wiederherstellung von Ordnung[2].

Es wird bedeutsam sein, alle Fäden in der Hand zu behalten, darauf zu achten, den anderen nicht auszuschließen, sich aber auch nicht zerstören zu lassen, die Auswege des Lebens zu finden, welche die eigene Entfaltung berücksichtigen werden, ohne Entfremdung, aber auch ohne Illusion, ohne eine Verweigerung gegenüber der Realität.

Die Beziehung zum anderen konfrontiert den Menschen: mit seinen Wünschen (nach einer unversehrten, glücklichen, umfassenden, entfalteten Kommunikation, wo es keine schwerwiegenden Konflikte gibt, man sich verstanden, geliebt, anerkannt fühlt); mit seinen Grenzen (den eigenen, denen des andern); mit seinen *Abhängigkeiten* (die Abhängigkeiten gehören zum Leben dazu; es ist völlig illusorisch zu glauben, dass man die Freiheit nur außerhalb von jeglichem Band der Abhängigkeit leben kann); mit seinen *Ängsten* (vor der Gefahr erdrückt, der Angst,

1 C. Boé. (o.J.). Comment laisser l'autre libre sans l'abandonner. In *La vie renouvelée*, document de travail de Bethasda, Bethasda Documentation, 22, route du Tertre, 41150 Chouzy-sur-Cisse.

2 M.-M. Laurent und D. De Bettignies (Psychologen). (1999). Aimez-vous les uns les autres, comme je vous ai aimés, Identité et altérité. In *Je me lèverai donc et j'irai vers mon père. La rencontre avec le Père*, document de travail 2 (4. Aufl.), Bethasda Documentation, 22, route du Tertre, 41150 Chouzy-sur-Cisse.

ausgeschlossen, verworfen und im Stich gelassen zu werden, nicht lieben zu können).

Mehrere Wege werden sich demnach angesichts einer Beziehung auftun: Auf den Grund der Beziehung gehen; vor ihr fliehen und die Schwierigkeiten vermeiden; sich verhärten; eine unangebrachte Abhängigkcit leben oder jeder Abhängigkeit entkommen wollen; resignieren oder verzweifeln.

Die Verwandlung, der Wechsel des Kurses, der Sicht

Das ist der Zeitpunkt, an dem man eine Änderung des Kurses, der Sicht erleben kann. Sie öffnet die Tür für ein Pfingsten der Beziehung.

Wenn man nur damit beschäftigt ist, der Frustration, dem Mangel zu entkommen, erscheint eine schwierige Beziehung wie ein Hindernis zum Leben. Doch seine Sicht erweitern, sich der dem Menschen anvertrauten Aufgabe als Vermittler, Anstifter des Lebens bewusst werden, erlaubt es, in eine andere Dimension einzutreten. Es geht darum, das zu retten, was zu retten ist; das Leben dort wieder in Gang zu setzen, wo es noch möglich ist; den glimmenden Docht nicht auszulöschen (Jes 42,3). Dann entdeckt man einen neuen Sinn für seine Existenz: Man wird die Beziehung anders angehen, mit einem befriedeten Herzen. Sich in einer Beziehung ausschließlich in der Horizontalen (von Mensch zu Mensch) einzuordnen, führt dazu, dass man sich mit allen möglichen Enttäuschungen und vergeblichen Erwartungen konfrontiert sieht. Sich auch in der Vertikalen einzuordnen, mit seiner Quelle verbunden zu sein, seine Aufgabe aus der Hand Gottes zu empfangen, ändert die Sicht. Die Beziehung wird nicht mehr als ein Hindernis betrachtet, sondern als eine Gelegenheit, das Leben wachsen zu lassen. Man geht von der ausschließlichen Sorge um seine persönlichen Interessen zum Dienst am Leben über. Es handelt sich jedoch nicht darum, in die Irrungen der Vergangenheit zurückzukehren, aufs Neue die falschen Wege einzuschlagen, sich völlig auszulöschen, um die Beziehung zu retten. Indem wir die verschiedenen Etappen des Weges der Evangelisierung bis in die Tiefen des Herzens durchleben, lernen wir es, uns auf angemessenere Art einzuordnen, auf gesündere Art und Weise, und genau das ist die erste Sache, die in diesem Pfingsten der Beziehung zu tun ist: erfahren, wie wir eine bewusste Beziehung leben können, eine richtig eingespielte, in Liebe und Wahrheit.

Indem man im Heiligen Geist lebt, wird diese Erneuerung Wirklichkeit werden können. Der Heilige Geist ist der Sauerteig im menschlichen Teig, der große Arbeiter[1]. Seine Aufgabe ist es, zu verjüngen, zu erneuern, wieder in Gang zu setzen. Er wird uns dabei helfen, kreativ zu werden, unseren eigenen Weg der Freiheit zu entdecken und zu entfalten (unter den Umständen, in denen zu leben uns gegeben ist), unsere Gegenwart zu „erfüllen".

Die innere Freiheit

Die erste Bedingung für die Erneuerung der Beziehung ist es ohne jeden Zweifel, sie leben zu können, indem man in seiner inneren Freiheit bleibt und zugleich die des anderen respektiert. Manchmal fällt das leicht, manchmal ist es sehr schwierig – wenn man sich in einschränkenden, einengenden, festgefahrenen Situationen befindet. Es kommt sogar vor, dass man Gefahr läuft, seine wesentlichen Orientierungspunkte zu verlieren.

Die Grundlage der inneren Freiheit ist die Wahrheit: die Wahrheit über sich selbst, in jeder Beziehung. Das Wort Christi ist klar: *Wenn ihr in meinem Wort bleibt, seid ihr wirklich meine Jünger. Dann werdet ihr die Wahrheit erkennen, und die Wahrheit wird euch befreien* (Joh 8,31–32).

Die innere Freiheit ist wesentlich, lebensnotwendig, vordringlich. Sie ist das Zeichen derjenigen, die im Heiligen Geist leben: *Und wo der Geist des Herrn wirkt, da ist Freiheit* (2 Kor 3,17).

Die innere Freiheit zeigt sich wesentlich in der Wahl.

Ein gesundes Auge. – Das hauptsächliche Kennzeichen der inneren Freiheit ist es, ein gesundes Auge zu haben (Mt 6,22–23).

Ein gesundes Auge, das ist der richtige Blick, zuerst auf sich selbst, dann auf den andern sowie auf jede Situation, das ist das Geheiltwerden von Blindheit. *Da sprach Jesus: „Um zu richten, bin ich in diese Welt gekommen: damit die Blinden sehend und*

1 Annick De Souzenelle, mündliche Lehre.

die Sehenden blind werden." Einige Pharisäer, die bei ihm waren, hörten dies. Und sie fragten ihn: „Sind etwa auch wir blind?" Jesus antwortete ihnen: „Wenn ihr blind wärt, hättet ihr keine Sünde. Jetzt aber sagt ihr: Wir sehen. Darum bleibt eure Sünde" (Joh 9,39–41).

Dies sind die verschiedenen Etappen, dic während der Evangelisierung bis in die Tiefen des Herzens zurückgelegt worden sind: der eigenen Wahrheit begegnen, wieder Ordnung in sein Innerstes bringen, sich der Folgen der Vergangenheit auf seine Gegenwart bewusst werden, dem Weg des Todes absagen, neue Auswege wählen. All das wird es denen, die diesen Weg eingeschlagen haben, erlauben, nicht mehr die eigenen Schatten auf den anderen zu projizieren.

Wer auch immer damit anfängt, seinen Anteil an der Beziehung zu sehen, weiß, in welchem Bereich er arbeiten muss. Es ist nicht mehr alles die Schuld des anderen. Man entdeckt nach und nach seine eigenen Schwächen, Erwartungen, Abhängigkeiten, unangebrachten Forderungen, Formen des Allmachtswunsches; und was die Beziehung gestört hat, wird klar.

Gleichzeitig klärt sich auch der Blick, den man auf den anderen wirft: Man sieht das, was man vorher nicht sah, man kommt von der Illusion los. Es handelt sich nicht darum, die Verantwortung oder Schuld des anderen herauszuschälen; dies steht dem Vater zu, der das Verborgene der Herzen kennt. Wer sich darauf einließe, würde sich an die Quelle der Erkenntnis des Guten und Bösen setzen[2], würde „essen", was er nicht essen soll. Es ist hingegen die Verantwortung eines jeden, die Richtigkeit des Verhaltens des andern, seiner Bitte oder seiner Erwartung auszumachen, um so richtig Stellung beziehen zu können.

Es geht hier um ein mutiges Sich-bewusst-Werden, das äußerst schmerzhaft sein kann; um eine Zeit der Wahrheit, die man im Licht, aber auch im Trost Christi erleben wird: Er stärkt und tröstet und nimmt zugleich das Leiden auf, das die Bewusstwerdung mit sich gebracht hat. Es ist in der Tat eine echte Trauerarbeit, deren Etappen man alle wird zurücklegen müssen: Tatsachen nicht

2 Gen 2,17.

mehr verleugnen, sich der Realität bewusst werden, der Illusion entsagen. Es ist nicht leicht einzusehen, dass man sich einer missbrauchenden Macht unterworfen hat, aber auch nicht, dass man der Verführung erlegen ist, dass man den anderen als einen Götzen, als eine falsche Sicherheit auf ein Podest gestellt hat. Man darf dann nicht dem Gefühl der Ohnmacht nachgeben, sondern muss sich dazu entscheiden, seine Bahre zu nehmen und sich auf den Weg zu machen (Joh 5,8).

Es ist gut, sich daran zu erinnern, dass wir nicht alles zur gleichen Zeit leben können: Die Zeit des Sich-bewusst-Werdens ist weder die Zeit des Mitleids noch die Zeit der Vergebung. Diese werden folgen, zu ihrer Zeit.

Was tun mit dem, was wir gesehen haben? Ja sagen, Nein sagen? – Das gesunde Auge wird es erlauben, mit „Ja" zu antworten, wenn es Ja ist, und mit „Nein", wenn es Nein ist: *Euer Ja sei ein Ja, euer Nein ein Nein; alles andere stammt vom Bösen* (Mt 5,37).

Die innere Freiheit kostet diesen Preis: dann „Nein" sagen zu können, wenn es nötig ist, und „Ja" zu dem, was gut ist und in Richtung des Lebens geht. Das gesunde Auge wird es erlauben, die Verwirrungen der Liebe aufzuspüren, nicht Versöhnung mit Fusion, Liebe mit Erdrückung zu verwechseln, zu unterscheiden zwischen einem wohl angebrachten Mitgefühl und einem falschen Mitgefühl, in dem man versinken oder durch das man der Helfershelfer einer Unordnung werden könnte. Viele wagen es nicht, bis ans Ende dessen zu gehen, was sie sehen, aus Angst, der Nächstenliebe nicht zu genügen. So kann sich die Unordnung fest einrichten. Das gesunde Auge erlaubt es, die unerlässlichen Orientierungspunkte des Lebens wiederherzustellen.

Indem man sich durch den Heiligen Geist erleuchten lässt und wachsam seinen eigenen Weg verfolgt, wird man die Blindheit verlassen; doch es wird ebenso notwendig sein, einige psychologische Kenntnisse zu haben, um voranzukommen.

Nach und nach die inneren Akte zu vollziehen und die Verhaltensweisen anzuwenden, die zu einer wirklichen inneren Freiheit führen werden, das wird in der Beziehung gewiss Erschütterungen und Zusammenstöße mit sich bringen; aber dies gehört zu den Schwierigkeiten und zur Tapferkeit im Leben. Wenn dieser neue Weg wirklich im Heiligen Geist gelebt wird, wenn man um die Gnade zu bitten und sie anzunehmen weiß, werden die Gaben der Unterscheidung, der Kraft, der Vorsicht gegeben werden und das Gleichgewicht wird sich nach und nach wieder einstellen.

Wie mit einem beruhigten Herzen sprechen? Hinauswerfen, was nicht zu uns gehört

Es gibt Augenblicke, wo wir wissen, dass wir sprechen sollten, aber wir schweigen. Und es gibt Augenblicke, wo wir wissen, dass wir schweigen sollten, aber wir lassen ein Wort fallen, das die Beziehung noch ein bisschen mehr beschädigen wird.

Zu allererst ist es gewiss nötig, über seinen eigenen Weg, seinen eigenen Anteil an der Schwierigkeit im Klaren zu sein. Es ist jedoch gleichermaßen wichtig, zu lernen, wie man den Schatten des anderen aus sich hinausstoßen kann.

Werfen wir das aus uns hinaus, was nicht zu uns gehört! Viele – gewisse Leute mehr als andere – nehmen die Gewalt des andern, seine Probleme, seine Angst, seine Unordnung in sich auf. Schließlich werden sie wortwörtlich besessen, leben unter Besatzung: Der andere bewohnt sie gewissermaßen. Sie sind gereizt, grübeln nach, bewegen sich im Kreis, können sich nicht von dem befreien, was nicht zu ihnen gehört. Das ist eine beträchtliche Belastung; das Leben kann sich nicht mehr weiterentwickeln. Der Samen ist unter die Dornen gefallen, und die Dornen sind aufgegangen und haben ihn erstickt (Mt 13,7).

Jesus wurde nie innerlich von den Schatten seiner Gegner aufgezehrt. Er war Opfer des Bösen, das ihm von außen auferlegt wurde; das ist nicht das Gleiche. Er hat gesprochen, reagiert, die Wahrheit solange gesagt, wie er konnte. Im Augenblick seiner Verurteilung zum Tode ist es nutzlos geworden; die Verdrehtheit seiner Feinde war so groß, dass er schwieg. Er durchquerte die Finsternis wie ein Kind des Lichts: *Und das Licht leuchtet in der Finsternis und die Finsternis hat es nicht erfasst* (Joh 1,5). Die Finsternis hat die Mitte seines Wesens nicht erreichen können, seine innere Freiheit ist unangetastet: *Niemand entreißt mir das Leben, sondern ich gebe es aus freiem Willen hin* (Joh 10,18). Er lässt die Dinge nicht über sich ergehen; er bleibt der Handelnde in seinem Leben, indem er in einer ihn einschließenden Situation frei bleibt.

Hinauszuwerfen, was uns nicht zugehört, ist ein Akt, den wir häufig nicht zu vollziehen wagen. Doch eine der Funktionen des freien Willens besteht genau darin, das vor die Tür seiner Bleibe zu setzen, was da nicht hingehört. Die Gegenwart Gottes kann sich nicht in einem überfüllten Haus einrichten: Es gibt da keinen Platz für sie. Das Kind kann da nicht geboren werden: *Und sie gebar ihren Sohn, den Erstgeborenen. Sie wickelte ihn in Windeln und legte ihn in eine Krippe, weil in der Herberge kein Platz für sie war* (Lk 2,7).

Das ist ein folgenschweres Problem, denn manche sind wie Schwämme; sie nehmen alles in sich auf, machen sich so krank, sind nicht mehr sie selbst.

Es liegt an jedem und jeder selbst, im Leben mit dem Heiligen Geist zu entdecken, wie sie die Schatten der andern aus sich hinauswerfen können: Das geht nicht von alleine, nicht nur durch die Einsicht. Es ist ein innerer Akt, eine echte Entscheidung. Zuerst ist es sinnvoll, das aufzuspüren, was man in sich aufgenommen hat, was aber nicht zu einem gehört. Dann gilt es, im Heiligen Geist den inneren Akt und auch die symbolische Geste zu entdekken, die den gesamten Körper an dieser Bewegung teilnehmen lassen werden, denn die Schatten werden sehr leicht auch in den Körper eindringen. Man zahlt dem andern das Böse nicht heim, denn das hieße, es zu verstärken, ein Übel zu einem andern Übel hinzuzufügen. Man wirft es einfach aus sich hinaus oder legt es unter das Kreuz Christi, der das sterben lässt, was sterben muss, oder tut es durch irgendeine andere anregende Geste.

Diesen Wegabschnitt durchleben wir Tag um Tag entsprechend den giftigen Ausdünstungen der Vergangenheit und auch entsprechend den Ereignissen oder Begegnungen. Auf diese Art und Weise entledigen wir uns der Giftstoffe, die uns anfüllen, reinigen wir uns. Diese Bewegung wird viel zur Befriedung des Herzens beitragen.

Gewiss gibt es nicht nur das. Man findet hier auch den ganzen Bereich der vergrabenen Emotionen wieder, die neu aufbrechenden Wunden. Doch dieser Weg ist jetzt bekannt genug, so dass wir ihn hier nicht noch einmal besprechen werden.

Das Wort befreien

Das gesunde Auge bereitet die Befreiung des Wortes vor. Wer klar sieht, denkt, was wahr ist. Er wird „ich“ sagen können, wird das auszudrücken wagen, was er denkt und für wahr hält.

Was sagen? Wann? Wie? – Es ist bedeutsam, das Wort zu befreien: das richtige, wahre, liebevolle Wort, welches dabei helfen wird, die Dinge wieder in Ordnung zu bringen. Im dritten Buch Mose (19,17) wird jeder dazu aufgefordert, seinen Nächsten zu ermahnen, um nicht dessen Sünde auf sich zu laden *(Weise deinen Stammesgenossen zurecht, so wirst du seinetwegen keine Schuld auf dich laden).* Das geschieht aber unter der Bedingung, dass das Herz gereinigt ist, dass es weder um das Streben nach Rache noch um Groll geht. *Du sollst in deinem Herzen keinen Hass gegen deinen Bruder tragen* (Lev 19,17).

Auch Christus empfiehlt uns, diejenigen zu ermahnen, die in Unordnung leben: *Wenn dein Bruder sündigt, weise ihn zurecht; und wenn er sich ändert, vergib ihm* (Lk 17,3). Doch ist dabei zuerst der eigene Anteil an der Beziehung zu betrachten: *Warum siehst du den Splitter im Auge deines Bruders, aber den Balken in deinem eigenen Auge bemerkst du nicht? Wie kannst du zu deinem Bruder sagen: Bruder, lass mich den Splitter aus deinem Auge herausziehen, während du den Balken in deinem eigenen Auge nicht siehst? Du Heuchler! Zieh zuerst den Balken aus deinem Auge; dann kannst du versuchen, den Splitter aus dem Auge deines Bruders herauszuziehen* (Lk 6,41–42).

Damit das Wort eine Frucht des Lebens trägt, muss es zuerst in der Stille eines befriedeten Herzens geboren werden. Wir dürfen nicht den andern mit unserem Gift, unserem Groll bespeien, Rechnungen mit ihm begleichen, uns rächen, ihn verdammen, verleugnen oder demütigen.

Den Austausch vorbereiten im Leben mit dem Heiligen Geist

Wir werden die Befreiung des Wortes erleben, während wir das Leben im Geist erlernen. Die Rolle eines Dieners ist es, die Erde zu pflügen, den Boden vorzubereiten, der den Samen des Lebens aufnehmen wird. Wie Kyrus (Jes 45,1–7) wird er ausgesandt, der

Gegenwart Gottes, in diesem Fall dieser Gegenwart in einer ganz bestimmten Beziehung, die Tür zu öffnen. Doch darf er dabei nicht vergessen, dass Gott selbst die bronzenen Tore zertrümmert und die eisernen Riegel zerschlägt, das heißt, die Widerstände, die sich dem Leben, dem Licht und der Wahrheit entgegenstellen. *So spricht der Herr zu Kyrus, seinem Gesalbten, den er an der rechten Hand gefasst hat, um ihm die Völker zu unterwerfen, um die Könige zu entwaffnen, um ihm die Türen zu öffnen und kein Tor verschlossen zu halten: Ich selbst gehe vor dir her und ebne die Berge ein. Ich zertrümmere die bronzenen Tore und zerschlage die eisernen Riegel. Ich gebe dir verborgene Schätze und Reichtümer, die im Dunkel versteckt sind. So sollst du erkennen, dass ich der Herr bin, der dich bei deinem Namen ruft, ich, Israels Gott* (Jes 45,1–3).

Die erste Aufgabe besteht also darin, die Gegenwart Gottes ins Herz, in die Mitte der Beziehung einzulassen, so wie man die Fenster eines Hauses der Sonne öffnet, die leuchtet und die Erde erwärmt. *Ich stehe vor der Tür und klopfe an. Wer meine Stimme hört und die Tür öffnet, bei dem werde ich eintreten, und wir werden Mahl halten, ich mit ihm und er mit mir* (Offb 3,20).

Es ist nicht notwendig, um irgendetwas zu bitten; es genügt, sich der Weisheit Gottes anzuvertrauen, sich in der absoluten Gewissheit niederzulassen, dass er eingetreten ist, dass er wirken wird. Es ist so, als ob wir Folgendes hörten: „Mach dir keine Sorgen. Ich bin da und wirke; glaube nur." Lebendiger Glaube wird von uns verlangt. „Gott wohnt, wo man ihn einlässt"[1], und da, wo die Gegenwart Gottes wohnt, beginnt die Erde sich zu bewegen.

Der nächste Schritt könnte es sein, dass wir uns dem Heiligen Geist zur Verfügung stellen, um zu wissen, wann wir schweigen und wann wir sprechen sollen: Ich werde das tun, was du mir sagst (Joh 2,5). Jeder, jede hat ihr heikles Gelände, seine schwierigen Bereiche: Diejenigen, die es sich zur Gewohnheit gemacht haben zu schweigen, werden bereit sein müssen, den Schwierigkeiten die Stirn zu bieten. Diejenigen, die zu schnell explodieren, werden vielleicht schweigen, einen günstigen Augenblick abwarten

1 M. Buber. a.a.O. S. 42.

müssen, wo sie selbst im Frieden sind. Das ist der Augenblick, den Heiligen Geist darum zu bitten, uns zu inspirieren. Wir werden keine Antwort über das himmlische Telefon bekommen, aber wir werden das innere Ohr auftun (Jes 50,4: um wie ein Jünger zu hören). Wir sind bereit, seine Anweisungen zu vernehmen. Wir können die Gewissheit haben, dass wir auf die eine oder andere Weise, wenn das Herz völlig verfügbar ist, wissen werden, wie wir uns zu verhalten haben.

Wenn wir meinen, etwas sagen zu müssen, bitten wir den Heiligen Geist, unser Herz zu reinigen, uns den Weg freizugeben, so dass wir wissen, wann wir sprechen sollen. Wir bitten ihn, uns die Worte einzugeben, die das Herz des anderen berühren werden, uns Weisheit, Kraft, wahre Liebe, aber auch Vorsicht zu schenken.

Die Erfahrung zeigt, dass der Austausch ein ganz anderer ist, wenn er lange Zeit in der Stille des Herzens, im Hören auf den Heiligen Geist vorbereitet ist; wir zählen nicht mehr nur auf unsere eigene Weisheit; wir vermögen dies zu tun, weil wir wissen, dass wir keine Waisen mehr sind (Joh 14,18). Und wenn wir glauben, dass wir schweigen sollen, bleiben wir wachsam, aufmerksam, verfügbar.

In einer Situation der Ausweglosigkeit und Isolation Auswege des Lebens finden

Es kommt häufig vor, dass wir uns in einer ausweglosen oder uns einsperrenden Situation befinden. Wir haben den Eindruck, im Kreis herum zu laufen; nichts geht voran, die Beziehung kommt zum Stillstand, ist festgefahren, erstarrt. Die Versuchung ist dann groß, der Niedergeschlagenheit, der Frustration, der Bitterkeit oder dem inneren Aufruhr zu verfallen.

Das Leben zu wählen und nicht den Tod, nährt die Gewissheit, dass ein Ausweg des Lebens immer möglich ist, wie die Lage auch sein mag. Wie ihn entdecken? Kann das Leben auch mitten in einer Situation hervorsprudeln, in der man eingeschlossen ist?

Der erste Schritt ist es wie immer, dieses Eingeschlossensein dem Wehen des Heiligen Geistes, der Heimsuchung durch Christus zu öffnen. Da beginnt die Bewegung der Fleischwerdung, der Abstieg Christi mitten in unser Irdischsein, unsere Finsternisse. *Das Licht leuchtet in der Finsternis. Er kam in sein Eigentum* (Joh 1,5.11).

Sich nie zerstören lassen: Habe keine Komplizenschaft mit dem Tod! Dies ist einer der wesentlichen Orientierungspunkte, die vom Wort des Lebens gegeben werden. Wer auch immer Ohren hat zu hören, tritt in ein lebendiges Verständnis der Bedeutung des Wortes Gottes ein, das oft auf tödliche Weise gedeutet wird. Wie viele schränken ihren Lebenselan ein oder löschen ihn ganz aus, ausgehend von dem, was Jesus über das Weizenkorn sagt, das sterben muss, um Frucht zu bringen: *Amen, amen, ich sage euch: Wenn das Weizenkorn nicht in die Erde fällt und stirbt, bleibt es allein; wenn es aber stirbt, bringt es reiche Frucht* (Joh 12,24). Das Korn, das stirbt, ist das Korn, welches damit einverstanden ist, seine Hülle zu verlieren. Dies kann ein Symbol für ein bestimmtes Verhalten sein: angesichts eines Ereignisses nicht zu erstarren, sondern sich in Frage stellen zu lassen, die Unbeweglichkeit hinter sich zu lassen, das Neue anzunehmen, es zu akzeptieren, auf unbekannten Pfaden unterwegs zu sein und Ostern zu erleben. Wer das Leben gewählt hat, wird die Realität der Situation annehmen müssen, wie auch immer sie sein mag, wird es jedoch ablehnen, zerstört zu werden.

Die Erkenntnis der Wahrheit geht immer einher mit der Gnade, sie zu leben, die in Überfülle gegeben wird. Das Leben zu empfangen, es zu schützen und zu fördern erscheint jetzt als unerlässlich und möglich. Das ist zur Gewissheit geworden: In der Gnade Christi werden die Kraft und die Inspiration gegeben um in jeder Situation die möglichen Auswege des Lebens zu entdecken.

Das Leben wiederfinden – Die Trauer um eine erträumte Beziehung: Die beste Art und Weise, gegen das Böse anzukämpfen, ist es, Leben zu schaffen. Wie Leben schaffen, wenn der andere nicht hört, was ihm gesagt wird, vielleicht seit Jahren? Man erschöpft sich oft damit, ein unordentliches Verhaltens sowie die Art und Weise, wie man aus einer schwierigen Situation herauskommen könnte, zu erklären, und der andere hört nichts. Es kommt vor, dass man jemanden vor sich hat, der sich nicht bewegt, der sich seiner Schwierigkeiten überhaupt nicht bewusst ist, der sich in seinen Problemen einschließt, nicht bereit ist, sich helfen zu lassen. Wie Auswege des Lebens finden, wo doch die Situation blokkiert scheint?

Die gründliche Erforschung des Gesetzes „Akzeptiere die menschlichen Daseinsbedingungen!" erlaubt es einem, sich dessen bewusst zu werden, dass wir meistens ein Ziel verfolgen, das sich nicht verwirklichen lässt: Wir versuchen verzweifelt, die Beziehung zu erlangen, von der wir träumen, eine tiefgründige Kommunikation, die Möglichkeit, mit unserer Klage angehört, die Hoffnung, mit unserem Leiden aufgenommen zu werden, die Änderung des andern.

Es ist zuerst nötig, all die vorbereitende Arbeit zu leisten, sich seines eigenen Anteils an der Schwierigkeit bewusst zu werden, dann sich zu vergewissern, dass man das, was zu sagen war, so genau wie möglich ausgedrückt hat. Wenn sich wirklich nichts ändert, wird man sich dafür entscheiden, die Etappen einer Trauer zu durchleben, anstatt die Situation passiv zu ertragen oder sich damit zu erschöpfen, gegen eine Wand anzulaufen. Dies wird sich als wahrhaftiger Osterweg erweisen: Wir willigen ein, die Illusion aufzugeben, dass sich die Situation ändern wird, dass der andere endlich hört, was wir ihm sagen, dass er sich in die gewünschte Richtung zu bewegen beginnt. Es ist wichtig, dem abzusterben, um für etwas anderes geboren zu werden; es zu akzeptieren, die erträumte Beziehung fahren zu lassen; die Wirklichkeit zur Kenntnis zu nehmen; „Ja, so ist es" zu sagen und zuzulassen, dass wir etwas anderes erleben. Es wird uns bewusst, dass die Qualität der Beziehung, die wir als Ziel unseres Lebens verfolgt haben, sich nicht verwirklicht, vielleicht nie verwirklichen wird. Wenn der Verzicht klar ist, öffnet sich das Feld; eine andere Form der Beziehung, die wir vielleicht als unbedeutend beurteilt haben, findet wieder einen Wert. Das Unerwartete, das von Gott kommt, wird sie erneuern, das Leben sich dort entfalten. Es ist nicht das, was wir gewünscht hätten, doch es ist eine Form des Lebens. Der Ausweg des Lebens wird sich inmitten der Grenzen der Situation entdecken lassen: Ich wähle nicht das Leben, welches ich gerne leben würde, wenn ich es könnte, sondern ich suche einen Ausweg des Lebens, der es mir erlauben wird, in der Situation zu leben, die heute die meine ist und die ein Samen für andere wird.

Die Wirklichkeit aktiv und ganz und gar zu akzeptieren bedeutet nicht, dass die Situation endgültig und unrettbar blockiert ist, dass sich der andere niemals wird entwickeln können. Auf der geistlichen Ebene bleibt alles offen, denn die Zukunft gehört Gott. Das heißt, dass ich nicht erwarte, dass sich die Situation ändere, um dann meinen Platz zu finden und einzunehmen Ab sofort vollziehe ich Akte des Lebens im Wissen, dass es kein besseres Mittel gibt, dem anderen dabei zu helfen, Stellung zu beziehen, als es selber zu tun. Ich lege den anderen in Gottes Hände, überlasse ihn seinem Segen, welches auch immer sein Weg sein mag. Dabei achte ich darauf, mich nicht irgendwelchen Formen des Allmachtsverhaltens zu unterordnen, die sich hinter seinem passiven Widerstand oder seinem aggressiven Verhalten verbergen können.

Das wahre und das falsche Mitleid: Oft bremst ein falsches Schuldgefühl diese Bewegung ab. Es ist so, als ob man den anderen im Stich ließe, ihn verriete, indem man die Realität einer Situation, eines Verhaltens akzeptiert. Wird dieser Weg des Lebens wirklich im Heiligen Geist erlebt, in der Zustimmung zum *Wort des Lebens*, dann ist dieses Risiko ausgeschlossen. Ein falsches Mitgefühl, eine Form der unbewussten Verschmelzung, würden uns wieder einsperren. Wenn Christus uns einlädt, ans Licht zu kommen, dann nicht, damit dieses zum Ausschluss (des anderen) führt, sondern zu einer Form des Lebens. Wir können nur in ein wahres Mitgefühl, in die Vergebung eintreten, wenn wir die Wirklichkeit zutiefst annehmen, was eine Frucht der Trauerarbeit ist. Dann sind wir im Frieden, weil wir die Wahrheit wiedergefunden haben. Die Energie, die damit verbraucht wurde, ein illusorisches Ziel anzustreben, wird frei; sie wird sich auf die gegenwärtige Realität konzentrieren können. Wir werden wieder Handelnde in unserem Leben, wir nehmen an der Bewegung des Lebens teil: Wir beginnen mit der Arbeit der Auferstehung, dem Empfang des Neuen.

Es ist gut, zu akzeptieren, dass man in gewissen Fällen eine Beziehung nicht fortsetzen kann. Dies gehört zu den Grenzen des Menschen. Es ist dennoch notwendig, die Dinge zu sortieren, seinen eigenen Teil und den des andern zu sehen; wo nötig um

Vergebung zu bitten oder zu verzeihen (im Wissen, dass man die Vergebung, die man dem anderen schenken will, nicht auf der Stelle leben kann; sie ist eine echte Trauerarbeit, und so gehen ihr die verschiedenen Schritte der Trauer voraus); die Person des andern zu respektieren und darauf zu verzichten, schlecht über ihn zu reden.

Das geschwisterliche Leben

Auf diese Weise bereitet der Weg der Evangelisierung bis in die Tiefen des Herzens auf das geschwisterliche Leben vor. In dem Maße, in dem man in seiner inneren Freiheit, seiner Identität als Sohn oder Tochter Gottes verwurzelt ist, ist der andere keine Bedrohung mehr. Die Gastfreundschaft des Herzens wird sich erweitern und dabei die wechselseitigen Unterschiede respektieren können.

Das Heil tritt in die Generationenfolge ein

Auf dem Weg des *Pfingsten in der Beziehung* können wir die Qualität jener Beziehung nicht außer Acht lassen, die wir zu unserer Generationenfolge unterhalten. Wenn wir die Wurzel unserer Verwirrungen ans Licht bringen wollen, fangen wir mit der Beziehung zu den Eltern, den Brüdern und Schwestern an und kommen unvermeidlich auch zu den Vorfahren.

Unsere Eltern sind verletzte Geschöpfe gewesen, so wie jeder und jede von uns. Es ist immer höchst interessant, mit ihnen, im Rahmen des Möglichen, ihre eigene Geschichte und die ihrer Eltern aufzuklären: Dies erklärt manche Verhaltensweisen und erlaubt es, einen wohlwollenden Blick zu gewinnen. Wir können dann unseren Eltern und ihrer Geschichte ihr Gewicht zugestehen, zu verstehen beginnen, was sie erlebt haben, wie sie das geworden sind, was sie sind, und auch wie sie die Früchte des Erbes empfangen, bewahrt, entwickelt und weitergegeben haben. Wir sind einander verpflichtet, das wissen wir genau. Jeder, jede ist in gleicher Weise seiner Familie verpflichtet in auf- und absteigender Linie. Der Evangelist Matthäus ist bemüht, den Stammbaum Jesu im Detail zu beschreiben (Mt 1,1–17): Unter seinen

Vorfahren befinden sich Männer und Frauen, die nicht immer ein erbauliches Leben geführt haben. Dennoch hat sich das Leben einen Weg durch diese Folge von Generationen gebahnt, um bis zu ihm zu gelangen.

In Gott „sich selbst“ zu werden, in das Leben einzutreten, den richtigen Abstand in der Beziehung zu entdecken – eine unerlässliche Bedingung für echte Liebe – bedeutet nicht, dass man sich von schwierigen Vorfahren distanziert. Gleichzeitig handelt es sich aber auch darum, sich nicht verschlingen zu lassen.

Das Erbe: Wie aussortieren?

Jeder Mensch empfängt ein Erbe. Es kann materielle Güter umfassen oder nicht, doch in jeden Fall umfasst es ein System von Werten, von Verhaltensweisen. Es ist eine wichtige Wegstrecke, die Vergangenheit mit einem neuen Blick zu entschlüsseln, um die guten Dinge wiederzuentdecken, die uns übermittelt worden sind, sie dankbar zu empfangen. Dann gezielt eine Zeit des Gebets, der Danksagung zu verbringen, ist ein wichtiger Abschnitt in diesem Prozess. Diejenigen, die eine schwierige Vergangenheit hinter sich haben, haben manchmal die Tendenz, alles in Bausch und Bogen zu verwerfen. Es ist wahr, dass manche keine anderen Werte als das bloße Leben empfangen haben, das ihnen gegeben worden ist. Doch allein schon dies ist ein Gegenstand unendlicher Dankbarkeit: Die Eltern übermitteln ein Leben, das nicht ihnen gehört, aber sie übermitteln es. Weh dem, der zum Vater sagt: Warum zeugtest du mich, und zur Mutter: Warum brachtest du mich zur Welt? (Jes 45,10).

Wir haben indessen gesehen, dass auch Schatten von Generation zu Generation weitergehen: Sie werden das kollektive Unbewusste einer Familie bilden. Man kann deren Opfer sein, wenn man nicht weiß, wie man diesen Teil des Erbes ins Reine bringen kann. Was wird man damit anfangen? Soll man die Schatten zurückweisen und dann hat es sich?

Loyalitätskonflikte[1]

Viele werden durch das gebremst, was man einen „Loyalitätskonflikt“ nennen könnte: Sie sind gebunden durch unbewusste Verpflichtungen als Kinder, durch „unsichtbare Loyalitäten“, die sie lähmen, die sie in einem undefinierbaren Schuldgefühl festhalten. Was soll man mit dem machen, was uns die Eltern als System von Werten, Überzeugungen, Haltungen übermittelt haben?

Um auszusortieren, um auszuwählen, was man von dem Erbe behalten und worauf man verzichten wird, kann es eine mächtige Hilfe sein, die Lebensgesetze gründlich zu erforschen. Wir haben da Anhaltspunkte, die es uns erlauben aus den Loyalitätskonflikten herauszukommen. Wir bitten den Heiligen Geist darum, uns zu lehren, wie man das Erbe empfangen und wie man es ihm ermöglichen kann, gute Frucht hervorzubringen.

Die Entscheidung, sich gegenüber der Unordnung der Vorfahren abzugrenzen

Wenn man erst einmal zutage gefördert hat, auf welche Weise man sich von dem Schlechten seiner Vorfahren hat besetzen lassen und welche Schäden dies für den Körper und die Psyche mit sich gebracht hat, dann weiß man, was man abzulegen hat. Daraufhin wird es möglich, der Identifikation mit der Unordnung der vorangegangenen Generationen abzusagen, den Folgen ihrer Übertretungen, der Verletzungen, die sie selber erlitten haben.

Es ist wichtig, die Unordnung der Eltern, der Vorfahren klar zu benennen, ohne dabei ihre Person zu verdammen, und sich durch einen ganz konkreten Akt der Absage loszusagen von der Iden-

1 P.-Y. Brandt (Pastor, Professor für Religionspsychologie an der Theologischen Fakultät von Lausanne und Genf). (o. J.). Quelle loyauté vis-à-vis des parents? In *La vie renouvelée.* document de travail de Bethasda, Bethasda Documentation, Nr. 4. Vier Themen werden in dem Arbeitsdokument Nr. 4 mit dem Titel „La vie renouvelée“ („Das erneuerte Leben“) zusammengestellt und näher untersucht:
- *Le deuil* („Die Trauer“) von Marie Ribereau Gayon, Psychologin; – *Quelle loyauté envers les parents* („Welche Loyalität soll man seinen Eltern gegenüber haben?“) von Pierre-Yves Brandt; – *Comment laisser l'autre libre sans l'abandonner* („Wie man den anderen frei lassen kann, ohne ihn zu verlassen“) von Catherine Boé, Begleiterin von Bethasda; – *La bonne part de Marthe* („Der gute Teil Marthas“) von Rémy Charpigny.

tifikation mit ihrer Unordnung, ihrer Geschichte, ihrer Art und Weise, wie sie damit umgegangen sind. Es ist auch von Bedeutung, sich von ihren Schatten loszulösen, die Kette zu zerbrechen. Jeder, jede muss den Mut haben, sich einzigartig geschaffen und geliebt zu wissen und dem eigenen Weg zu folgen. So gehen wir vom Tod zum Leben, zu etwas Neuem über; wir verlassen Ägypten, um ein neues Land zu betreten.

Das Kommen Christi in die Generationenfolge

Sich vom Verhalten der Vorfahren abzugrenzen, bedeutet nicht, dass man sie ausschließt, auch nicht, dass man sich von dieser Generationenfolge ausnimmt. Zu Beginn der Bewegung der „Abgrenzung" handelt es sich vor allem darum, sich davor zu schützen, dass eine Unordnung, die nicht zu uns gehört, in uns einsickert. Doch in Wirklichkeit ist diese Bewegung viel weiter und öffnet einem Strom des Lebens die Tür, der in die gesamte Geschlechterfolge strömen wird. Wir verstehen dann, dass wir eine kleine Masche des Lebens, ein Kettenglied der Befreiung werden, und das ist eine sehr schöne Entdeckung.

Christus klopft an die Türe dieser Abfolge von Lebensgeschichten, um dort ein Werk der Befreiung durchzuführen. Er wird in den Kern selbst der Geschlechterfolge hinabsteigen (Offb 3,20). Wie immer bittet er darum, dass ihm ein Mann, eine Frau, die ihm vorausgeht, die Tür öffne. Wir finden hier die wunderbare Aufgabe des Dieners wieder, die von Kyrus und die unsere, die in dem Text Jesaja 45,1–3 näher erläutert wird. Die Gegenwart Gottes wird dann in allen Generationen wirken, in die verschlossensten und geheimsten Orte eindringen.

Der Diener hat seinen Anteil an dieser Bewegung der Befreiung. Er beschränkt sich nicht darauf, einfach die Türen zu öffnen; er ist direkt in die Geschichte der Geschlechterfolge, zu der er gehört, mit einbezogen. Er ist in seinem Fleisch, leibhaftig von den Folgen der Übertretungen seiner Vorfahren betroffen. Aus diesem Grund wird von ihm verlangt, dass er sich davon „abgrenzt", die Identifikation auflöst.

Es handelt sich da erneut um einen ganz bestimmten inneren Akt, der eines Tages in einem genau festgelegten Augenblick vollzogen wird: Wir dürfen zu der inneren Gewissheit gelangen, dass „es vollbracht ist, dass sich die Gegenwart Gottes jetzt wirklich inmitten dieser Geschlechterfolge niedergelassen hat". Dann zerbricht Christus in seinem Namen und durch die Macht seiner Liebe die Kette der Unordnung, genauso wie er Petrus aus seiner dunklen Zelle hat herausgehen lassen (Apg 5,17–21).

Es ist wahrhaftig das Leben des auferstandenen Christus, das in die auf- und die absteigenden Generationen eindringt. Sein Segen breitet sich über die Vorfahren und Nachkommen aus. Diejenigen, die das Kettenglied dieser Befreiung sind, gehen von der Schwere, dem Unvermögen, dem Eingeschlossensein über zur Freude, zum Leben, das sich vor ihnen öffnet. So tritt das Heil in diese Familie ein.

Es ist ein Segen, diesen Weg im Laufe der Eucharistiefeier zurücklegen zu können. Es ist gut, einen Stammbaum zusammenzustellen, den der Zelebrant vor Augen haben wird, mit dem Namen eines jeden Vorfahren und daneben der Unordnung oder dem Unglück, das er oder sie erlebt hat. Im Laufe der Eucharistie sagt der- oder diejenige, welcher die Feier gewünscht hat, der Identifikation ab, auf die er sich eingelassen hat, oder der Art der Wiedergutmachung, der Last, die er auf seine Schultern genommen hat. Er verspricht, seinem eigenen Weg zu folgen; er empfängt die Befreiung Christi für sich selbst und übergibt alle Vorfahren der Barmherzigkeit Gottes; er lässt sie, befreit, auf das ewige Leben zugehen.

Die Macht des Aktes der absoluten Liebe, welcher die Eucharistie ist, lenkt einen Strom der Befreiung in die ganze Kette von Männern und Frauen, mit der man verbunden ist.

Das Werk des Heils Christi vollendet sich, doch es war notwendig, dass ein Kyrus, ein Diener da war, an seinem Platz, unterwegs zu seinem eigenen Ostern. Diese Form des Gebets oder der Feier des Sakraments ist der Ursprung einer großen Befriedung des Herzens. Man hat nicht mehr die gleiche Beziehung zu seinen Ahnen. Man verteidigt sich nicht mehr gegen eine Bedrohung, eine Gefahr. Es tat Not, sich von ihrer Unordnung zu trennen, aber man lässt sie deshalb nicht im Stich. Sie ernten die Frucht unseres eigenen Weges: Da auch findet man die Einheit wieder.

Viertes Lebensgesetz: Die Einheit der Person suchen, in welcher der lebendige Gott wohnt

Du sollst den Herrn, deinen Gott, lieben mit ganzem Herzen und ganzer Seele, mit all deiner Kraft und all deinen Gedanken, und: Deinen Nächsten sollst du lieben wie dich selbst (Dtn 6,5; Lev 19,18; Lk 10,27).
Und das Wort ist Fleisch geworden (Joh 1,14).
Wisst ihr nicht, dass ihr Gottes Tempel seid und der Geist Gottes in euch wohnt (1 Kor 3,16)*?*

Du bist eins in der Gesamtheit, die dein Körper, deine Psyche (Emotionen, Gefühle, Affektivität, Fähigkeiten: Intelligenz, Vorstellungskraft, Wille) und deine Herztiefe bildet. Die Herztiefe belebt Körper und Psyche.

Erste Annäherung

Sobald sich der Mensch von Gott abschneidet, Gott sein will, verliert er seinen angemessenen Platz als Geschöpf. Er ist dann zutiefst aus dem seelischen Gleichgewicht gebracht. Er respektiert die Verschiedenheit und die besonderen Funktionen seiner verschiedenen Anteile – des Körpers, der Psyche und der Herztiefe – nicht mehr. Er vermischt sie oder spaltet sie im Gegenteil auf, indem er sie zueinander in einen Gegensatz bringt und bleibt so im Chaos, ist innerlich zerstückelt. Er hat dann den richtigen Bezug zu seinem inneren Boden verloren. Er ist wie ein vom Stamm abgeschnittener Ast, wie eine vom Weinstock losgelöste Rebe (Joh 15,6), ein Baum ohne Saft.

Das Gesetz der Einheit der Person: „Du bist eins", unterscheidet sich vom Gesetz der spezifischen Identität: „Du bist einzigartig". „Du bist einzigartig" bringt die Tatsache zum Ausdruck, dass dir niemals jemand gleichen wird; niemand wird je *„du"* sein. Jedes Individuum bringt der Welt etwas Neues, hat eine einzigartige, besondere Qualität und wird sie in einer eigenen Aufgabe entfalten. Im Unterscheid dazu bedeutet „Du bist eins", dass du *‚du'* bist und dass du *‚ich'* bist in deinem Körper, deiner Psyche und deiner Herztiefe. Du bist nicht zerstückelt, in drei Teile deines Seins aufgesplittert. Du bist nicht nur Körper, nicht nur Psyche, nicht nur Herztiefe. Du bist die Einheit der drei, die Verbindung der drei, jedoch ohne Vermischung[1].

Dieser Weg der Einheit ist allen zugänglich

Der Lebensweg, der zur Einheit als menschliches Wesen führt, bleibt nicht einer Elite vorbehalten. Das Wort Gottes sichert uns zu, dass jeder, jede ihn in sich entdecken kann. In der Stille des Herzens wird das Wort Gottes gehört und verstanden werden. Dort wird das Verlangen zu leben keimen, die Wahl, sich unverzüglich auf den Weg zu machen, mit dem, was man ist, in dem Zustand, in welchem man sich befindet.

Doch es ist wichtig, sich Zeit zu lassen, diesem Ruf gegenüber aufmerksam zu sein, der aus der größten Tiefe des Seins kommt. Es ist wichtig, ihn nicht vorübergehen zu lassen, sich in Hörbereitschaft zu begeben, die Anweisungen des Heiligen Geistes zu empfangen und Schritt für Schritt zu gehen.

Wir werden nicht auf der Straße umherirren, noch uns verlaufen, denn der Herr ruft uns „von der Finsternis zum Licht" (Apg 26,18; 1 Petr 2,9). *Denn du hast mein Leben dem Tod entrissen, meine Füße bewahrt vor dem Fall. So gehe ich vor Gott meinen Weg im Licht der Lebenden* (Ps 56,14). *Ich bin das Licht der Welt, sagt Jesus. Wer mir nachfolgt, wird nicht in der Finsternis umhergehen, sondern wird das Licht des Lebens haben* (Joh 8,12).

Zweifellos wird uns der Weg während des Vorwärtsgehens nach und nach gezeigt werden. Der Heilige Geist wird unser innerer Führer sein: Das Leben im Heiligen Geist ist ja nicht eine Sache von Spezialisten. Es ist die normale, vorrangige, wesentliche

1 X. Lacroix. (1999). Le Corps de l'Esprit. Paris: Ed. du Cerf.

Erfahrung eines jeden Gläubigen, der nicht innerlich austrocknen will und der in seiner unversehrten Ganzheit zu leben wünscht.

Die innere Verbundenheit der Psyche, des Körpers und der Herztiefe

Schlecht verarbeitete Verletzungen werden sowohl für die Psyche als auch für den Körper und das geistliche Leben Folgen haben. Diese Dimension wird während des ganzen Verlaufes des Weges der Evangelisierung bis in die Tiefen des Herzens erkundet. Aus diesem Grund wird diese Frage hier nicht gesondert behandelt. Erinnern wir uns einfach daran, dass Verletzungen der Psyche das geistliche Leben durcheinanderbringen können.

Falsche Vorstellungen von Gott, die Unmöglichkeit, seine innere Welt einem Gott zu öffnen, der ebenso verschlingend ist wie die Mutter, so erdrückend wie der Vater, den man gekannt hat, ein falsches Schuldgefühl oder die Unfähigkeit, sich in Frage zu stellen, eine Blockade, die Liebe Gottes zu empfangen, ... all diese Probleme haben als Unterbau eine psychologisch erklärbare Schwierigkeit, die man zutage fördern und in Ordnung bringen muss.

Man sollte sich indessen nicht in einem starren System einschließen. Es ist durchaus möglich, ein echtes geistliches Leben zu haben, während man eine schwierige psychologische Struktur hat oder unter einer gesundheitlichen Benachteiligung leidet, seine Probleme nicht bereinigt hat und sie vielleicht nie völlig bereinigen wird. Das Wesentliche ist, sich nicht selbst zu täuschen, sich nicht anzulügen, sich demütig zu akzeptieren in dem, was man nicht ändern kann und sich so geliebt zu wissen.

Verletzungen des Körpers können schlimme Rückwirkungen auf das psychische Leben haben und umgekehrt. Dies ist besonders der Fall bei Inzest oder sexuellen Aggressionen. Der Körper kann überflutet werden von vergrabenen Emotionen, von unausgesprochenen Erlebnissen der Seele, die sich durch psychosomatische Krankheiten offenbaren. Alles im Menschen ist miteinander verbunden.

Es scheint dennoch nützlich, einige Spuren zum Thema der Erinnerungen des Körpers zu legen und auf die Fragen zu antworten, die sich viele über das Leben der Herztiefe stellen, das heißt über den Ort der wesentlichen Verwurzelung des Menschen.

Auswirkungen psychischer Verletzungen auf den Körper

Der Körper spricht zu uns, er hat eine ihm eigene Sprache, und oft verstehen wir sie nicht. Er lügt nie, er bewahrt die Spuren von allem, was uns widerfahren ist, in sich auf. Sie stammen oft aus sehr frühen Lebensphasen, sind tief vergraben. Wenn sie nicht erhellt werden, können sie sich in Krankheiten, Unfällen, Traumata äußern, die uns etwas über uns selbst offenbaren.

Emotionen stehen an der Nahtstelle zwischen der Psyche und dem Körper. Sie werden in beiden Seinsdimensionen erlebt. Emotionen zu vergraben, sie nicht in Worte zu fassen, nicht durch sie hindurchgehen zu können, kann zerstörerische Folgen auf den Körper haben. Krankheiten können auftauchen; sie werden zu uns sprechen, uns etwas über das mitteilen, was in uns vorgeht.

In einem Buch, das dieses Thema in allen Feinheiten darstellt und von einer bedeutenden medizinischen Erfahrung zeugt, ermöglicht uns Dr. Philippe Dransart einen Zugang zur Sprache des Körpers. Er lässt uns deren Platz, deren Funktion im Organismus verstehen[1]: „Durch Unfälle, Traumata, Brüche, Krankheiten hindurch wenden wir uns an uns selbst. Nur beherrschen wir die Kunst, uns die Dinge zu sagen, ohne sie uns wirklich zu sagen, so als ob wir danach strebten, uns die Dinge so mitzuteilen, dass wir sie nicht vollständig hören."[2] „Wir verwalten unsere komplexen Emotionen durch unseren Körper, und da ist nichts Schlechtes dabei. Die Krankheit ist eine natürliche Angelegenheit, deretwegen wir keine Schuldgefühle haben müssen. Sie gehört zur menschlichen Bedingt- und Beschaffenheit [...] Doch sie versucht uns von der Emotion zu heilen, in der sie ihren

1 P. Dransart. (1999). *La maladie cherche à me guérir.* Grenoble: Le Mercure dauphinois. S. 134.
2 P. Dransart. a.a.O. S. 19.

Ursprung hat. Durch den Körper und den Schmerz versucht sie uns von der Emotion zu befreien, von der sie herrührt."[3]

Während ihrer gesamten Kindheit und Jugendzeit erlebt Anne eine sie verzehrende Verschmelzung mit ihrer Mutter. In ihrer Jugendzeit leidet sie unter einer sehr schlimmen Krankheit, die sich in ständigen Blutungen und einer schweren Infektion äußert. Sie ahnt nicht, dass sie aufgrund einer echten psychischen Verstümmelung blutet, die sich wie ein eitriger Abszess in ihrem gesamten Organismus verhält: Ihr Körper spricht zu ihr, aber sie versteht ihn nicht. Erst viel später wird sie die Verbindung zwischen ihrem körperlichen und psychischen Leiden herstellen.

Welche Rückwirkungen auf den Körper haben die (seelischen) Verletzungen gehabt, die man in seiner Geschichte erlitten hat? Viele haben sich von ihrem Körper abgetrennt. In welchem Augenblick ihres Lebens? Wie ist es dazu gekommen? Der Schmerz der Kinder, die Inzest und sexuelle Aggressionen jeglicher Art erlebt haben, ist verständlich Diese Kinder fühlen sich oft zutiefst beschmutzt und leben mit stark ausgeprägten Schuldgefühlen (um den Angreifer nicht zu beschuldigen), vor allem, wenn sie eine gewisse Lust dabei verspürt haben. Die Schäden sind beträchtlich; nicht nur der Körper ist davon betroffen, sondern auch die Psyche ist beschädigt, das Kind hat all seine Orientierungspunkte verloren. Der Weg beginnt mit der Befreiung zum Reden-Können, während man das nochmals durchgeht, was passiert ist. Dann kommt die Berührung Christi mit seinem zärtlichen Trösten hinzu, damit der Körper sich zu entriegeln beginnt, und aus seiner Angst, seiner Starrheit geholt wird. Doch eine aufmerksame und fortgesetzte Begleitung ist notwendig.

Der kaputtgemachte Körper hat das Bedürfnis, geehrt zu werden, seine Würde zurückzuerhalten. In diesem Bereich ist es möglich, kreativ zu sein, zu zweit oder zu dritt Formen des Gebets zu pflegen, die es erlauben werden, in diese Richtung zu gehen.

3 P. Dransart. a.a.O. S. 33.

Juliette, die wiederholt inzestuöse Handlungen erlitten hat, hat sich eines Tages von dem Ort so vieler Schmerzen entfernt und ist weggelaufen. Sie erinnert sich genau daran, dass sie ihren Körper hinter sich gelassen hat, so als ob sie woanders hinflöge: Sie wird daher langsam den Weg zurücklegen müssen, sich ihren Körper wieder anzueignen.

Geneviève ist ein Kind, das nur so von Gesundheit strotzt. Ihr Bruder hat einen schweren Unfall gehabt, ist zerbrechlich geblieben, weint oft. Die Mutter weint gewissermaßen mit ihm, ihr Herz ist erfüllt von Mitgefühl für dieses kranke Kind. Geneviève dagegen kommt nie in den Genuss des Mitgefühls, der Tränen der Mutter. Mit fünf Jahren, sie erinnert sich sehr genau daran, ist sie in ihrer Fantasie in eine andere Familie abgehauen. Sie hat sich von der Gegenwart abgeschnitten und, ohne sich darüber Rechenschaft abzulegen, auch von ihrem Körper. Es sollte ihr erst Jahre später bewusst werden, als eine schwere Krankheit am Ende ihrer Jugendzeit ausbrach. Viel Sport getrieben zu haben, hatte ihr die Wurzel des Problems verborgen.

Jeanne hat einen sehr schwächlichen Körper. Sie hat vielfältige Verdauungsprobleme. Sie brauchte lange dazu, zu entschlüsseln, dass ihre physischen Probleme im Wesentlichen psychosomatischer Natur waren. In der Tat reagiert ihr Körper auf die geringste emotionale Erschütterung. Sie hat eine lange Geschichte an nichtverbalisierten Erlebnissen hinter sich. Als Kind wurde sie mit Zärtlichkeit umgeben, von ängstlichen Eltern überbehütet. Eine gegenseitige Konfrontation oder ein Konflikt waren undenkbar. So hat sie sich nie das Recht gegeben, ihre Emotionen auszuleben, nicht einmal sie für sich selbst in Worte zu fassen. Sie hat ihre eigenen Wünsche ausgelöscht, Auflehnung, Kummer, Unsicherheit tief in sich drinnen vergraben; all diese Emotionen sind in ihrem Körper versunken. Sie hat einen Weg der Heilung in Bezug auf die Befreiung und Zulassen des Wortes, das Ausgraben der Emotionen durchlaufen. Sie ist im Vertrauen gefestigt und lebt in Frieden. Der Körper scheint jedoch nicht zu folgen: Es ist, als ob er es sich angewöhnt hätte, alle psychischen Störungen aufzufangen, als ob diese direkt im Körper Fuß fassten, ohne über die Psyche zu gehen.

Jeanne kann aufdecken, was in ihr vorgeht. Dieses Sich-Bewusstwerden ist schon eine wichtige Etappe. Dann fängt sie mit dem an, was ihr möglich ist. Sie lässt sich von dem in Frage stellen, was in ihrem Körper vor sich geht: Sobald ihr Verdauungssystem blockiert, ist sie alarmiert. Sie geht den Tag oder die vorhergehenden Tage in Gedanken zurück, um zu überprüfen, ob ein Ereignis, wenn auch nur ein geringfügiges, sie durcheinandergebracht hat. Es gelingt ihr fast immer, es wiederzufinden: „Scheinbar habe ich das, was passiert ist, sehr gut verarbeitet, aber in Wirklichkeit hat mich dieses Gespräch aufgeregt; da habe ich Kummer, dort habe ich Unruhe verspürt." Sie lässt die Emotion, die sie in Worte fasst, gewissermaßen vom Körper zur Psyche aufsteigen. Sie wird demzufolge durch die Emotion hindurchgehen, ohne sie zu verleugnen, indem sie Christus darin Wohnung nehmen lässt. Es ist dies ein Weg der Einheit. Es werden sich ihr noch andere Wege öffnen; aber was sie verstanden hat, lebt sie auf ihre Art und Weise in ihrem Alltag. „Die Krankheiten, die uns befallen, sind nicht dazu da, uns den Weg zu verbauen, sondern uns zu befreien. Leider versteht das die Lebensflamme, die in uns ist, nicht immer so. Die Ereignisse, die Krankheit, kommen wie ein Sandkorn, manchmal auch wie ein Sturm und lassen uns ratlos zurück ... Oft stören uns diese Erfahrungen, doch ihr Ziel ist immer die Freiheit."[1]

Die Frage der Krankheit ist komplex, und es ist wichtig, auf diesem Gebiet nicht naiv zu vereinfachen. Nicht alle Krankheiten haben eine psychosomatische Ursache. Es ist jedoch gut, sich zu fragen, ob es nicht eine Verbindung zwischen einer Krankheit und einem Fehlverhalten, einem schlecht verarbeiteten Ereignis geben könnte. Die Frage wird im Sinne einer Möglichkeit gestellt, um einen eventuellen Durchblick in die Wege zu leiten. Es wäre gefährlich, in dem Augenblick ein Schuldgefühl aufkommen zu lassen, welches das Übel nur verschlimmern würde.

Im Übrigen sind viele Untersuchungen und Methoden der Körperarbeit in den letzten Jahrzehnten entstanden. Man kann deren Wert weder verleugnen noch sie beiseite lassen. Alles was den Körper betrifft, erfordert Vorsicht, Fachkenntnis und Geduld.

1 P. Dransart. a.O. S. 134.

Die Evangelisierung seines tiefsten Inneren betrifft sowohl die Psyche als auch den Körper; man kann nicht in Wahrheit am Psychischen arbeiten und dabei den Körper beiseite lassen. Ihm ist oft schwer zugesetzt worden und er braucht gleichermaßen einen erhellenden wie auch einen mitfühlenden Blick. Das Problem der Erinnerungen des Körpers, des Einflusses von erlittenen Verletzungen auf den Körper, ist im Wesentlichen der Forschungsgegenstand der „Evangelisierung" seines Körpers.

Verkennen des Gesetzes der Einheit – Übertretungen, Irrwege, Wege des Todes

Hat man erst einmal den Sinn des Gesetzes der Einheit der Person verstanden, ist es nicht mehr allzu schwierig, sich der falschen Wege bewusst zu werden, die eingeschlagen worden sind. Die Übertretung wird die Tatsache betreffen, dass man den Körper, die Psyche, die Herztiefe aufgespaltet oder zueinander in Widerspruch gestellt, diese drei Dimensionen vermischt, verwechselt (ein psychologischer Prozess bedeutet nicht unbedingt geistliches Wachstum), eine der drei vernachlässigt oder eine zum Nachteil der anderen gefördert hat. So kann man im geistlichen Bereich Zuflucht suchen und dabei die Psyche vernachlässigen. Man kann die Herztiefe schlummern lassen, deren Eigenleben nicht entfalten und es ihr nicht erlauben, ihre Funktion im Organismus auszuüben. Es ist möglich, von der Psychologie fasziniert zu sein, sie als einziges sicheres Gelände anzusehen oder im Gegenteil zu glauben, dass es das Gebet möglich macht, dass wir uns einen Weg der Wahrheit über uns selbst ersparen können. Es kann auch sein, dass die Entfaltung des Körpers zum obersten und einzigen Ziel gemacht oder dieser vernachlässigt wird, dass man dem gegenüber taub ist, was er uns mitzuteilen versucht. Auch kann man Mittlerdienste (medizinische, psychologische oder jede andere Hilfe) als Zweck an sich betrachten und dabei das letztendliche Ziel vergessen oder im Gegenteil glauben, dass man auch ohne diese Hilfen auskomme, wo sie doch dringend nötig wären.

Der Wiederaufstieg

Die Reue

Viele Männer und Frauen sind auf der Suche nach der Einheit ihres Wesens. Dieses Suchen wird die meiste Zeit nicht klar benannt. Doch wird diese Einheit auf vielfältige Art gesucht, gerade indem man sich bald um seinen Körper, bald um seine Psyche, bald um seine Herztiefe kümmert. Dabei weiß man jedoch nicht, wie sie zu verbinden sind, wie man die Verknüpfung herstellen soll, obwohl das Ziel meistens ist, „Ich" zu sein, in seiner Gesamtheit „eins zu sein", damit aufzuhören, ein in sich unterteiltes, uneiniges Haus zu bewohnen.

Sobald der Sinn dieses Gesetzes der Einheit klar wird, steigen wir aus dieser Verblendung aus, werden uns dessen bewusst, dass wir zerstückelt, aufgespalten sind, dass es einen inneren Bruch gibt, der bis jetzt verborgen war, oder dass wir Verwirrung und Vermischung in uns tragen. Das Licht erhellt, was verborgen geblieben ist. In der Stille des Herzens treten wir dann die große Umkehr an, welche die Reue ist. Wir gehen vom Verständnis der Wahrheit weiter zur intimen Kommunikation von Herz zu Herz mit Christus und vollziehen so einen wesentlichen Akt der Einheit.

Die Absage

Welcher Sache absagen?

Man wird der Übertretung absagen, dem eingeschlagenen Irrweg. Das setzt voraus, dass man zutage gefördert hat, wie man in seiner Psyche, seinem Körper, seiner Herztiefe wohnt oder auch nicht, auf welche Weise man sich darum kümmert und wann, wie, warum man in die Spaltung oder die Verwirrung geraten ist.

Jede, jeder wird seine besondere Form der Absage haben, je nach der Übertretung, die aufgedeckt worden ist

Der Weg kann mehr oder weniger lang sein; das Wesentliche ist es, aufzubrechen, den Rückweg anzutreten. Es geht nicht so sehr darum, an ein bestimmtes Ziel zu gelangen, als vielmehr darum voranzugehen, weil man den tiefen Sinn der Inkarnation, des *Wortes*, das Fleisch geworden ist, verstanden hat. Man stimmt dem Vorgang zu, innerlich wieder geordnet, wiederhergestellt zu werden. Um voranzukommen, wird es jedoch notwendig sein, gewisse Zustände zu verlassen, in denen man sich eingerichtet hat, gewisse Bremsen ans Licht zu bringen, die wir vielleicht nicht genügend beachtet haben:

Eine falsche Vorstellung von Autonomie. – Wer sich nur auf seine eigenen Kräfte, Kompetenzen und seine Weisheit verlässt, um diesen Weg zur Einheit zu verwirklichen, geht irre. Dies führt dazu, dass man die wunderbare Zusammenarbeit mit dem Heiligen Geist, die jedem Menschen angeboten wird, diese Möglichkeit, sich von dem inspirieren zu lassen, *der uns in die ganze Wahrheit einführt* (Joh 16,13), brach liegen lässt.

Es ist aber nun genau die Funktion des Heiligen Geistes, zu verbinden, das Gleichgewicht wiederherzustellen, den Mann, die Frau zu ihrer Quelle zurückzuführen, sie Schritt für Schritt auf dem Weg zu ihrer Einheit zu unterweisen. Diese Unterweisung ist nicht ohne Bedeutung, ist nicht zu vernachlässigen. Es ist wahr, dass sich meistens dieses Leben im Heiligen Geist aus Unwissenheit nicht entfaltet, doch ist es gleichwohl eine Form des Allmachtswahns, ohne Gott auskommen zu wollen.

Das Gefühl des Unvermögens. – Dem Gefühl des Unvermögens nachzugeben war die ständige Versuchung der Israeliten in der Wüste: schon im Voraus die Arme vor dem, was eine unüberwindliche Mauer schien, sinken zu lassen. Sie waren versucht, an der Hilfe Gottes zu zweifeln, die zum Weiter- und Hinübergehen einlädt, die zusichert, dass seine *Gnade genügt, denn sie erweist ihre Kraft in der Schwachheit* (2 Kor 12,9).

Das Gefühl des Unvermögens löscht schließlich jegliches Verlangen aus. Gott schlägt aber niemals ein unerreichbares Ziel vor, denn ausnahmslos alle sind zur Reise ins Lebens aufgerufen.

Ein zu hohes Ziel anzustreben, zu schnell gehen zu wollen, zu wünschen, dass man die Frucht unmittelbar ernten könne, ohne die Zeit zu berücksichtigen, die für jede Umwandlung notwendig ist, kann zum Gefühl des Unvermögens führen und endet im Glauben, dass „man es nie schaffen wird". Wir sollen ohne jeden Zweifel die „Einfachheit" der Söhne und Töchter Gottes wiederfinden, die nicht den berühmten Sätzen „Man müsste nur dies oder jenes tun, dann ..." – „die Dinge werden ganz von alleine kommen", entspricht, aber auch nicht dem Weg des geringsten Widerstandes, der Bequemlichkeit oder der faulen oder ängstlichen Trägheit. *Fürchte dich also nicht, und hab keine Angst; denn der Herr, dein Gott, ist mit dir bei allem, was du unternimmst* (Jos 1,9).

Der erste Schritt ist es sicherlich, sich daran zu erinnern, dass uns die Gnade vorangeht, die Zusicherung sehr tief in sich zu verankern, dass Gott da ist und sich zu fragen, ob man wirklich daran glaubt. Von da an kann man sich auf den Weg machen und auch unbekannte Wege begehen.

Die Versuchung, mitten auf dem Weg, also zu früh stehenzubleiben. – Viele gehen den Weg nicht zu Ende, bleiben stecken auf dem Weg des Lebens. Der Unordnung der Psyche, die man in sich ahnt, nicht tiefer nachzugehen, zu glauben, dass der innere Weg beendet ist, sobald man die Geschichte in Worte gefasst, den Irrweg entdeckt hat und somit den Vollzug der Umkehr zu vernachlässigen, kommt einem Abwürgen der inneren Bewegungen gleich. So können sie sich nicht völlig entfalten: Man geht nicht bis ans Ende dessen, was man durchleben muss.

Es ist eine Art der Flucht, der Sprache des Körpers gegenüber taub und blind zu bleiben, den notwendigen Fragen zur Art und Weise, wie er von den Verletzungen der Vergangenheit oder der Gegenwart mitbetroffen ist, aus dem Weg zu gehen. Man bewohnt seinen Körper dann nicht wirklich, ist nicht vertraut mit dem, was dort vor sich geht, geht an den Hinweisen vorbei, die er uns ununterbrochen bezüglich der Verhaltensweisen gibt, die nicht richtig sind.

Wege des Lebens – Einige Fährten

Suchen nach der Einheit des Wesens ist die Grundlage und das Ziel des Weges der Evangelisierung bis in die Tiefen des Herzens. Die Einheit entsteht bei jedem der Übergänge, die vom Tod zum Leben führen. Jede Etappe wird uns demnach beträchtlich in dieser Richtung voranbringen.

Das Verlangen nach Einheit stärken

Es scheint dennoch so, dass die erste zu treffende Wahl darin besteht, dieses Verlangen nach Einheit auftauchen, bewusst werden zu lassen, sich dessen zu vergewissern, es zu stärken. Es ist wichtig zu verstehen, dass dieses Verlangen wesentlich ist, dass es auf ein das Leben begründendes Wort antwortet, auf eine Einladung Gottes, dass es eine echte und richtige Ausrichtung auf das Leben darstellt. Danach kann man fest entschlossen die Entscheidung treffen, sich in dieser Richtung auf den Weg zu machen.

Den Heiligen Geist frei walten lassen

In diesem Augenblick kann man ein wirkliches Engagement dem Heiligen Geist gegenüber leben. Das bedeutet, ihn frei walten zu lassen, es ihm zu erlauben, seine Funktion auszuüben, bei der es darum geht, die Gesamtheit des Menschen, seinen Körper, seine Psyche und seine Herztiefe zu beleben. Zum Leben der Herztiefe gehört es, ein Mensch zu werden, der sich unterweisen lässt, die Regungen des Heiligen Geistes in sich zu erkennen, sich der aktiven Teilnahme bewusst zu werden, die von uns verlangt wird, ihr zuzustimmen. Im Herzen erfasst man die Dinge des Reiches Gottes, lernt man, wie man das Leben des Heiligen Geistes in sein Menschsein integrieren kann.

Die Schritte in Richtung Einheit erkennen

Es ist nicht sicher, dass wir die Wegstücke, die wir während der Evangelisierung bis in die Tiefen des Herzens durchqueren, auch als Schritte in Richtung Einheit erkennen. Gleichwohl baut sich die Einheit Schritt für Schritt so auf.

Das erste Vorangehen, das vorgeschlagen wird: unsere innere Welt vollständig der Gegenwart Christi, dem Leben des Heiligen Geistes öffnen (Offb 3,20). Dies ist eine Bewegung, die sehr stark

„eins macht“, ein lebendiger Kreislauf, ein (Geistes-)Hauch, der vom Herzen ausgeht und der sich in die Psyche und den Körper ausbreiten wird. Die verschiedenen Teile des Menschen werden so auf geheimnisvolle und vollkommen richtige Weise miteinander verbunden.

Alle Schritte, die vorgeschlagen werden, haben zum Ziel, ganzheitliche Akte zu vollziehen. Sie tragen den verschiedenen Dimensionen des Seins Rechnung, ohne auch nur eine davon abzulehnen; wir finden so die Rangordnung der Werte, den Platz jedes Teiles des Ganzen wieder. Dies sind nicht Dinge, die schwierig zu verstehen sind; es handelt sich im Wesentlichen darum, das, was verstanden worden ist, in die Praxis umzusetzen.

Eine Wahrheit, die ans Tageslicht kommt, nicht brach liegen zu lassen, sie im Gegenteil gründlich zu erforschen, ist ein Akt des Lebens. Anstatt sich in einer Art Niedergeschlagenheit zu fragen: „Was soll ich jetzt tun?“, ist es wichtig, den Heiligen Geist um Rat zu fragen, sich aufzumachen, um den Schritt zu entdecken, den zu machen uns jetzt schon möglich ist und ihn nicht für unbedeutend zu halten. Viele brechen nicht auf, weil sie nicht wissen, womit sie anfangen sollen.

Mit dem anzufangen, was sich in Reichweite befindet, gibt Wege frei. Von verschiedenen Seiten wird Hilfe kommen, denn wir haben uns aufgemacht und die Quelle der Fülle beginnt zu fließen.

Das Leben der Herztiefe entfalten

Die Entfaltung des Lebens der Herztiefe ist eine wesentliche Dimension im Suchen nach der Einheit des Wesens. Es ist davon im Band I der Evangelisierung bis in die Tiefen des Herzens die Rede gewesen, als von einem grundlegenden Orientierungspunkt auf dem Weg[1].

Ein Gebetsleben zu haben, vom Wort Gottes genährt zu werden, bedeutet nicht schon, dass man in der Herztiefe verweilt. Viele wissen nicht, welcher Weg sie bis in das Innerste ihres Seins

1 S. Pacot. *Evangelisierung bis in die Tiefen des Herzens.* S. 56–59.

führen wird; andere verstehen nicht, wie sie das Herz zum Rest des Organismus in Beziehung setzen sollen. Im Übrigen wird es den Alltag bereichern und verändern, mit verschiedenen Ausdrucksformen des Lebens des Herzens Erfahrungen zu machen. Es erscheint deshalb nützlich, diese verschiedenen Punkte nun zu entwickeln.

Die Entfaltung des Lebens der Herztiefe

Erste Annäherung

Die Herztiefe ist dieser unfassbar tiefe Punkt im Kern des Wesens, der Ort der größten Tiefe, wo man die Gegenwart Gottes erlebt. Sie ist nicht gleich dem emotionalen Herz. Sie ist jedem Menschen gegeben, um es ihm zu ermöglichen, mit dem lebendigen Gott in Verbindung zu treten, die Geheimnisse des Reiches Gottes zu verstehen.

In der ganzen Bibel entdeckt man die Ankündigung dieser wunderbaren Möglichkeit, Gott auf dem Grund seines Herzens zu finden:

Darum: *Siehe, ich werde sie locken und sie in die Wüste führen und ihr zu Herzen reden*[1] (Hos 2,16). *Ich lege mein Gesetz in sie hinein und schreibe es auf ihr Herz* (Jer 31,33). *Jesus sprach zu ihr: Glaube mir, Frau, die Stunde kommt, zu der ihr weder auf diesem Berg noch in Jerusalem den Vater anbeten werdet [...] zu der die wahren Beter den Vater anbeten werden im Geist und in der Wahrheit; denn so will der Vater angebetet werden* (Joh 4,21–23). *Bleibt in mir, dann bleibe ich in euch* (Joh 15,4). *Ich schenke euch ein neues Herz* (Ez 36,25–27). *Denn ihrer ist das Himmelreich [...] Selig sind, die reinen Herzens sind* (Mt 5,3–12). *Sondern einer der Soldaten stieß mit der Lanze in seine Seite, und sogleich floss Blut und Wasser heraus* (Joh 19,34). *Wisst ihr nicht, dass ihr Gottes Tempel seid und der Geist Gottes in euch wohnt? [...] Denn Gottes Tempel ist heilig, und der seid ihr* (1 Kor 3,16–17).

1 Revidierte Elberfelderübersetzung.

Es ist wesentlich, diese geistliche Fähigkeit zu wecken, wenn man in seiner Integrität, seiner Ganzheit leben möchte. Das Herz hat eine Funktion im Organismus, und es gibt eine innere Rangordnung, wenn da weder Aufspaltung noch Vermischung ist. Das Herz wird vom Wort Gottes, von der Wahrheit genährt. Es ist unsere Verantwortung, darüber zu wachen, dass dem auch so ist. Das Herz darf nicht von den Regungen der Psyche überflutet werden; vielmehr wird es diese informieren, stützen, neu orientieren. Die Psyche ihrerseits sollte den Körper informieren und unterstützen.

Es ist ganz natürlich, dass wir in der Herztiefe einen *mütterlich zärtlichen*, warmen Aspekt wiederfinden: die lebendige Gegenwart Gottes, des Heiligen Geistes, der führt und erleuchtet. Da finden wir die Sicherheit der unendlichen Liebe Christi und die Gewissheit unserer eigenen ursprünglichen Herkunft und Verbundenheit. Das, was sich in uns selbst verhärtet hat, wird vom Leben des Herzens aus wieder geschmeidiger werden können. Im Herzen befindet sich die Quelle des Lebens, die ihren Ursprung in Gott hat und die das äußere Leben nähren und die Fülle der Gaben Gottes nach außen quellen lassen wird. Derjenige, diejenige die von ihrer Herztiefe abgeschnitten ist, bringt sich um all den Reichtum dieses mütterlichen Ortes.

Wir entdecken hier gleichermaßen einen *väterlichen Aspekt*: Die Herztiefe wird von der Erkenntnis des Wortes Gottes, der Wahrheit, der Lebensgesetze, der richtigen Anhaltspunkte erleuchtet. Sie ist der Ort der grundlegenden Entscheidungen, der echtesten Sehnsüchte. In ihr wird die Wahl des Lebens, die Absage an den Weg des Todes vollzogen. Im Herzen befinden sich auch die lebendigen Kräfte, die inneren Schätze, auf welche der Mensch zurückgreifen kann. Sie sind ihm vom Gott der Lebendigen gegeben worden, um sich aufzubauen, Leben zu schaffen, die Existenz mit ihren Licht- und Schattenseiten anzunehmen, um nicht zusammenzubrechen angesichts von Schwierigkeiten und den eigenen inneren Problemen, angesichts von Widerwertigkeiten, Angriffen, Enttäuschungen. Im Herzen sind Kräfte zur Befreiung von der Angst, nicht zu existieren, verschlungen zu werden.

Im Herzen befindet sich die Quelle der wahrhaftigen Freiheit eines jeden Menschen, seine innere Freiheit. Welches auch immer die Lebensbedingungen sein mögen, jeder kann auf dem Grund seines Herzens ein Stück Freiheit entdecken, wie gering es auch immer sei. Im Herzen wird sich das Leben im Heiligen Geist entfalten. Durch das Herz kann jeder Mensch lernen, wie er richtig mit dem Heiligen Geist zusammenarbeiten kann. Im Herzen wird der Mensch Vertrauen fassen, sich darin gründen und festigen. Da wird er seinen neuen Namen erhalten, eben da wird er die neue Geburt erleben, die zweite Geburt, von der Jesus zu Nikodemus spricht (Joh 3,1–21). Im Herzen entfaltet sich der Friede, der mitten in den Stürmen des Lebens bestehen bleibt: *Frieden hinterlasse ich euch, meinen Frieden gebe ich euch* (Joh 14,27); im Herzen wächst die Zuversicht zu leben, die Freude, die niemand uns rauben kann: *So seid auch ihr jetzt bekümmert, aber ich werde euch wiedersehen; dann wird euer Herz sich freuen, und niemand nimmt euch eure Freude* (Joh 16,22).

Der Mensch ist zum Abbild Gottes, ihm ähnlich erschaffen[1]

Das Bild Gottes ist in die intimste Mitte eines jeden Mannes, einer jeden Frau eingraviert. Es kann nicht ausgelöscht werden. Es bleibt unversehrt, was auch immer geschehen mag. Viele sind zutiefst beruhigt, getröstet, wenn sie erfahren, dass der Kern ihres Wesens nicht vom Bösen betroffen ist und nicht betroffen werden kann, wie schwerwiegend ihre Geschichte auch sein mag, selbst wenn die Zugänge, die Schwelle zum Herzen von den Gefühlen versperrt, manchmal auch überschwemmt sind. Sie werden entdecken, dass sie die Möglichkeit und Fähigkeit haben, mit diesem Ort in sich selbst wieder anzuknüpfen. Diese Gewissheit wird eine Quelle der Befriedung und der Kraft sein.

Dass ein Mensch Gott immer ähnlicher wird, hängt hingegen von der Lebensentscheidung jedes Einzelnen ab und ist ein Prozess, der im Lauf der Zeit Gestalt annimmt. *Ich nehme das Herz von Stein aus ihrer Brust und gebe ihnen ein Herz von Fleisch, damit sie nach meinen Gesetzen leben und auf meine Rechtsvorschriften*

1 Gen 1,26–27.

achten und sie erfüllen. Sie werden mein Volk sein, und ich werde ihr Gott sein (Ez 11,19–20).

Wie den Weg zum Herzen wieder finden?

Fahre hinaus, wo es tief ist[2] (Lk 5,4).

Kann man die Herztiefe in sich lokalisieren? Viele stellen sich diese Frage. Es scheint, dass man dies bejahen kann, obgleich es diesbezüglich keinerlei Regel gibt. Geistliche Menschen haben im Laufe der Zeit mit verschiedenen Methoden der Annäherung an die Herztiefe Erfahrungen gemacht. Dies ist nicht der richtige Ort, um sie auf spezifische Weise näher zu untersuchen; ich zeige hier bloß eine sehr einfache Fährte auf, die jedem zugänglich ist.

Ein Karmelitermönch, Robert Beulay, sagt aus, dass es mehrere Wege gibt, die sogenannte „Verinnerlichung"[3] (l'intériorisation) anzugehen. Wir können anfangen, in uns zu gehen, indem wir die Augen schließen; so schneiden wir uns von der Außenwelt ab. Wir befinden uns dann in unserem Innern wie hinter einer Türe. Wir können da bleiben, gleich hinter der Tür. Doch wir können uns auch ganz bewusst auf die Mitte unseres Wesens, den innersten Kern, das Herz des Herzens zubewegen, das wir hinter dem Nervengeflecht (Plexus) lokalisieren können, als einen unendlichen Punkt in uns: Das Wort Gottes versichert uns, dass der Mensch der Tempel des lebendigen Gottes ist. Gott wohnt, bleibt im Tempel, und der Tempel ist hier kein Gebäude, sondern die Herztiefe (1 Kor 6,19).

Wir machen uns also auf den Weg, um Gott da zu begegnen, wo er sich befindet, nämlich im Herzen. Wir werden seine Gegenwart da entdecken, wo sie bleibend ist, in der Mitte des Herzens. Wenn wir uns auf den Weg machen, dann geschieht dies deshalb, weil der Heilige Geist den Menschen ruft, der seinerseits auf der Suche nach seiner Mitte ist. Wenn wir es lernen, aufmerksam zu sein auf das, was wir in uns erleben, werden wir diesen Ruf hören. Er drückt sich im eigenen Verlangen aus. Es ist wichtig, es weder auszulöschen, noch beiseite zu lassen.

2 Übersetzung aus der revidierten Lutherbibel von 1984.

3 Pater Robert Beulay, ein Karmeliter aus der Bagdad-Mission, gab einen Vortrag über das Gebet des Herzens im Karmeliterkloster in Avon im Frühjahr 1997.

Es kommt vor, dass der Zugang zum Herzen versperrt ist. Ohne es zu wissen, hat man vielleicht eine Tür geschlossen, die unbedingt beim Namen genannt werden muss: eine unbewusste, innere Auflehnung Gott gegenüber, Angst, Unkenntnis, Unglauben ... Wenn die Türe offen ist, dann dringt man ins Herz vor. Es ist dann möglich, dass man nichts empfindet, aber nichtsdestoweniger „glücklich ist, da zu sein". Zu Beginn bleibt man nur kurze Zeit hier. Wir werden dieses Abtauchen mehrmals täglich wieder erleben können. Zuerst ist es eine Übung, dann wird es unerlässlich, und schließlich leben wir ganz natürlich vom Herzen her.

Nach und nach wird man länger im Herzen verweilen. Es erweist sich dann als nützlich, um die Stille zu nähren, um Ablenkungen zu vermeiden, sich durch die Wiederholung eines einfachen, sehr kurzen Wortes zu helfen, das die Wirklichkeit der persönlichen Beziehung zu Gott ausdrückt. Man überlegt nicht, denkt nicht über dieses Wort nach, man lässt sich einfach von ihm durchdringen, während man friedlich, in seinem Rhythmus atmet. Robert Beulay sagt, dass sein Wort beim Einatmen „Gott", beim Ausatmen „mein Gott" sei, mit einem kurzen Innehalten am Ende des Ausatmens, wie um sich auf dem Herzen Gottes auszuruhen. Es handelt sich hierbei um eine äußerst einfache Form des Zugangs zur Herztiefe. Man erprobt, erfährt hier die Einheit zwischen dem Körper, der Psyche und dem Herzen.

Vom Herzen her leben

Ein neues Leben wird aus dem Herzen desjenigen hervorquellen, der in die Herztiefe gepflanzt, dort verwurzelt ist. Doch das Leben des Herzens kann nur unter der Bedingung fruchtbar sein, sich in seiner Rolle entfalten, dass nichts von dem verleugnet, ausradiert, verstümmelt wird, was von der Psyche oder dem Körper herrührt, da der Mensch ein Ganzes ist. Wer von seiner Herztiefe her lebt, wird sich viel leichter den Regungen seiner Psyche annähern können. Die (privatlogischen) Gedankengebäude werden nach und nach fallen, die Verteidigungsmechanismen werden nachgeben; sie werden immer weniger notwendig sein. Der Mensch wird dazu fähig, die Wirklichkeit mit ihren Licht- und Schattenseiten anzunehmen, wie auch seine eigenen Zwiespältigkeiten.

Der Körper wird gestärkt, er nimmt eine andere Dimension an; die Geste wird echt, bringt nach außen hin das treffender zum Ausdruck, was innerlich vor sich geht. Wer von der Herztiefe her lebt, erlaubt es dem Sein, sich im Tun auszuwirken, ermöglicht es dem Unendlichen, ins Endliche einzudringen; er wird lebendiger Zeuge der Gegenwart Gottes in der Welt, er wird „ganz“, er „vollbringt“.

Es ist von größter Bedeutung, aus der Herztiefe nicht einen in sich geschlossenen Ort zu machen, sondern sie mit dem Rest des Organismus in richtige Beziehung zu setzen: mit der Psyche, dem Körper, auch mit der konkreten Welt, dem Alltag, der Gegenwart – denn das ist ihre Funktion.

Verbindung zwischen der Herztiefe und der Psyche herstellen – Der geistliche Kampf

Es ist zuerst wichtig zu wissen, dass wir uns im Herzen niederlassen können, welches auch immer die Unordnung in unserer Psyche oder in unserem Körper sein mag. Es ist nicht nötig, darauf zu warten, bis das ganze Leben wieder in Ordnung gebracht ist, bevor wir uns im Leben des Herzens verankern, verwurzeln. Dies ist eine beglückende und beruhigende Entdeckung.

Vom Herzen ausgehend werden wir nach und nach unserer Beklemmung, unseren Ängsten, manchmal unserer Leere die Stirn bieten können. Dies schließt nicht aus, dass wir auch auf andere Weise versuchen werden, die Ursachen unserer Leiden ans Licht zu bringen. Doch zu wissen, dass es in uns diesen Ort der absoluten Sicherheit gibt, wo sich die Gegenwart Gottes entfaltet, wo wir hingehen können, um wieder Kräfte zu sammeln, um sich lieben zu lassen, sich auszuruhen, im Vertrauen zu leben, ist ein beträchtlicher Trost. Dies setzt voraus, dass wir damit aufhören, hin und her zu schwanken, dass wir in die absolute Gewissheit eintreten, dass dieser Ort jedem Menschen gegeben ist, dass alle dazu Zugang haben.

Viele stellen sich die Frage nach der Beziehung zwischen der Herztiefe und der Psyche und befinden sich zu dem Zeitpunkt wie vor einem unbekannten Weg. „Ich habe gehört, ich habe verstanden, und wie muss ich jetzt vorgehen?“ Es ist dann möglich, eine Emotion, ein Ereignis, eine Erinnerung als Gelegenheit zu benützen, sich darauf einzulassen, eine Erfahrung zu machen, bei welcher der Heilige Geist helfen wird, sie Schritt für Schritt zu durchlaufen.

Antoine gehört zu einer Gruppe, die sich durch Malerei ausdrückt. Am Ende einer Sitzung geht der Betreuer bei jedem Teilnehmer vorbei, um die Arbeit zu begutachten. Er vergisst Antoine, der angesichts all dessen allein bleibt, was er mit seinem Malen zu erleben versucht hat. Er ist niedergeschlagen, empört, er „ärgert sich schwarz". Ohne sich von irgendjemandem zu verabschieden, geht er unvermittelt weg und beschließt, nicht mehr in die Gruppe zurückzukehren.

Er folgt gerade einem Weg der Evangelisierung bis in die Tiefen des Herzens und hat einen Lehrvortrag über die Herztiefe gehört. Zum ersten Mal entscheidet er sich, bezüglich des Hin und Her zwischen dem Herzen und seiner Wut eine Erfahrung zu machen. Er nimmt sich die Zeit, sich ruhig hinzusetzen, auf das zurückzukommen, was er eben erlebt hat. Er öffnet seinen inneren Aufruhr der Gegenwart Gottes, bis er die Gewissheit hat, dass ER wirklich da ist, sogar mitten in dieser Art von Vulkan, der in ihm ausgebrochen ist. Er schreit seinen Aufruhr aus sich heraus: „Ich verabscheue diesen Betreuer. Es ist eine Schande, dass er sich um jeden kümmert, mich aber, mich alleine, aus der Gruppe ausschließt. Ich bin zu Recht wütend; dieser Mann ist inkompetent, unfähig eine Gruppe zu leiten; ich würde ihn gerne beschimpfen, ihn niedermetzeln." Er nimmt sich die Zeit, seine Wut voll und ganz auszudrücken, sie innerlich auszuleben. Er hat es in der Schule der Psalmen gelernt, sich sogar mitten in seiner Gewaltsamkeit an Gott zu wenden.

Danach trifft er die Entscheidung, sie zur Seite zu legen, sie zwar nicht aus sich hinauszuwerfen, aber sie vorübergehend loszulassen, um auf seine Herztiefe zuzugehen. Er nimmt sich lange Zeit, um in die Stille des Herzens einzutreten. Er lauscht, versucht zu verstehen. Zuerst sich selbst, in größerer Tiefe als in der, in welcher seine Wut ausgebrochen ist: Er dringt zur Wurzel seiner Gewaltsamkeit vor. „Warum bin ich so außer mir? Meinem Schreien nach wäre ich fähig zu töten. Warum bin ich in einen solchen Zustand geraten? Ist es normal, so die Fassung zu verlieren? Was will ich eigentlich? Ich will, dass man mir gegenüber aufmerksam ist, dass man mich nicht wie eine zu vernachlässigende Größe behandelt. Ich habe gleich viele Rechte wie die andern; ich bin kein Ding, das man einfach beiseite schieben kann." Dann kommt ihm unvermittelt in den Sinn, was er unter dem Anflug der Wut vollständig vergessen hatte: Seine schwerwiegende Verletzung ist gerade wieder belebt worden: Seine Mutter hat ihm auf schlimme und skandalöse Weise immer seine jüngere Schwester vorgezogen. Er trägt deswegen immer noch einen tiefen Gram mit sich, der sich stets hinter einem andauernden Aufruhr verborgen hat. Er hat diese Emotionen ans Licht gebracht, aber in Wirklichkeit hat er noch nie die Realität seiner Geschichte endgültig annehmen können. Er akzeptiert sie von Zeit zu Zeit ruckweise, fällt dann aber wieder in den Aufruhr zurück, angesichts von so viel Ungerechtigkeit, zurück in das Leid, derart von der Liebe der Mutter ausgeschlossen zu sein. Er versteht nun, was sich in ihm abspielt, und das besänftigt ihn. Er beschließt, sich mitten in dieser Wunde aufzuhalten und sich die Zeit zu nehmen, den Hauch des Heiligen Geistes in sich kommen zu lassen, die Wunde wirklich von Christus heimsuchen zu lassen.

„Es stimmt, dass meine Mutter immer meine Schwester bevorzugt hat und sie immer noch bevorzugt. Dies ist die Realität meiner Geschichte. Dies ist die Wunde meines Herzens. Jetzt aber bin ich fähig, das Wort Gottes zu hören, das sich an mich persönlich richtet, mitten in meiner Wunde: *Kann denn eine Frau ihr Kindlein vergessen, eine Mutter ihren leiblichen Sohn? Und selbst wenn sie ihn vergessen würde: ich vergesse dich nicht. Sieh her: Ich habe dich eingezeichnet in meine Hände, deine Mauern habe ich immer vor Augen. Deine Erbauer eilen herbei, und alle, die dich zerstört und verwüstet haben, ziehen davon* (Jes 49,15–17). Entweder empfange ich jetzt endlich dieses Wort, oder ich lasse es beiseite, so als ob es nichts bedeuten oder sich nicht an mich richten würde. Entweder blute ich weiter, lehne mich weiter innerlich auf, kämpfe gegen eine Mauer an, oder ich entscheide mich, lebendig zu werden, ausgehend von dem, was mir widerfahren ist. Entweder wähle ich das Leben, oder ich wähle den Tod." *Wenn ich eure Gräber öffne und euch, mein Volk, aus eu-*

ren Gräbern heraufhole, dann werdet ihr erkennen, dass ich der Herr bin. Ich hauche euch meinen Geist ein, dann werdet ihr lebendig, und ich bringe euch wieder in euer Land. Dann werdet ihr erkennen, dass ich der Herr bin. Ich habe gesprochen, und ich führe es aus – Spruch des Herrn (Ez 37,13–14).

Die Wahl Antoines ist jetzt endgültig: Er taucht in das Wort Gottes ein, nährt sich davon, sinnt darüber nach. Er nimmt sich lange Zeit, um still zu sein. In der Folge wird ihm, zu seiner großen Überraschung, bewusst, dass sein Zorn und sein Leiden besänftigt worden sind. Das Leiden wird nicht einfach wie durch einen Zauber verschwinden, aber es wird ihn nicht mehr zerstören. Er versteht, dass dieser schmerzhafte Zwischenfall der Anlass dafür war, in die Tiefe vorzustoßen, dass er endlich soweit ist, seine Geschichte definitiv anzunehmen. Eben hat er abschließend um jene Mutter getrauert, die er gerne gehabt hätte. Antoine war nämlich mitten auf dem Weg stehengeblieben, war nicht bis ans Ende der Trauer gegangen: Die Trauerarbeit war dadurch unterbrochen worden, dass er einen Akt der Vergebung hinsichtlich seiner Mutter vollzogen hatte. Er war davon überzeugt gewesen, dass sie nach diesem Akt ihr Verhalten ändern würde. Dem war nicht so, und Antoine war wieder in den inneren Aufruhr zurückgefallen.

Jetzt fühlt er sich bereit dazu, wirklich seinen Platz, seinen wahren Platz einzunehmen, den, der ihm von Gott gegeben ist, und nicht durch den verwirrten und verletzten Blick eines Menschen. Antoine entschließt sich nun, dem Betreuer zuvorzukommen, ihn zu treffen und ihm mit einem besänftigten Herzen sein Bild zu zeigen, um seine Meinung darüber zu erfahren.

Antoine ist sich dessen bewusst geworden, dass diese Bewegung vom einen zum andern, dieses Her und Hin zwischen dem Leben der Psyche und der Herztiefe, der Ort eines geistlichen Kampfes gewesen ist.

Zum Verständnis des geistlichen Kampfes

Gemäß den Kirchenvätern ist der geistliche Kampf kein Kampf zwischen Gott und dem Menschen. Es ist vielmehr ein Kampf zusammen mit und in Gott, um es dem Licht Christi zu erlauben, in die Dunkelheiten der Welt einzudringen, und zwar an erster Stelle in die Dunkelheiten, die sich in einem jeden Menschen finden[1].

Für viele scheint die Bekehrung ihrer Psyche tatsächlich zu heißen, sich so schnell wie möglich der verstörenden Emotionen zu entledigen, darum zu bitten, dass man von ihnen befreit werde. Doch in dem geistlichen Kampf, den man durchlebt, wenn die Herztiefe ihre Funktion ausübt, auf die Psyche einwirkt, ist der Weg ein ganz anderer. Dann kommt es nicht in Frage, die Wallungen der Psyche einfach beiseite zu lassen, sondern es gilt im Gegenteil zu lernen, wie man sie dem Heil öffnen kann, wie man das Verbindungsglied sein kann, das dem Abstieg des Lichts die Tür auftut. Das Heil, welches durch Christus gebracht worden ist, erlebt man nicht, indem man die Realität des Menschen einfach beiseite schiebt, sondern indem man sie in ihrem vollen Ausmaß durchquert, in den Grenzen der Zeit, in den Schwächen, auf die man stößt, in den aufgebauten Widerständen. *Und das Licht leuchtet in der Finsternis und die Finsternis hat es nicht erfasst* (Joh 1,5).

Viele sind mit geistlichen Kämpfen konfrontiert, ohne es zu wissen; so laufen sie Gefahr, an der Bewegung des Lebens vorbeizugehen. Es ist gut, den Ort des Kampfes zu benennen; jeder, jede wird den eigenen haben. Für etliche findet der Kampf direkt am Ort der Emotion statt: Sie haben Angst davor und neigen dazu, sie zu vergraben, sich ihrer so schnell wie möglich zu entledigen. Es kommt vor, dass sie sich ins Herz flüchten, um darum herumzukommen, sich dem zu stellen, was in ihnen vor sich geht. Sie verlassen dann den guten Weg der Verwandlung der Emotionen.

Andere lassen sich von den Strudeln ihrer Psyche verschlingen und wissen nicht, was sie damit anfangen sollen: Sie überschwemmen das Herz, das dann seine richtige Funktion nicht mehr ausüben kann und auch nicht still, gelehrig, aufnahmebereit für die Hinweise des Heiligen Geistes im Hören des Wortes Gottes zu verweilen vermag. In beiden Fällen, sei es, dass es sich um eine Flucht ins Spirituelle handelt, sei es, dass man sich von den Emotionen

1 E. Bianchi. (2001). *Les Mots de la vie intérieure.* Paris: Ed. du Cerf (siehe S. 29: „*La lutte spirituelle*" – „Der geistliche Kampf").

verschlingen lässt, ist die Einheit des Wesens bedroht. Das Herz kann seine Funktion nicht mehr ausüben.

Andere wiederum wissen nicht, dass im Inneren ihres Wesens verborgene Kräfte, ungeahnte Ressourcen schlummern. Sie gewöhnen sich daran, ein gespaltenes Herz zu haben, das weder Ja noch Nein sagt, das hin und her schwankt, zögert, glaubt und doch nicht wirklich glaubt. Sie halten nicht wirklich an der Verheißung fest: *Fürchte dich also nicht, und hab keine Angst; denn der Herr, dein Gott, ist mit dir bei allem, was du unternimmst* (Jos 1,9). Die Bewegung, die darin besteht, vom Herzen her zu leben, während man fest im Boden, in seinem Boden eingepflanzt bleibt, während man es lernt, sein Herz, seine Psyche und seinen Körper miteinander in die richtige Beziehung zu bringen, ist eine entscheidende Bewegung der Inkarnation. Der Mensch lebt dann in seiner Ganzheit.

Möglichkeiten der Entfaltung des Lebens der Herztiefe

Was man das innere Leben, das geistliche Leben nennt, ist ein wirkliches, lebendiges Leben, das weder abstrakt noch eingebildet ist. Das Leben ist „eines", aber man wird es im Körper anders leben als in der Psyche oder in der Herztiefe.

Die Herztiefe erlaubt es dem Menschen mit Gott in Verbindung zu treten; sie belebt die Psyche, den Körper. Ihr Leben wird sich auf manche Weise entfalten, in der Liebe, der Freude, der Zärtlichkeit, dem Mitgefühl, der Weisheit, dem Urteilsvermögen, dem Engagement und auch in Formen, die noch spezieller sind.

Die Weihe des Herzens

Da ist zuerst die Möglichkeit, sein Herz Gott zu weihen, was für viele eine Quelle der Freude ist, die ihnen niemand rauben kann: Welches auch immer sein Zustand, seine Fehler, seine Verkrümmungen sein mögen, ein Mensch kann sich Gott, ohne zu zögern, im Akt der Weihe des Herzens hingeben und dabei wissen, dass es noch ganze Lebensbereiche gibt, die er nicht hingeben kann[1].

1 S. Pacot. *Evangelisierung bis in die Tiefen des Herzens*. S. 144–146.

Der innere Dienst[2]

Eine andere Form, das Leben des Herzens zu entfalten, ist der sogenannte innere Dienst[3]. Jeder hat eine innere Farbe, eine persönliche Note, die nur ihm gehört. Dies gehört zu seiner spezifischen Identität. Die einen haben eine besondere Stärke fürs Zuhören, fürs Aufnehmen; andere haben eine Lebensfreude, eine Art und Weise, dem Leben die Stirn zu bieten, angesichts der Ereignisse wieder auf die Beine zu kommen; noch andere leben intensiv die Gegenwart Gottes an jedem Ort, geben einen tiefen Frieden weiter ... Solange der innere Dienst nicht erkannt wird, vage bleibt, ist er gewissermaßen in Wartestellung, steht er still. Sobald er ans Licht gebracht, empfangen, angenommen ist, wird er sich in seiner vollen Produktivität entfalten und in Fülle Frucht bringen.

Es existieren vielerlei Formen innerer Dienste, die nirgends aufgelistet sind. Jeder wird den Namen seines Dienstes entdekken, die besondere Gestalt, die er in ihm annimmt. Diese Erforschung, die wahrhaftig beglückend ist, erlebt man im Leben im Heiligen Geist. Man fängt damit an, das Suchen seines Dienstes der Gegenwart Christi zu öffnen; man bittet ihn darum, den zentralen Platz in diesem Vorhaben einzunehmen. Vergessen wir nicht, dass er uns dazu einlädt, das Leben des Herzens zu entfalten, dass er zu unserem Herzen spricht. In der Folge wird man sich vom Heiligen Geist durch die Fragen hindurchführen lassen, die man sich stellt. Während man den inneren Dienst vertieft, wird es einem in der Tat bewusst werden, dass dieser immer einen Aspekt von Gott offenbart. Die Entdeckung eines Aspektes von Gott wird einem zur tiefsten Gewissheit. Man ist dann damit betraut, diesen inneren Dienst in sich zu vertiefen und ihn wie ein Geschenk, sein besonderes Geschenk, an die Welt weiterzugeben.

Es gibt immer ein Wort Gottes, welches den Dienst gewiss werden lässt und ihn nähren wird.

2 Es handelt sich hier nicht um den Dienst, der einem Diener Gottes von den Verantwortlichen seiner Kirche anvertraut wird.

3 H. Alphonso (1995) spricht dieses Thema in seinem Buch *Tu m'as appelé par mon nom an* (Paris: Ed. Saint-Paul).

Wie seinen inneren Dienst entdecken? – In welchem Aspekt meiner selbst fühle ich mich wohl? Was versucht sich in mir selbst zu entfalten? Wo fühle ich, dass ganz und gar deutlich wird, wozu ich fähig bin? Was sagen die anderen über mich? Oft hat man es dem anderen zu verdanken, dass man seinen inneren Dienst entdeckt.

„Jedes Mal, wenn ich dir begegne", sagt Olivier zu Stéphane, „gehe ich innerlich beruhigt wieder weg." Dies sagt sicherlich etwas über den inneren Dienst aus. – Anne meint: „Ich kann mich nicht an einem öffentlichen Ort aufhalten, ohne dass mich jemand anspricht und mir etwas sehr Wichtiges aus seinem Leben, seiner Familie anvertraut. Ich bin wohl nicht ganz normal." In Wahrheit hat Anne einen wirklichen Dienst der Aufnahme und des Zuhörens empfangen. Die Leute wissen instinktiv, dass sie angehört werden, wenn sie zu ihr gehen. Welch ein Unterschied zwischen der Tatsache, diesen inneren Dienst ganz bewusst zu leben, und der, ihn brach liegen zu lassen, während man ihn mehr oder weniger leugnet!

„Ich lebe gern", sagt André, „ich finde gerne wieder zum Leben zurück, sogar nach einem schwierigen Ereignis. Doch ich bin von Personen umgeben, die oft zusammenbrechen, und ich habe den Eindruck, nicht wie sie zu sein, sie vielleicht zu erdrücken." André hat einen Dienst des Lebens. Wenn er ihn aus den Händen des Vaters empfängt, wird er sich nicht mehr schuldig fühlen, wird in der Beziehung gereinigt sein. Er wird ihn ganz anders leben.

Während dieser Erforschung empfiehlt es sich, darauf aufzupassen, dass wir nicht inneren Dienst und äußere Aufgabe verwechseln, nach dem Motto: „Das ist es, was ich kann." Es handelt sich um eine Seinsweise, um eine innere Note. Der innere Dienst wird oft aus einer Verletzung heraus geboren: Wer der Freiheit beraubt war und aus diesem Zustand herausgekommen ist, einen Ausweg gefunden hat, wird sicherlich innere Freiheit ausstrahlen, sie vermitteln, und diejenigen, die in dieser Hinsicht Hilfe brauchen, werden durch das angezogen, was sie von seinem Weg erahnen.

Wir können uns mehrere Monate vorantasten, bevor wir unsern

Dienst entdecken, so als ob wir ihn umkreisten. Dies ist nicht von Belang, vorausgesetzt, wir verweilen im Horchen. Es ist gut, unseren Dienst durch jemanden bestätigen zu lassen, der sicher ist. Es ist wichtig, darauf zu achten, dass wir uns nicht einer Täuschung hingeben.

Jacques hat große Kommunikationsprobleme und träumt von einem Dienst, der das genaue Gegenteil von dem wäre, was er leben kann. Der Dienst entfaltet sich jedoch nur innerhalb der Grenzen dessen, was zu leben einem möglich ist.

Wenn man erst einmal seinen inneren Dienst entdeckt hat, wird man ihn in einem ganz persönlichen Gebet aus den Händen des Vaters empfangen. Dies ist der Augenblick, *sich in seine Kammer zurückzuziehen, die Tür hinter sich zu schließen und zu seinem Vater zu beten, der da im Verborgenen ist* (Mt 6,6).

„Ich nehme ihn an" ist ein präzises Wort mit einer großen Kraft, das den inneren Dienst bestätigt und ihn Wurzeln schlagen lässt. „Ich willige ein, den inneren Dienst zu empfangen, von dem ich glaube, dass du ihn mir gibst." „Ich nehme ihn an" ist eine Art und Weise, im Heiligen Geist auszusäen und nicht im Fleisch. Von da an wird der Samen eine Frucht des Lebens, der Fruchtbarkeit hervorbringen.

Seinen Dienst zu entfalten erfordert Wachsamkeit und Treue; der Akt vervollständigt sich; das Sein dringt in das „Tun" ein, man erhält dann seinen Namen, und das ist wahrhaftig beglückend. Man ist voll Saft und Kraft. Seinen inneren Dienst ganz auszuleben ist eine der Arten, das Salz der Erde zu sein: *Ihr seid das Salz der Erde. Wenn das Salz seinen Geschmack verliert, womit kann man es wieder salzig machen? Es taugt zu nichts mehr; es wird weggeworfen und von den Leuten zertreten* (Mt 5,13).

Seine äußere Aufgabe wie einen Dienst empfangen

Es ist ein wichtiger Augenblick im Leben, wenn wir unsere äußere Aufgabe, unseren Platz in der Welt wie einen Dienst empfangen, worin auch immer er bestehen mag: Mutter in einer Familie, Angestellter in einem großen Geschäft oder Arzt. Von da an ändert sich der Blick. Sich dafür entscheiden, ein Diener des Reiches Gottes an diesem Ort, diesem besonderen Platz zu sein, verlagert die Aufgabe unvermittelt auf eine andere Ebene, die reich an Entdeckungen sein wird.

Wir stellen uns nun der Schöpferkraft, dem Erfindungsreichtum des Heiligen Geistes ganz zur Verfügung: Dessen Funktion ist es ja, alle Dinge zu erneuern, die Unbeweglichkeit, das Stocken zu verhindern. Dies heißt nicht, dass wir nicht manchmal unterwegs die Richtung ändern müssen. Was durch diese innere Bewegung gelehrt wird, ist die Möglichkeit, in eine volle Fruchtbarkeit einzutreten, welches auch immer die Aufgabe sein mag.

Marie-Claude ist im Ruhestand. Sie ist damit betraut, eine Kleiderverteilung für bedürftige Menschen zu organisieren. Sie hat einen großen, leeren Raum zu ihrer Verfügung und eine Tischplatte, die auf Böcken ruht. Sie legt die Kleiderstücke haufenweise, je nach ihrer Art, auf den Tisch. Plötzlich erinnert sie sich daran, dass sie zwar dem Heiligen Geist den neuen Abschnitt ihres Lebens anvertraut hat, dass sie es aber vollständig vergessen hat, sich eine Zeit zum Stillwerden zu nehmen, bevor sie sich ans Einrichten gemacht hat; dass sie nicht daran gedacht hat, sich vom Heiligen Geist inspirieren zu lassen. So hält sie inne und es wird ihr sehr schnell bewusst, dass sie diese Aufgabe als einen neuen Dienst empfangen könnte. Sie legt sie dem Heiligen Geist vor. Mit einer kleinen Gruppe von Mitarbeitern entschließt sie sich dann, eine richtige Boutique zu schaffen, mit Bügeln, an denen die Kleider geschmackvoll ausgestellt sein werden. So wird ein Auswählen möglich, bei dem jeder sich erwartet fühlt, mit dem gleichen Respekt behandelt, wie wenn er etwas kaufen könnte. Dies mag einem eine geringfügige Sache scheinen, und doch ist alles anders.

Pauls Arbeit besteht darin, Verwaltungsakten zu bearbeiten. Er langweilt sich. Er bittet den Heiligen Geist darum, ihn in seiner Aufgabe zu erneuern, ihm wieder einen Lebenselan in seine Arbeit zu geben. Er entscheidet sich also dafür, seine Arbeit als einen Dienst zu empfangen. Er fängt an, in seinem Beruf das Leben im Heiligen Geist zu erfahren. Er entdeckt überdies die wichtige Bedeutung einer jeden Akte für das Leben von Familien, von einzelnen Personen. Er versteht, dass trotz der Monotonie seiner

Aufgabe es von größter Bedeutung ist, wie er ihre Akten entgegennimmt, sich für das interessiert, was sie erleben, dass sie für ihn zählen, einen Wert in seinen Augen haben.[1] Er fasst wieder Mut, interessiert sich wieder. Er ist jetzt im Dienst des Vaters.

Blandine steht fest mit beiden Füßen im Leben. Sie fühlt sich in jeglichem praktischen Bereich des Lebens ganz zuhause. Sie bemerkt, dass sie dort, wo andere auf der Stelle treten, schnell und leicht eine Lösung findet. Ein Wort ergibt das andere, sie wird die Anlaufstelle für zahlreiche Anfragen: Sie kann genauso gut ein Zimmer für jemanden finden wie bei der Arbeitssuche behilflich sein. So hat sie z. B. eine Nachbarin, die arbeitslos ist und sagt, sie sei zu nichts fähig. Während sie mit ihr zu Mittag isst, entdeckt Blandine, dass sie wunderbare Obstkuchen macht. Sie bemüht sich mit Händen und Füßen darum, dass ihre Nachbarin die Bewilligung für einen kleinen Stand auf einem Markt erhält, wo sie ausschließlich Obstkuchen verkaufen wird. An Markttagen gibt es ein Gedränge vor ihrem Marktstand. Die Fruchtbarkeit Blandines entfaltet sich in ihrer Form von Intelligenz für materielle Lösungen und in ihrer Art und Weise, sie in die Tat umzusetzen. Sie lebt in einer völligen Verfügbarkeit für die materiellen Bedürfnisse ihrer Umgebung.

Ich nenne euch nicht mehr Knechte; denn der Knecht weiß nicht, was sein Herr tut. Vielmehr habe ich euch Freunde genannt; denn ich habe euch alles mitgeteilt, was ich von meinem Vater gehört habe (Joh 15,15).

1 Jes 43,4.

Fünftes Lebensgesetz: In die Fruchtbarkeit eintreten – Frucht weitergeben

---

Und Gott segnete sie und sprach zu ihnen: Seid fruchtbar und mehret euch und füllet die Erde und machet sie euch untertan und herrschet über die Fische im Meer und über die Vögel unter dem Himmel und über das Vieh und über alles Getier, das auf Erden kriecht (Gen 1,28).

Sein Herr sprach zu ihm: Recht so, du tüchtiger und treuer Knecht, du bist über wenigem treu gewesen, ich will dich über viel setzen; geh hinein zu deines Herrn Freude (Mt 25,23).

Erste Annäherung

Die Fruchtbarkeit

Gott ist Leben im Überfluss, Fülle, Fruchtbarkeit jenseits jeglichen Maßes. Er hat den Menschen zu seinem Bilde, zum Bilde des einzigen Sohnes erschaffen. Dieser ist selbst von der göttlichen Fruchtbarkeit erfüllt. Von jeher und zu jeder Generation erschallt der Ruf: Und Gott segnete sie und sprach zu ihnen: „*Seid fruchtbar und mehret euch und füllet die Erde und machet sie euch untertan*“ (Gen 1,28).

Dies ist ein ganz besonderer Segen, den der Mensch so erhält: „Nachdem er bereits die Pflanzen und die Tiere durchdrungen hat, macht der Segen den Mann und die Frau dazu fähig, Wesen zu ihrem eigenen Bilde zu ‚schaffen'.“[1] Der Segen bringt immer die Fruchtbarkeit mit sich. Sich persönlich in seiner Aufgabe, fruchtbar zu sein, gesegnet zu wissen, ist eine wunderbare Entdeckung und gibt Zuversicht. Es ist wichtig, sich die Zeit zu nehmen, die

1 *Vocabulaire de théologie biblique*. S. 434–438.

Bedeutung dieser Aufgabe zu ermessen, sie zu empfangen. Die Segnung ist ein wesentlicher Akt, es ist nicht unbedeutend, sich gesegnet zu wissen.

Fruchtbarkeit äußert sich darin, dass wir Frucht tragen, gute Lebensfrucht, überfließend viel Frucht. Dies ist ein herrlicher Begriff, bedeutungsvoll, edel, Quelle der Freude. Das Erste Buch Mose beginnt mit der Geschichte der Menschengeschlechter, die durch den Segen Gottes fruchtbar gemacht worden sind. Christus selbst „hat keine fleischliche Nachkommenschaft, aber er hat Vorfahren und eine geistliche Nachkommenschaft“: Er gibt sich dem Mann und der Frau hin, die ihn erkennen, anerkennen, die sein Leben in sich aufnehmen wollen. Jesus vertieft die Bedeutung der Fruchtbarkeit, er verbindet sie nicht ausschließlich mit der (biologischen) Zeugung[1].

Das Ziel, das wirkliche Glück des Menschen ist es, Frucht zu bringen, auf die eine oder andere Weise ein fruchtbares Leben zu haben[2]. Dies gilt, welches auch immer sein Zustand sein mag.

Frucht weitergeben

Die Früchte eines fruchtbaren Lebens sind nicht dazu da, in einer Ecke angehäuft zu werden: Wenn sie nicht großzügig verteilt werden, verfaulen sie. Die Gnade und die Gabe Gottes sind keine Geschenke, die man für sich behalten könnte; sie werden dazu gegeben, Frucht zu tragen. Die größte Gabe, die dem Menschen gegeben wird, besteht darin, seinerseits geben zu können, nach dem Bilde und in Ähnlichkeit mit seinem Schöpfer, dem Vater, der *seine Sonne aufgehen [lässt] über Bösen und Guten und regnen [lässt] über Gerechte und Ungerechte* (Mt 5,45). Auf diese Weise wird der Mensch seinerseits in die große und wunderbare Bewegung des Gebens eintreten.

Die Pflanzen, die Bäume bringen Blumen und Früchte hervor, dies ist ihr Gesetz. Dies ist auch das grundlegende Gesetz des Menschen; doch er hat die Freiheit, zu geben oder für sich zu

1 *Vocabulaire de théologie biblique.* S. 434–438.
2 *Mein Vater wird dadurch verherrlicht, dass ihr viel Frucht bringt* (Joh 15,8). *Ich habe euch erwählt und dazu bestimmt, dass ihr euch aufmacht und Frucht bringt und dass eure Frucht bleibt* (Joh 15,16).

behalten, Gott immer ähnlicher zu werden oder nicht. Ein fruchtbares Leben wird sich durch das Geben entfalten. Und dieses Geben kann seinen Ursprung nur in der Fruchtbarkeit haben, die sich, gleich Quellwasser, über die ganze Erde ausbreiten wird.

Die Quelle der Fruchtbarkeit und der Hingabe

Die Entdeckung

Die Fruchtbarkeit ist ein Lebensgesetz. Sie ist das Leben selbst. Es ist also wichtig, sich die Zeit zu nehmen, vor diesem Wort innezuhalten, es zu begreifen, es sich anzueignen, zu entdecken, was es alles beinhaltet. Es gilt, das Wort Gottes nicht brach liegen zu lassen, indem man zu schnell an ihm vorbeigeht, um sich um seine Angelegenheiten zu kümmern.

Sich wie jeder Mensch zur Fruchtbarkeit seines Lebens gerufen zu wissen, ist ein Akt des Sich-Bewusstwerdens, der ein „vorher" und ein „nachher" mit sich bringt. Auf diese Weise entdecken wir das oberste Ziel, den Sinn des Lebens hinter den vielfältigen Formen, die Fruchtbarkeit annehmen kann. Auf einmal erweitert sich die Sicht, wir tauchen aus dem Schlaf, aus der Gewohnheit, der Apathie auf, in welchem Alter, unter welchen Lebensbedingungen auch immer. Die Energie kehrt zurück, das Verlangen erwacht, kommt zutage, und wir machen uns dann freudig auf den Weg, um unsere Fruchtbarkeit zu entdecken und zu entfalten.

Die Quelle lebendigen Wassers

Wenn du wüsstest, worin die Gabe Gottes besteht und wer es ist, der zu dir sagt: Gib mir zu trinken, dann hättest du ihn gebeten, und er hätte dir lebendiges Wasser gegeben (Joh 4,10), sagt Jesus zu einer Frau von Samaria, die er um etwas zu trinken bittet.

Die Liebe ist das Fundament der Schöpfung, dieses Lebensgesetzes, das im Aufruf zur Fruchtbarkeit besteht..

Auch der Mensch ist auf der Liebe begründet, durch die Liebe gezeugt. Die Liebe wird so mitten in sein Wesen gepflanzt. Sie wurzelt sich dort ein, wie ein kraftvoller, keimfähiger Samen, der darauf wartet, erkannt, bewusst empfangen zu werden, um sich nach außen hin zu entfalten. Dies ist sicherlich der Grund, weshalb das wesentliche Streben eines jeden Menschen dahin geht, sich geliebt zu wissen und seinerseits zu lieben: Dies könnte eine Definition von Glück sein. Sich von Gott, der Quelle einer jeden Liebe, einer jeden Gabe, geliebt zu wissen, ist eine unermessliche Gnade. Doch sich von dieser Liebe erreichen zu lassen, ist ein Weg, der manchmal lang und wechselvoll ist, wovon der jüngere Sohn im Gleichnis vom Vater und den zwei Söhnen zeugt. Nach viel Umherirren kehrt er nach Hause zurück, glaubt einen Richter vorzufinden, findet sich aber in den Armen des Vaters wieder: „Er wird endlich dazu fähig, geliebt zu werden, er wird vollends geboren.“[1]

Vom Herzen Gottes, der Quelle der Liebe und des Gebens auszugehen, wird eine fortgesetzte Entfaltung und Erneuerung der Fruchtbarkeit mit sich bringen. Die Quelle wird gewissermaßen unerschöpflich, sie versiegt nicht. Die Bewegung des Gebens sprudelt von innen hervor, von der Quelle lebendigen Wassers, die in der Herztiefe empfangen worden ist: *Wer Durst hat, komme zu mir, und es trinke, wer an mich glaubt* (Joh 7,37-38). Diese Fülle fließt in der Liebe und der Dankbarkeit nach außen und kehrt dann zur Quelle zurück. Die Tür ist geöffnet worden und die Quelle des Überflusses, der verborgene Schatz, wird seine gesamte Frucht hervorbringen.

Wenn hingegen das Geben von den Außenschichten des Wesens ausgeht, werden sich gewiss Erschöpfung, Austrocknen und Entgleisungen einstellen. Der Mensch ist wie ein Baum aufgebaut: Wird der Ast vom Baum abgeschnitten, empfängt er keinen Saft mehr und ist nur mehr dazu gut, ins Feuer geworfen zu werden. Ist er jedoch fest mit dem Stamm verbunden, wird er seine Nahrung bekommen, sich entfalten, Blüten und Früchte tragen, erneuert werden: *Ich bin der Weinstock, ihr seid die Reben. Wer in mir bleibt und in wem ich bleibe, der bringt reiche Frucht; denn getrennt von mir könnt ihr nichts vollbringen. Wer nicht in mir bleibt, wird wie die Rebe weggeworfen, und er verdorrt.*

1 Auszug aus dem Begleittext von Paul Baudiquey, zu den Diapositiven des Gemäldes von Rembrandt „Die Rückkehr des verlorenen Sohnes“ (Audiovisuell ACNAV, 3, rue Amyot, 75005 Paris).

Man sammelt die Reben, wirft sie ins Feuer, und sie verbrennen (Joh 15,5–6).

Die Erde kann nur ihre Frucht hervorbringen, wenn das Wasser den Samen zum Keimen bringt; das Wasser wird ihr reichlich gegeben. Ebenso verhält es sich mit dem Menschen: Wenn er Frucht bringen kann, dann dank dem belebenden Wasser, das ihm sein Schöpfer gibt.

Auf der Suche nach der Fruchtbarkeit unseres Lebens, gehen wir häufig von der falschen Seite aus: Wir fragen uns: „Was sollen wir geben?", anstatt uns zu fragen: „Wie sollen wir geben?" Denn „Wie sollen wir geben?" bringt uns zum wesentlichen Punkt: „Wie können wir die Gabe Gottes empfangen?" Man empfängt die Gabe Gottes nämlich auf eine bestimmte Art und Weise. Diese Lehre wurde den Israeliten während ihrer Durchquerung der Wüste anhand der Gaben des Mannas, der Wachteln … gegeben. Sie zu verstehen erfordert ein wenig Zeit und Stille, und die Versuchung ist groß, von außen her anzufangen.

Wenn wir wirklich unsern Platz, unsere besondere Aufgabe und Form der Fruchtbarkeit entdecken möchten, ist es notwendig, von innen her auszugehen, von der Quelle, von den lebendigen Kräften, von der Herztiefe aus: Das Äußere wird sich dann von selbst wie eine aufblühende Blume öffnen. Es ist wichtig, die Erkenntnis, dass das Leben des Menschen eine „Gutschrift" ist, wie eine Kostbarkeit in sich zu bewahren. Es gilt Tag für Tag zu lernen, welche inneren Akte zu vollziehen sind, damit die Herztiefe wirklich die Gesamtheit des Wesens aufklärt. Allerdings wäre es eine Falle, unendlich lange auf den Augenblick zu warten, wo wir bereit sind, zu geben oder uns selbst zu geben. Es handelt sich ja nicht darum, sich ein Alibi zu schaffen, um nicht auf die Notsituationen in unserem Umkreis einzugehen, sich in diesem Suchen auf sich selbst zurückzuziehen, um sich nicht in der Gegenwart einzubringen. Es ziemt sich für uns, auf der Suche nach dem Sinn und der Einheit wahrhaftig und gerecht zu sein.

Es ist eine Entscheidung, eine Verbindung mit der Quelle des Lebens einzugehen und dort zu trinken, diesen Strom an lebendigem Wasser weiterzugeben, zu lieben, so wie man geliebt, genährt und belebt wird. Wie die Freude, wie jede Gabe Gottes, sind Liebe und Geben eine Entscheidung, eine neue Art zu leben, eine echte Seinsweise, eine neue Geburt. Wer so lebt, wird sein wie *ein Baum, der am Wasser gepflanzt ist und am Bach seine Wurzeln ausstreckt: Er hat nichts zu fürchten, wenn Hitze kommt; seine Blätter bleiben grün; auch in einem trockenen Jahr ist er ohne Sorge, unablässig bringt er seine Früchte* (Jer 17,8). *Der Gerechte gedeiht wie die Palme, er wächst wie die Zedern des Libanon* (Ps 92,13).

Die Unfruchtbarkeit

Das Gegenteil der Fruchtbarkeit ist die Unfruchtbarkeit, die Tatsache, keine Frucht zu bringen. Sie ist ein Übel, so wie das Leid und der Tod.

Im Alten Testament ist sie Ursache von Schande, die unfruchtbare Frau wird verachtet: Abram beklagt sich, keine Kinder zu haben (Gen 15 f.). Sara, seine Frau, lebt in der Schande, von ihrer Dienerin abhängen zu müssen, um ihm eine Nachkommenschaft zu geben (Gen 16,4); so war es im Falle der Unfruchtbarkeit der Ehefrau der Brauch.

Dabei tritt deutlich zutage, dass sich der wirkliche Ausweg in Gott befindet. Gott allein überwindet die Unfruchtbarkeit. Der Mensch hat nicht die Kraft, dagegen anzukämpfen. Nur die Macht Gottes kann aus einer unfruchtbaren, ausgetrockneten Erde Leben hervorbringen. Gott wird die unfruchtbaren Frauen heimsuchen, über den Tod triumphieren, das Leben hervorbringen[1].

Mit Christus wird ein neues Verständnis der Fruchtbarkeit gegeben: Jedes Leben ist imstande, Frucht zu tragen, ungeachtet dessen, ob man eine leibliche Nachkommenschaft hat oder nicht. Die Begegnung mit dem *Lebendigen* ermöglicht es, sich der Unfruchtbarkeit seines Lebens bewusst zu werden; sie lässt das Verlangen nach der Fruchtbarkeit, der Gabe hochkommen. Das Licht und die Gaben des Heiligen Geistes, die Gnade Christi, der in so wenig Zeit eine solche Frucht des Lebens hervorgebracht hat, werden dieses Ostern, diesen Übergang von der Unfruchtbarkeit zur Fruchtbarkeit ermöglichen.

1 Die Geburt Isaaks, des Sohnes Sarahs (Gen 18,10; 21,1–3); die Geburt Samuels, des Sohnes von Hannah (1 Sam 1,19–20); so wie auch für Rebekka (Gen 25,21); für Rahel (Gen 29,31); Elisabeth (Lk 1,5–25) ...

Wie kann eine unfreiwillige Ehelosigkeit fruchtbar gemacht werden, wie trotzdem Frucht bringen, was ein unüberwindliches Hindernis zu bilden scheint: trotz einer Gewohnheit, Resignation, trotz der Durchquerung einer Wüste? Wie können wir einen Ausweg des Lebens wählen – wie andere Arten zu lieben entdecken? Fruchtbarkeit ist nicht gleichbedeutend mit großer Menge: Sie bringt eine Qualität zu sein zum Ausdruck, betrifft die Weise, wie wir das Leben, die Schwierigkeiten, die Glücksmomente durchqueren. Fruchtbarkeit zeigt sich in den geringsten Handlungen des täglichen Lebens. Nichts ist je umsonst; alles, absolut alles kann Frucht bringen, wenn wir es im großen Strom des Lebens, der Fruchtbarkeit zu leben wissen.
Freu dich, du Unfruchtbare, die nie gebar, du, die nie in Wehen lag, brich in Jubel aus und jauchze! Denn die Einsame hat jetzt viel mehr Söhne als die Vermählte, spricht der Herr. Mach den Raum deines Zeltes weit, spann deine Zelttücher aus, ohne zu sparen. Mach die Stricke lang und die Pflöcke fest! Denn nach rechts und links breitest du dich aus. Deine Nachkommen werden Völker beerben und verödete Städte besiedeln (Jes 54,1–3).
Die Frau, die kinderlos war, lässt er im Hause wohnen; sie wird Mutter und freut sich an ihren Kindern (Ps 113,9).

Das Gleichnis von den Talenten: Frucht hervorbringen oder die Gabe vergraben

> *Es ist wie mit einem Mann, der auf Reisen ging: Er rief seine Diener und vertraute ihnen sein Vermögen an. Dem einen gab er fünf Talente Silbergeld, einem anderen zwei, wieder einem anderen eines, jedem nach seinen Fähigkeiten. Dann reiste er ab. Sofort begann der Diener, der fünf Talente erhalten hatte, mit ihnen zu wirtschaften, und er gewann noch fünf dazu. Ebenso gewann der, der zwei erhalten hatte, noch zwei dazu. Der aber, der das eine Talent erhalten hatte, ging und grub ein Loch in die Erde und versteckte das Geld seines Herrn. Nach langer Zeit kehrte der Herr zurück, um von den Dienern Rechenschaft zu verlangen. Da kam der, der die fünf Talente erhalten hatte, brachte fünf weitere und sagte: Herr,*

fünf Talente hast du mir gegeben; sieh her, ich habe noch fünf dazugewonnen. Sein Herr sagte zu ihm: Sehr gut, du bist ein tüchtiger und treuer Diener. Du bist im Kleinen ein treuer Verwalter gewesen, ich will dir eine große Aufgabe übertragen. Komm, nimm teil an der Freude deines Herrn! Dann kam der Diener, der zwei Talente erhalten hatte, und sagte: Herr, du hast mir zwei Talente gegeben; sieh her, ich habe noch zwei dazugewonnen. Sein Herr sagte zu ihm: Sehr gut, du bist ein tüchtiger und treuer Diener. Du bist im Kleinen ein treuer Verwalter gewesen, ich will dir eine große Aufgabe übertragen. Komm, nimm teil an der Freude deines Herrn! Zuletzt kam auch der Diener, der das eine Talent erhalten hatte, und sagte: Herr, ich wusste, dass du ein strenger Mann bist; du erntest, wo du nicht gesät hast, und sammelst, wo du nicht ausgestreut hast; weil ich Angst hatte, habe ich dein Geld in der Erde versteckt. Hier hast du es wieder. Sein Herr antwortete ihm: Du bist ein schlechter und fauler Diener! Du hast doch gewusst, dass ich ernte, wo ich nicht gesät habe, und sammle, wo ich nicht ausgestreut habe. Hättest du mein Geld wenigstens auf die Bank gebracht, dann hätte ich es bei meiner Rückkehr mit Zinsen zurückerhalten. Darum nehmt ihm das Talent weg und gebt es dem, der die zehn Talente hat! Denn wer hat, dem wird gegeben, und er wird im Überfluss haben; wer aber nicht hat, dem wird auch noch weggenommen, was er hat. Werft den nichtsnutzigen Diener hinaus in die äußerste Finsternis! Dort wird er heulen und mit den Zähnen knirschen (Mt 25,14–30).

Jesus erzählt ein tiefsinniges Gleichnis zum Thema Fruchtbarkeit und Unfruchtbarkeit. Es öffnet die Tür zu einer ganzen Reihe von Überlegungen. Es zwingt zu einem sehr ernsten Sich-Bewusstwerden, denn das Gleichnis wirft mit äußerstem Nachdruck Fragen in uns auf. Sie betreffen den Weg des Lebens, also der Fruchtbarkeit, und den Weg des Todes, also der Unfruchtbarkeit, der Tatsache, dass ein Mensch seine Gaben, seine wichtigste(n) Qualität(en) vergräbt.

Der Herr des Hauses kehrt nach einer langen Zeit der Abwesenheit zurück, nicht um seine Talente zurückzunehmen, sondern um sich ein Bild davon zu machen, wie sie Frucht gebracht haben[1]. Er freut sich über die Arbeit jener beiden Diener, welche die empfangenen Talente verdoppelt haben: Das Leben herrscht im Überfluss. Er ist außergewöhnlich streng und unnachsichtig demjenigen gegenüber, der das einzige Talent, das ihm anvertraut worden ist, vergraben hat, aus Angst vor dem Risiko, vor dem Urteil seines Herrn, den er für hart und böse hält, für jemanden, der dort einfordert, wo er nicht gegeben hat. Um sich vor jeglichem möglichen Versagen, jedem Vorwurf zu schützen, hat er sein Talent vergraben. Dies ist eine Handlung, die dem Tod nahekommt. „Vergraben"[2] ist ein Wort, das Tod und nicht Leben bedeutet. „Hätte er ein Kalb gekauft", sagte einmal die Psychologin Marie-Madeleine Laurent in einem Lehrvortrag, „und wäre dieses Kalb verendet, wäre er sicher nicht getadelt worden, denn er hätte immerhin etwas versucht." Doch er hat sich niedergelegt, ist in der Passivität geblieben, hat sich von der Angst, zu leben, zu versagen und dem Urteil des Herrn ausgesetzt zu sein, verschlingen lassen. Sein Leben ist unfruchtbar geworden.

Es empfiehlt sich, den lebenswichtigen Sinn dieses Gleichnisses zu begreifen und sich nicht zu Unrecht von der Strenge beeindrucken zu lassen, mit welcher der unproduktive Diener behandelt wird. Diese Unnachsichtigkeit soll uns zu dem Bewusstsein verhelfen, was Weg des Lebens und was Weg des Todes ist, uns dazu bringen, ein für alle Mal in Bezug auf die Wahl des Lebens Stellung zu beziehen. Es ist offensichtlich, dass uns unverzüglich vergeben würde, sollte uns plötzlich die Unfruchtbarkeit unseres Lebens bewusst werden und sollten wir von ganzem Herzen zum lebendigen Gott zurückkehren: *Es wird eine große Freude im Himmel geben* über eine einzige Person, die ihren Rückweg antritt, auf die Seite des Lebens hinüberwechselt, den Tod verlässt[3].

1 Marie Balmary (1999) gibt in ihrem Buch *Abel ou la Traversée de l'Eden* einen Kommentar zu diesem Gleichnis ab (Paris: Grasset. S. 64–105).

2 Im Französischen wird das Wort, welches wir hier mit „vergraben" übersetzen, auch für das Begräbnis von Toten, also auch im Sinne von „begraben" verwendet (Anmerkung des Übersetzers).

3 Lk 15,1–32: Das verlorene Schaf, der verlorene Groschen und der verlorene Sohn.

Wir werden uns nicht in den Gewissensbissen, in der Selbstverdammung zu Tode langweilen und dabei einen zweiten Tod zum ersten hinzufügen. Wir werden eine andere Richtung einschlagen, wieder auf das Leben zugehen und dem nachfolgen, der uns zu einem fruchtbaren Leben aufruft.

Der Diener hatte eine völlig falsche Vorstellung von seinem Herrn und wird genau von dem erbarmungslosen Herrn verdammt, den er sich selbst gegeben hat. Dies ist vielleicht der Augenblick, die Vorstellung von Gott, die wir pflegen, zu überprüfen. Empfiehlt es sich, sich vor seinen Anforderungen zu schützen? Erntet er wirklich da, wo er nicht gesät hat; verlangt er tatsächlich mehr von uns als wir geben können? Werden wir im Falle von Versagen oder Irrtum erbarmungslos verworfen werden? Warum vergräbt ein Mensch sein(e) Talent(e): aufgrund welcher falschen Vorstellung von Gott?

Seltsamerweise haben viele Mühe damit, die empfangenen Talente zutage zu fördern. Sie glauben, sie würden hochmütig, wenn sie plötzlich ihre Talente entdeckten. Das Gleichnis macht diese Art von Glauben wahrhaftig zunichte. Jeder Mensch, wer auch immer er sei, empfängt ein oder mehrere Talente, niemand wird vergessen. Es gibt keinen Mann und keine Frau, die kein Talent hat. Doch ziemlich oft wird dieses Talent verkannt, versteckt, vergraben, brach liegen gelassen. Jede Person ist dafür verantwortlich, dieses Talent, diese Talente auszugraben, sie ans Licht zu bringen, sie zu benennen, sie auf ganz bewusste Weise aus den Händen des Vaters zu empfangen und sie so einzusetzen, dass sie Frucht bringen.

Es kommt auch vor, dass wir unser Talent verachten: Es wird als bedeutungslos, wertlos beurteilt, ein bisschen so, wie die Israeliten in der Wüste die Gaben Gottes verachteten, indem sie sie mit den guten Gerichten verglichen, die sie in Ägypten hatten. Der Vergleich führt immer in den Tod. Man schielt auf die Talente des Nachbarn, die einem wunderbar vorkommen. Mein Talent ist mein Talent: Es ist ein Teil meiner Identität; es ist der Schatz, der mir anvertraut worden ist, um meine Aufgabe in der Welt zu erfüllen. Es wird nie von mir verlangt werden, dass ich die Talente meines Nachbarn entfalte, seinem Leben Gelingen schenke, sondern dass ich mein eigenes Leben nach meinem eigenen Maß entfalte. Dieses Bestreben ist tief beglückend, ein echter Weg des Lebens. Wir leben es im Licht des Heiligen Geistes, der uns während dieser Erforschung führen wird. Es ist das freudige Erwarten dessen, was wir entdecken werden und was vielleicht ungenutzt war.

Dieses Gleichnis lehrt uns, dass wir uns ohne Zögern auf den Weg machen sollen mit unserem einen Talent, wenn wir nur eines haben. Dieses haben wir doch immer, und wir werden es entfalten. Wir treten dann in die Dankbarkeit gegenüber der empfangenen Gabe ein und empfangen den Segen des Vaters, der uns in dieser Entscheidung für ein fruchtbares Leben aufnimmt.

Hindernisse bei der Entscheidung zur Fruchtbarkeit

Der Irrglaube

„Ich bin nicht geliebt worden, ich kann nicht das geben, was ich nicht empfangen habe." Viele glauben, dass ihr Leben nicht fruchtbar sein könne, dass sie weder zu lieben noch zu geben imstande seien, weil sie nicht die Liebe empfangen hätten, die ihnen rechtmäßig zugestanden wäre. Dies ist ein Irrglaube. Auf der geistlichen Ebene spielen sich die Dinge nicht so ab[1].

Diejenigen, die Opfer von schweren Verletzungen der Liebe geworden sind, müssen zweifellos die Etappen der Heilung der Verletzungen des Herzens durchleben. Sie lernen es, Christus in ihr Leiden oder in ihre Auflehnung einziehen zu lassen, ihrer Klage Raum zu geben, sich trösten zu lassen. Sie nehmen die unumgängliche Trauerarbeit auf sich, um zur friedlichen Annahme der Wirklichkeit ihrer Geschichte zu gelangen. Unterwegs haben sie denjenigen angetroffen, der die verwundeten Herzen verbindet, die Betrübten tröstet. Sie haben sein Versprechen gehört: *Nicht länger nennt man dich „Die Verlassene" und dein Land nicht mehr „Das Ödland", sondern man nennt dich „Meine Wonne" und dein Land „Die Vermählte". Denn der Herr hat an dir seine Freude,*

1 Siehe das schöne Zeugnis von T. Guénard in seinem Buch *Plus fort que la haine.* (1999). Paris: Presses de la Renaissance.

und dein Land wird mit ihm vermählt (Jes 62,4). Kann denn eine Frau ihr Kindlein vergessen, eine Mutter ihren leiblichen Sohn? Und selbst wenn sie ihn vergessen würde: Ich vergesse dich nicht (Jes 49,15).

> *Deiner Herkunft und deiner Geburt nach stammst du aus dem Land der Kanaaniter. Dein Vater war ein Amoriter, deine Mutter eine Hetiterin. Bei deiner Geburt, als du geboren wurdest, hat man deine Nabelschnur nicht abgeschnitten. Man hat dich nicht mit Wasser abgewaschen, nicht mit Salz eingerieben, nicht in Windeln gewickelt. Nichts von all dem hat man getan, kein Auge zeigte dir Mitleid, niemand übte Schonung an dir, sondern am Tag deiner Geburt hat man dich auf freiem Feld ausgesetzt, weil man dich verabscheute. Da kam ich an dir vorüber und sah dich in deinem Blut zappeln; und ich sagte zu dir, als du blutverschmiert dalagst: Bleib am Leben! Wie eine Blume auf der Wiese ließ ich dich wachsen. Und du bist herangewachsen, bist groß geworden und herrlich aufgeblüht. Deine Brüste wurden fest; dein Haar wurde dicht. Doch du warst nackt und bloß. Da kam ich an dir vorüber und sah dich, und siehe, deine Zeit war gekommen, die Zeit der Liebe. Ich breitete meinen Mantel über dich und bedeckte deine Nacktheit. Ich leistete dir den Eid und ging mit dir einen Bund ein – Spruch Gottes, des Herrn –, und du wurdest mein. Dann habe ich dich gebadet, dein Blut von dir abgewaschen und dich mit Öl gesalbt. Ich kleidete dich in bunte Gewänder, zog dir Schuhe aus Tahasch-Leder an und hüllte dich in Leinen und kostbare Gewänder. Ich legte dir prächtigen Schmuck an, legte dir Spangen an die Arme und eine Kette um den Hals. Deine Nase schmückte ich mit einem Reif, Ohrringe hängte ich dir an die Ohren und setzte dir eine herrliche Krone auf. Mit Gold und Silber konntest du dich schmücken, in Byssus, Seide und bunte Gewebe dich kleiden. Feinmehl, Honig und Öl war deine Nahrung. So wurdest du strahlend schön und wurdest sogar Königin. Der Ruf deiner Schönheit drang zu allen Völkern; denn mein Schmuck, den ich*

dir anlegte, hatte deine Schönheit vollkommen gemacht – Spruch Gottes, des Herrn (Ez 16,1–14).

Das Wort Gottes ist das Gegengift für das Gift, das diejenigen genährt hat, denen es an Liebe gemangelt hat oder welche die Liebe verloren haben. Es stellt das beschädigte, psychische Gewebe wieder her, strukturiert es neu und so gelangen sie zu Ostern, zu dem Zeitpunkt, wo sie den Weg des Todes, den Irrglauben verlassen können, um neu geboren zu werden, hinein in die Fruchtbarkeit. Sie erleben den Übergang von ihrem eigenen Kummer zur Liebe zum anderen. Sie treten aus ihrer Opferstellung heraus, können in die Freude eingehen, die Liebe zu geben, die sie gerade empfangen haben.

Er machte die Wüste zum Wasserteich,
verdorrtes Land zu Oasen.
Dort siedelte er Hungernde an,
sie gründeten wohnliche Städte.

Sie bestellten Felder, pflanzten Reben
und erzielten reiche Ernten.
Er segnete sie, so dass sie sich gewaltig vermehrten,
gab ihnen große Mengen an Vieh.

Dann aber wurden sie geringer an Zahl,
gebeugt unter der Last von Leid und Kummer.
Er goss über die Edlen Verachtung aus,
ließ sie umherirren in wegloser Wüste.

Die Armen hob er aus dem Elend empor
und vermehrte ihre Sippen, einer Herde gleich.
(Ps 107,35–41)

„Ich habe nichts zu geben, mein Leben ist nutzlos. Ich frage mich, wozu ich tauge. Übrigens braucht mich niemand." Eine oft gehörte Klage, wahrhaftig ein Weg des Todes. Dieser Irrglaube ist meistens sehr tief verankert in denen, die ihren eigenen Wert verleugnen, sich ganz und gar geringschätzen.

Bis zur Liebesfähigkeit warten?

Wir können nicht darauf warten, völlig „befreit" zu sein, um ein fruchtbares Leben zu haben, zu lieben, zu geben, ja sich selbst zu geben, denn die Reise geht das ganze Leben weiter. Die Hauptsache ist es, auf der richtigen Straße unterwegs zu sein. Es ist wahr, dass man eine gewisse Zeit über nur all seine Kräfte auf die Notwendigkeit konzentrieren kann, die entscheidenden, inneren Wegstrecken zu durchlaufen, bei sich selbst anzufangen, wenn man einen Weg der Evangelisierung bis in die Tiefen des Herzens antritt. Doch so, wie es Martin Buber ausdrückt, hört man nicht bei sich selbst auf[1].

Während all der Zeit der inneren Arbeit fahren wir fort, zu geben, zu lieben. Wir erleben und übertragen die Liebe Gottes, indem wir uns schrittweise vorantasten; wir sind so Diener des Reiches Gottes, wie wir es während jeder Etappe unseres Lebens eben können. Die Gnade ist da.

Die Lebensgesetze warnen uns vor den möglichen Entgleisungen aufgrund einer ungeordneten Liebe, die manchmal mehr, aber auf jeden Fall ebenso viel Schaden anrichtet wie der Mangel an Liebe. Während wir voranschreiten, erhält die Gabe nach und nach ihren wirklichen Sinn, reinigt sich, wird Lebensqualität, welche an ewiges Leben denken lässt.

Erste Schritte, um das Leben weiterzugeben

Der erste Schritt besteht zweifellos darin, dieses Sich-selbst-Befragen der Gegenwart Christi und des Heiligen Geistes zu öffnen. Dies ist eine erste Entscheidung für das Leben; sie führt dazu, dass wir aus der inneren Verriegelung, dem Eingeschlossensein, worin wir „im Kreis laufen", hinaustreten. Sie bedeutet, dass wir Hilfe annehmen, um aus diesem Zustand der Unfruchtbarkeit, in dem wir uns vielleicht fest eingenistet haben, herauszukommen. Indem wir uns die notwendige Zeit nehmen, können wir uns dann im Licht des Heiligen Geistes in der ganzen Tiefe, radikal vor das

1 M. Buber. a.a.O. S. 31.

Wort Gottes, vor dieses Gleichnis der Talente stellen. Das Wort Gottes wird dazu gegeben, dass wir es hören, darüber nachsinnen und es in unser Leben integrieren.

Das Wort wurde *Fleisch*: Das Wort Gottes sollte in das Fleisch eindringen, um seine ganze Frucht zu bringen, sollte den innersten Kern der Person erreichen, im Herzen und nicht nur in Gedanken, im Verstand empfangen werden. Es erreicht uns nur wirklich auf einer anderen Tiefenebene. Das Wort ist lebendig, es wendet sich individuell an jeden, an jede. Es ist einfach und klar. Es ist dafür gemacht von allen verstanden, erlebt, in die Tat umgesetzt zu werden. Es lädt zur Beweglichkeit ein, zu einer Bereitschaft des Herzens, dazu, die fixen Ideen, die irrigen Glaubensvorstellungen, die vorgefassten Meinungen loszulassen. Es ist notwendig, es auf neue Art und Weise zu hören, so als ob wir es zum ersten Mal hörten. So können wir das Gleichnis von den Talenten in Wahrheit verstehen.

Wenn wir uns entschlossen haben, das Wort Gottes wirklich zu hören, braucht es den Mut, die lügenhafte Stimme, an die wir uns so gewöhnt haben („Ja, doch ich jedenfalls weiß, dass ich nichts zu geben habe“), beiseite zu schieben, sie zum Schweigen zu bringen, um eine andere Stimme zu hören, die etwas anderes sagt. Dieses andere könnte eine Einladung sein, seine echtesten Sehnsüchte aufsteigen zu lassen, ihnen das Recht zu geben, ans Licht zu kommen. Die Fragen stellen sich deutlich und fordernd: Hast du, ja oder nein, das Verlangen nach einem fruchtbaren Leben? Was würdest gerne anstelle dieser Art von Teilnahmslosigkeit leben, in der du dich fest eingerichtet hast? Wenn du es entdecken willst, bleib nicht länger auf deiner Tragbahre liegen; steh auf, mach dich auf den Weg. Du wirst Schritt für Schritt geführt werden. *Ich werde immer mit dir sein. Ich lasse dich nicht fallen und verlasse dich nicht* (Jos 1,5).

Wir lassen uns oft von dem Gedanken aufhalten, dass wir sicher nicht wissen werden, was wir mit den so erkannten Wünschen tun sollen. Doch darum geht es nicht. In diesem Augenblick zählt, dass das Verlangen nach Leben aufkommt. Dann ist es an der Zeit, mit dem Hin und Her: „Ich will, ich will nicht“, aufzuhören. Sehr häufig will man nicht, weil man nicht kann. Doch sich entschlossen für „Ich will, aber ich kann noch nicht“ zu entscheiden, ist ein echter Aufbruch des Lebens, es ist der Beginn der Heilung. Bevor wir uns um das Verhalten kümmern, werden wir uns mit der Wurzel dieses Todesweges befassen: Was ist vorgefallen, dass wir uns als wertlos einschätzen, die Arme gänzlich haben sinken lassen? Die Verletzung muss gefunden, benannt werden. Welches waren ihre Folgen? Wann und wie ist dieser vergiftete Same in mich eingedrungen? Welches lügenhafte Wort, welcher negative Blick hat ihn in mir eingepflanzt? In welchem tödlichen Klima habe ich gelebt? Wie habe ich reagiert? Welchen falschen Weg habe ich eingeschlagen, um zu dieser Selbstverneinung zu kommen?

Wir werden nach und nach den Blick Christi und den des Vaters auf uns wiederfinden, uns in unserer eigenen Identität neu zeugen lassen, das *Wort*, welches das Leben nährt, entdecken. Es wird dann möglich sein, mutig den falschen Glaubensvorstellungen abzusagen, den dann möglichen rauen geistlichen Kampf zu durchleben und sich bei seinem Namen gerufen zu hören. Wenn man wachsam und dem empfangenen Wort Gottes treu ist, wird man von diesem Moment an wirklich aufbrechen, um den Weg des Lebens wiederzufinden, um die Fruchtbarkeit seines Lebens zu entdecken.

Der Gruß des Engels an Gideon ist wunderbar: Gideon ist gerade dabei, in einer Kelter Weizen zu dreschen. Der Engel spricht ihn an: Der Herr sei mit dir, starker Held. Gideon ist verblüfft. Er antwortet, dass er zum ärmsten Geschlecht Manasse gehöre und dass er der Jüngste im Haus seines Vaters sei. Sinngemäß bringt er zum Ausdruck, dass man niemanden finden könne, der jämmerlicher sei als er! Daraufhin wendet sich der Herr zu ihm und sagt ihm Folgendes: *Geh und befrei mit der Kraft, die du hast, Israel aus der Faust Midians! Ja, ich sende dich. [...] Weil ich mit dir bin, wirst du Midian schlagen, als wäre es nur ein Mann. [...] Friede sei mit dir! Fürchte dich nicht, du wirst nicht sterben* (Ri 6,11–24). *Genau diesen Gruß müssen wir auch hören: Der Herr sei mit dir, starker Held. Geh mit der Kraft, die du hast, weil ich mit dir bin.*

Womit beginnen? Die Liebe in alles einfließen lassen

Der einfachste Akt kann darin bestehen, die Liebe in jede Handlung des Lebens einfließen zu lassen. Dies ist eine Art, Leben zu schaffen, das Leben zu wählen. Man muss daran denken, dieses Verlangen nähren, es stärken, eine tägliche Übung daraus machen: es zu Beginn des Tages einplanen, am Abend überprüfen, wie man es gelebt hat. Welche Herzenshaltung habe ich während meiner beruflichen Arbeit, wenn ich auf einen Brief antworte, koche, an einer Sitzung teilnehme? Vollziehe ich jede dieser Handlungen aus Liebe? Oder um irgendeiner anderen Sache willen?

Es kommt recht oft vor, dass wir ohne Liebe geben, dass wir uns selber ohne Liebe geben. Es ist deshalb wichtig, sich zu vergewissern, dass tatsächlich die Liebe der Ursprung der Gabe ist. Der Apostel Paulus warnt uns im ersten Korintherbrief (13,2): *Und wenn ich prophetisch reden könnte und alle Geheimnisse wüsste und alle Erkenntnis hätte; wenn ich alle Glaubenskraft besäße und Berge damit versetzen könnte, hätte aber die Liebe nicht, wäre ich nichts.* Es ist gut, sich zu fragen, ob die Liebe wirklich die Grundlage des Gebens ist.

Man kann einen Dienst leisten, eine Funktion erfüllen, etwas schenken aus ganz anderen Motiven als Liebe: aus Pflicht oder Resignation; im eigenen Interesse, auf der Suche nach Anerkennung, nach Erfolg; um sich zu beweisen, dass man etwas gilt, dass man besser ist als der andere; um Macht zu bekommen, aus Perfektionismus oder Gesetzesgehorsam heraus; um dem idealisierten Bild seiner selbst zu entsprechen ... Wir tun nichts, das absolut rein wäre; das wissen wir wohl. Doch dies ist kein Grund dafür, die Herzensbeschneidung, die in der biblischen Botschaft so wesentlich ist, zu vernachlässigen: *Der Herr, dein Gott, wird dein Herz und das Herz deiner Nachkommen beschneiden. Dann wirst du den Herrn, deinen Gott, mit ganzem Herzen und mit ganzer Seele lieben können, damit du Leben hast* (Dtn 30,6). Es hängt allein von der Haltung des Herzens ab, ob eine bestimmte Handlung oberflächlich bleibt oder von der Quelle ausgeht und voll, ganz wird.

Diese ganz einfache Übung im Alltag wird die Sicht, die wir vom Leben haben, radikal verändern: Alles, was ohne Liebe getan wird, ist teilweise verloren; die Handlung ist nicht voll, ganz, hat nicht Qualität ewigen Lebens, welche die Herzen erwärmt; sie ist auf das Fleisch gegründet und nicht auf den Heiligen Geist. Die oft zutiefst im Herzen vergrabene Fähigkeit zu lieben wiederzufinden und zu fördern, ist die Grundlage unseres wahren Wachstums, führt zum Lebensglück. Man empfängt nun das neue Herz, welches Ezechiel ankündigt: *Und ich will euch ein neues Herz und einen neuen Geist in euch geben und will das steinerne Herz aus eurem Fleisch wegnehmen und euch ein fleischernes Herz geben* (Ez 36,26).

Wir werden es daraufhin dem Schatz an Gaben, die sich in uns befinden, erlauben, sich nach außen zu ergießen: Welche Fruchtbarkeit kann ich noch heute erlangen, welchen lebenspendenden Akt noch heute vollziehen? Diejenigen innerlich besuchen gehen, die ich im Gefängnis lasse, indem ich ihnen ihre Schuld nicht erlasse, ihnen nicht Vergebung gewähre; eine Zeit des Gebets für diejenigen einräumen, welche einen schwierigen Wegabschnitt durchlaufen; eine Geste vollziehen, einen Blick schenken, eine Zeit des Zuhörens, einen Brief beantworten, meine Tür öffnen, ein Buch ausleihen, die Gegenwart Gottes leben und einfließen lassen, wo auch immer ich mich befinde (z. B. in der U-Bahn, in einem Kaufhaus); mich endlich dazu entschließen die Kleider zu sortieren und die zu verschenken, welche ich nicht mehr trage ... Das Wesentliche ist es, die Tür zu öffnen; damit zu beginnen, den inneren Überfluss nach außen strömen zu lassen; damit anzufangen, die Natur zu lieben, eine Blume, einen Nachbarn, eine kranke Person. Dann wird die Quelle zu fließen beginnen und zu einem sprudelnden Wasser werden[1].

Geben und sich selbst hingeben

Die größte und wunderbarste Gabe ist es zweifelsohne, sich selbst zu geben. Doch was für widersinnige Meinungen gibt es

1 Sarah Ben Breathnach (1999) hat ein Buch geschrieben, das anregt und stärkt, das voller Leben ist und sich an die Frauen wendet: *L'abondance dans la simplicité.* (o.O.: Ed. du Roseau). Entlang den Monaten des Jahres zeigt sie auf eine sehr konkrete Weise Pfade auf, um das Leben in jedem Augenblick auszusäen. Es ist ein leicht zugängliches Buch, das Lust darauf macht, in die Fruchtbarkeit einzutreten.

diesbezüglich! Für viele bedeutet „sich geben", dass man das Leben verliert und dazu bereit ist, körperlich zu sterben, zu leiden, zerstört zu werden. Da täuscht man sich auch wieder über das, was mit Tod gemeint ist. Für andere bedeutet „sich geben" einen Aktivismus bis zur Erschöpfung, eine Großzügigkeit ohne Unterscheidung: Sie schneiden sich letztendlich von ihrer Quelle ab, lassen das Beste an ihnen verdorren.

Sich zu geben könnte sich in einer Frage ausdrücken: „Was können wir füreinander sein?"[2] Sich zu geben besteht darin, dem anderen das Beste von sich selbst zu geben, sein Wesentliches, seine Freude, sein Glück zu leben, seine Suche nach Wahrheit, nach innerer Freiheit, nach wahrer Stille, seinen Frieden, sein Vertrauen, seine Weigerung zu erstarren, seinen Widerstand, sich vom Geist der Welt, der sich in einem und um einen befindet, zerstören zu lassen: von Kränkung, Groll, Rache, Verführung, Macht, Gleichgültigkeit ...

Gibt es eine größere Gabe, als Anstifter zum Leben zu werden, überall wo man ist, den Samen der Auferstehung sich in die Orte des Todes hineinpflanzen zu lassen, dem Heiligen Geist gemäß auszusäen, der alle Dinge erneuert? Man gibt sich durch das, was man ist, was man wird, wie man auf seine zweite Geburt zugeht.

Die Entdeckung der individuellen Fruchtbarkeit

Es liegt in der Verantwortung eines jeden, seine Form der Fruchtbarkeit zu entdecken, die Art und Weise, wie sein Leben Frucht bringen wird. Dies ist eine gesegnete Zeit, die man im Licht des Heiligen Geistes mit Blick auf seine eigenen Lebenskräfte lebt. Wie immer ist es wichtig, die Verschwommenheit zu verlassen, sich die Zeit zu nehmen, seine eigene Form der Fruchtbarkeit, der Gabe auftauchen zu lassen: Was möchte ich in Wirklichkeit leben? Ich kann vielleicht mein Verlangen nicht vollständig verwirklichen, aber ich kann es sicherlich auf eine gewisse Art und Weise in die Tat umsetzen. Auf welche Art? Wie?

2 H. Nouwen. (1998). *Lettre à un ami sur la vie spirituelle.* Paris: Coéd. Cerf – Novalis, S. 96.

Laure entdeckt in ihrem Briefkasten einen Prospekt mit dem Vorschlag, in jedem Quartier ein „Gebetshaus“ zu schaffen. Es geht einfach darum, sich von zuhause aus dafür zu engagieren, vom Gebet her ein „Wächter“ für das Viertel zu werden. Laure ist in Rente und hat eine sehr schwache Gesundheit. Sie hat den Versuch gemacht, bei Wohltätigkeitswerken mitzuhelfen, hat aber gespürt, dass dies nicht ihr Platz war. Sie hat kein Handlungsziel, außer dass sie sich von der Stille und dem Lob sehr angezogen fühlt. Ein Ruck durchfährt sie, als sie diesen Prospekt liest, und sie spürt, dass sich ein Weg vor ihr auftut. Sie nimmt sich die Zeit, dieses Vorhaben dem Heiligen Geist zu unterbreiten, und entscheidet sich nach einigen Tagen, aus ihrer Wohnung ein Gebetshaus für das Viertel zu machen. Sie empfängt diese Aufgabe aus den Händen des Vaters als einen wirklichen Dienst, der ihr anvertraut ist, und macht sich unverzüglich ans Werk.

Kurz danach begegnet sie bei einem Händler dem Verantwortlichen für ein Kinderatelier, das von der Pfarrgemeinde organisiert wird und das sich gegenüber ihrer Wohnung befindet. Ihr Gespräch wird zunehmend tiefer und Laure hört sich sagen, dass sie den Kindern gerne beibringen würde, wie sie Gott loben können; dabei hat sie das bis jetzt noch nicht einmal sich selbst gesagt. Der Verantwortliche sagt ihr: „Sprechen Sie mit den Betreuern und schauen Sie, was die davon halten.“ Laure wird aktiv, und sie, die nicht Großmutter ist, keine Erfahrung mit Kindern hat, beginnt mit fünf kleinen Kindern, und die sind begeistert. Die Gruppe wird von Woche zu Woche größer, die Kinder drängen sich in Zehnergruppen, um ihre Viertelstunde des Lobes zu erleben. Eine Mutter erzählt Laure: „Mein Junge will morgens nie aufstehen, aber um zum Treffen für das Gotteslob zu gehen, stürzt er sich förmlich aus dem Haus.“ Laure hat die Fruchtbarkeit ihres Lebens entdeckt, von dem Kostbarsten her, das sie in sich trägt und das sie geben kann. Die Quelle ist nach außen gesprudelt.

Michèle sagt, dass sie nicht so recht weiß, was sie zu leben hat. Sie gehört einer Gemeinschaft von Paaren an, findet dort aber nicht wirklich ihren Platz. „Was möchtest du eigentlich leben?“ – „Im Grunde genommen“, sagt Michèle, „ist es mein größtes Verlangen, überall dort, wo ich vorbeikomme, das Leben zu säen,

Samen des Lebens auszuwerfen. Aber ich sehe nicht so recht wie. Es könnte ebenso gut geschehen, indem ich Blumensträuße mache, wie indem ich ein Fest organisiere. Ich möchte entdecken, was ein bisschen Glück in den Alltag bringen kann, möchte den andern ein bisschen glücklicher machen." Das ist die Form der Fruchtbarkeit von Michèle. Es hat genügt, dass sie sich wirklich die Frage nach ihrem eigenen Wunsch stellt, um den versteckten Reichtum auszugraben.

Marc arbeitet in einem großen Unternehmen, wo Beziehungen nicht einfach sind. Die Gespräche in der Kantine erscheinen ihm schal und oberflächlich, so dass er lieber in seinem Büro ein Stück Brot isst. Ungeduldig wartet er auf den Zeitpunkt, wo er weggehen kann. Danach widmet er sich Aktivitäten, die ihm zumindest nützlich erscheinen. Nach und nach wird ihm bewusst, dass er die Beziehungen meidet, flieht, und er entscheidet sich, sich dem Heiligen Geist zu öffnen, um erleuchtet zu werden, was sein Verhalten betrifft. Er muss einen tiefgreifenden Glaubensakt vollziehen, um diese ersten Schritte zu tun, um die Möglichkeit einer Veränderung ins Auge zu fassen. Er fängt damit an, die Gegenwart Gottes mitten in seine Firma einzuladen, ins Innere dieser Kantine, wo sich alle für ein Essen zusammenfinden, das eigentlich gesellig sein sollte. Dann beschließt er, in die Kantine zu gehen. Er bereitet sich darauf vor und bittet darum, inspiriert zu werden, um etwas zu erleben, wenn er auch nicht weiß was. „Ich habe nach und nach entdeckt, wie man auf ein beliebiges Gespräch eingehen kann, indem man ein Element einführt, das ihm Tiefe verleiht. Anstatt mich in meinem Hochmut zurückzuziehen, tauche ich in den menschlichen Teig ein, zu dem ich gehöre. Ich habe der lebendigen Gegenwart Christi die Tür geöffnet. Ich weiß, dass der Heilige Geist daran ist, inmitten dieses Teigs zu arbeiten. Ich eröffne Pfade, ein bisschen wie Johannes der Täufer. Ich versuche auf jeden, auf jede sehr aufmerksam zu sein. Dies ist wirklich eine Haltung des Herzens; diese persönliche Aufmerksamkeit scheint mir die erste Form der Gabe zu sein." Die Beziehungen haben sich völlig gewandelt; sie sind wieder lebendig geworden. Marc hat seine Form der Fruchtbarkeit in den Beziehungen im Beruf gefunden.

Clara ist Kassiererin in einem Supermarkt und arbeitet in vollständiger Anonymität. Was soll sie machen? Wenn Kunden mit einem Scheck bezahlen, nimmt sie sich die Zeit, den Namen und das Gesicht der Person anzuschauen. An den darauffolgenden Tagen begrüßt sie sie und nennt sie bei ihrem Namen, was ein kleines Zeichen dafür ist, dass die Person zählt, einen Wert hat, dass „Jemand" sie bei ihrem Namen nennt.

Andere werden damit aufhören müssen, flatterhaft zu sein. Manche versteifen sich darauf, das geben zu wollen, wofür sie nicht geschaffen sind, und bleiben in der Schwebe, warten ab. Es handelt sich nicht darum, um des Gebens willen zu geben oder um ein ruhiges Gewissen zu haben: Die Bewegung setzt innen an, kommt von innen heraus, um sich nach außen hin zu entfalten. Wenn die persönliche Form der Fruchtbarkeit erst einmal ans Licht gebracht worden ist, ist es an der Zeit, sie aus den Händen des Vaters zu erhalten, seinen Segen zu empfangen, damit sie sich entfalte. Ein Unterscheidungsvermögen ist in Sachen Begabung immer notwendig. Die Lebensgesetze werden uns dafür die wesentlichen Orientierungspunkte liefern. Die Gabe Gottes ist von ihrem Wesen her unentgeltlich. Es ist gut, sich darin zu üben, umsonst zu geben, ohne eine Gegenleistung zu erwarten: Die Unentgeltlichkeit ist eine wesentliche Eigenschaft der Fruchtbarkeit, der Fülle, die man empfangen oder geben kann. Sie findet sich im Akt der Vergebung wieder.

Fruchtbarkeit in Beziehungen

Wirkliches Menschsein vollzieht sich in Beziehung. Wie können wir eine Beziehung fruchtbar machen, dem Kern jeder Beziehung ein echtes Leben einhauchen, sie ins Leben zurückbringen, wenn sie im Sterben liegt? Es kommt vor, dass wir Beziehung vermeiden, vor ihr fliehen. Doch es ist auch möglich, sie zu „erfüllen". Sie gibt oft Anlass für Konflikte. Sie kann aber auch, was immer da geschehen mag, eine Gelegenheit dafür werden, zu wachsen, größer, fruchtbarer zu werden, selbst wenn sie augenscheinlich ein Fehlschlag ist.

Jesus hat äußerst fruchtbare Beziehungen gehabt. Anlässlich einer jeden seiner Begegnungen, geschieht etwas Wichtiges, für das Leben Wesentliches. Nichts bleibt gleichgültig oder oberflächlich. Die Bedürfnisse derjenigen, die Hunger und Durst haben, die Fremde, krank, im Gefängnis sind (Mt 25,31–40), werden berücksichtigt. Diese Menschen fühlen sich immer für das anerkannt, was sie hinter dem nach außen hin Sichtbaren sind, jenseits ihrer Handlungen, Erfolge oder Niederlagen oder des schlechten Rufes, der ihnen anhaftet. Jesus spricht zu ihnen, indem er sie für fähig hält, die Dinge des Reiches Gottes zu verstehen; er berührt sie, isst mit ihnen. Er nimmt mit Dankbarkeit an, was sie ihm geben: Parfum, einen Glaubensakt, eine Mahlzeit, fünf Brote und zwei Fische, die er vermehren wird, um denjenigen Nahrung zu geben, die ihm in einen öden Ort gefolgt sind, um sein *Wort* zu hören, und die nicht an Proviant gedacht haben. (Mt 14,13–21). Er lädt sie dazu ein, sich in Frieden und wohl zu fühlen.

Wir könnten damit beginnen, den Begriff der Fruchtbarkeit in jeglicher Art von Beziehung zu vertiefen, ihn uns zu eigen zu machen, ihn wie eine kostbare Perle in unseren Händen zu halten, wie einen neuen Samen, den man im tiefsten Inneren seines Herzens einpflanzen möchte, und dann die Entscheidung treffen, von jetzt an die Fruchtbarkeit in der Beziehung auszuleben. Wir wissen, wie wir deren Tür der Gegenwart Gottes öffnen und uns jeden Tag vom Heiligen Geist inspirieren lassen können: Er ist es, der alle Dinge neu macht. Er wird uns lehren, wie wir dieses Engagement des Lebens entfalten können.

Die Dankbarkeit

In Dankbarkeit leben

Die meiste Zeit über sind uns die Gaben Gottes nicht bewusst. Wir empfinden es als ganz natürlich, sie jeden Tag im Überfluss zu empfangen. Wir denken nicht daran, für sie zu danken, uns aufs Danksagen einzulassen, zur Quelle zurückzugehen, sowohl die Gabe als auch das Geben anzuerkennen. Dem Bewusstwerden der Gaben Gottes entspricht ein freudiges Anerkennen dessen, was Gott ist, seiner Gegenwart, seiner Liebe für jedes seiner Geschöpfe. Die Dankbarkeit besteht in Wirklichkeit darin, das als eine Gabe anzuerkennen, was als geschuldet entgegengenommen wurde, was kein Erstaunen weckte.

Dank zu sagen ist eine besondere Form der Beziehung zu Gott, eine zugleich einfache und wunderbare Form des Gebets, die für alle in Reichweite ist, die angeblich nicht wissen, wie sie beten sollen. Es ist eine Art, Gott von ganzem Herzen zu lieben, *ihn, der seine Sonne aufgehen [lässt] über Bösen und Guten und [der] regnen [lässt] über Gerechte und Ungerechte (Mt 5,45), der sich sowohl um die Vögel des Himmels, als auch um ein jedes seiner Kinder kümmert* (Mt 6,25–34).

Danksagung und Lobpreis

Zuerst empfiehlt es sich, die Danksagung vom Lob zu unterscheiden. Man dankt Gott für eine empfangene Gabe. Man dankt nicht für ein Übel, ein Leiden, das nicht von Gott kommt. Im Lob hingegen lobt man Gott für das, was er ist, unabhängig von seinen Gaben. Das Lob ist der Anbetung nahe; man lobt Gott, weil er Gott ist.

Mitten in einem Ereignis, das nicht von Gott kommt, sagt man nicht Dank, aber man lobt Gott für das Werk, das er mitten im Bösen vollbringen wird, für die Art und Weise, in der er uns stärken wird, um es zu durchqueren. Man lobt ihn für die Macht seines Wortes, seines Lebens, denn er hat *die Welt besiegt* (Joh 16,33). Das Lob ist eine mächtige Waffe im Kampf gegen das Böse.

Die Undankbarkeit

Das Gegenteil der Dankbarkeit ist die Undankbarkeit: Wir erkennen die erhaltene Wohltat nicht an, geben dem Schöpfer nichts zurück, lassen uns eine Gelegenheit entgehen, uns wieder mit der Quelle zu verbinden. Die Undankbarkeit zieht Frustration, Bitterkeit, Resignation, Schwere und Niedergeschlagenheit nach sich.

Die Undankbarkeit ist eine der Grundlagen der Begehrlichkeit, der Selbstentfremdung, die darin besteht, das haben oder sein zu wollen, was der andere hat oder ist. Wir schätzen die Gaben Gottes gering. Die Entscheidung, dankbar werden zu können, wird eine große Hilfe sein, um sich davon zu befreien.

Die Undankbarkeit kann auch dazu führen, dass man sich die Gabe zu eigen macht, sie an sich reißt: Man wird deren Besitzer, vergisst zu teilen, die andern an dem empfangenen Nutzen teilhaben zu lassen; man bildet sich ein, dass man seinen Erfolg sich alleine verdanke.

Der Bund mit Gott

Es gibt tausenderlei Weisen, die Liebe zu leben; und in Dankbarkeit zu leben ist eine der Arten, seine Liebe Gott gegenüber auszudrücken. Es ist eine der Möglichkeiten, mit ihm einen Lebensbund zu schließen, eine gegenseitige Beziehung einzugehen: die Gabe bewusst entgegenzunehmen, zum Geber zurückzukehren, danke zu sagen und seinerseits zu geben, so wie die Söhne und Töchter des Höchsten dazu eingeladen sind, es zu tun.

Der Akt wird vollständig

Ein menschliches Glück kann ein geistliches Glück werden, wenn man es in Dankbarkeit lebt, denn die Dankbarkeit hat ihren Ursprung in Gott. Das Glück, welches in Dankbarkeit gelebt wird, wird zu einem geistlichen Akt. Es ist dann zugleich ein „vollständiger“ Akt.

Danksagung in der Bibel

Man könnte sagen, dass die ganze Bibel und besonders das fünfte Buch Mose ein Buch des Gedenkens ist. Die Israeliten werden auf die feierlichste Weise dazu eingeladen, die Gaben Gottes im Gedächtnis zu bewahren, zum Geber zurückzukehren, sich zu erinnern, nicht zu vergessen[1].

1 Um die folgenden Überlegungen zur Danksagung in der Bibel ins Reine zu bringen, habe ich häufig die Analyse zu Rate gezogen, die A. Wénin im Kapitel „Le don de la terre (reconnaissance, partage und jeûne)“, S. 247–257, davon macht.

Ein Ritus wird vorgeschrieben, um jedes Jahr das Gedenken an die bedeutende Gabe Gottes an Israel zu feiern, sie von Generation zu Generation zu vergegenwärtigen. Israel hat in der Wüste eine schwere Prüfung erlebt, eine harte Konfrontation mit der Wirklichkeit der Grenzen, durch die Mangelsituation, wie sie zu jeder Wüste gehört. Den Israeliten ist nach und nach bewusst geworden, wie Gott sich um sie kümmerte, treu über sein Volk wachte. Sie haben gezweifelt, gemurrt, weil sie fanden, dass es wirklich zu hart sei; sie haben mehrmals geglaubt, dass sie in dieser Wüste sterben würden, dass Gott sie ihrem Schicksal überlassen würde. Schließlich haben sie das Land der Verheißung bekommen. Sie sind in der Wüste „erzogen" worden, und von da ab müssen sie sich gewissermaßen selbst in die Pflicht nehmen. Die Reichtümer sind im Überfluss vorhanden, und dennoch werden sie im Laufe des sechsten Jahrhunderts v. Chr. ihr Land verlieren – dasjenige, welches ihnen von Gott gegeben worden ist – und von Juda nach Babylon ins Exil geführt werden. Die Propheten rütteln sie auf: Sie glaubten ihren Erfolg nur sich selbst zu verdanken, haben die Gabe und den Geber vergessen, haben auf diese Weise sowohl ihre Seele als auch ihr Land verloren: *Ich habe dich in der Wüste auf die Weide geführt, im Land der glühenden Hitze. Als sie ihre Weide hatten, wurden sie satt. Als sie satt waren, wurde ihr Herz überheblich, darum vergaßen sie mich* (Hos 13,5–6).

Dabei hatte Mose sie doch gewarnt:

> *Wenn der Herr, dein Gott, dich in ein prächtiges Land führt, ein Land mit Bächen, Quellen und Grundwasser, das im Tal und am Berg hervorquillt, ein Land mit Weizen und Gerste, mit Weinstock, Feigenbaum und Granatbaum, ein Land mit Ölbaum und Honig, ein Land, in dem du nicht armselig dein Brot essen musst, in dem es dir an nichts fehlt, ein Land, dessen Steine aus Eisen sind, aus dessen Bergen du Erz gewinnst; wenn du dort isst und satt wirst und den Herrn, deinen Gott, für das prächtige Land, das er dir gegeben hat, preist, dann nimm dich in Acht und vergiss den Herrn, deinen Gott, nicht, missachte nicht seine Gebote, Rechtsvorschriften und Gesetze, auf die ich dich heute verpflichte [...] dann*

nimm dich in Acht, dass dein Herz nicht hochmütig wird und du den Herrn, deinen Gott, nicht vergisst, der dich aus Ägypten, dem Sklavenhaus, geführt hat; der dich durch die große und furchterregende Wüste geführt hat, durch Feuernattern und Skorpione, durch ausgedörrtes Land, wo es kein Wasser gab; der für dich Wasser aus dem Felsen der Steilwand hervorsprudeln ließ; der dich in der Wüste mit dem Manna speiste, das deine Väter noch nicht kannten, (und der das alles tat,) um dich gefügig zu machen, dich zu prüfen und dir zuletzt Gutes zu tun. Dann nimm dich in Acht und denk nicht bei dir: Ich habe mir diesen Reichtum aus eigener Kraft und mit eigener Hand erworben. Denk vielmehr an den Herrn, deinen Gott: Er war es, der dir die Kraft gab, Reichtum zu erwerben, weil er seinen Bund, den er deinen Vätern geschworen hatte, so verwirklichen wollte, wie er es heute tut (Dtn 8,7–20).

Das Thema der Dankbarkeit führt zu einer Bewusstwerdung voller Leben, voller Freude, doch man darf nicht glauben, dass es sich um ein nebensächliches, leicht fassbares Thema handle. Sich an die Gabe Gottes zu erinnern ist von vitaler Bedeutung, denn dies legt den Grund für den sogenannten Bund. Im Bund gibt es zwei Partner: Gott gibt, der Mensch ist sich der erhaltenen Gabe bewusst, er empfängt sie, kehrt zum Geber zurück und sagt Dank. Die Beziehung ist hergestellt, eine Kindesbeziehung, die frei ist, die darin besteht, auf das Angebot eines Bundes mit Gott fürs Leben zu antworten. Das Volk Gottes, aber auch jeder und jede Einzelne muss sich dann in diese Bewegung der Dankbarkeit einbringen und auch in die Art und Weise, wie er die Gabe sowohl erhalten als auch gebrauchen wird. Dem Bild des Vaters gleich, der ohne Unterlass gibt, wird er seinerseits in das Teilen der erhaltenen Gaben eintreten: Wem geholfen worden ist, wird auch dem anderen dabei helfen, den Weg seiner Freiheit als Sohn oder Tochter Gottes zu finden.

Das Volk Gottes ist zum Bund aufgerufen. Ebenso verhält es sich mit jedem Menschen: Im Bund wird der „Gott unserer Väter" heute „mein Gott". Das Bewusstwerden, dass der Bund mit dem Schöpfer möglich, ist eine Quelle der Freude; sie stärkt die Identität, ruft zur Freiheit eines/einer jeden auf. Die Dankbarkeit ist deren Fundament. Aus diesem Grund ist es lebenswichtig, „sich zu erinnern", nicht zu vergessen.

Jesu Leben in Danksagung

Jesus befindet sich beständig in einer lebendigen Danksagung dem Vater gegenüber. Er zieht uns in seine Nachfolge. Allem in seinem Leben geht eine Danksagung voraus oder sie folgt nach. Als er längs der Grenze zwischen Samarien und Galiläa hinzog, kamen zehn Aussätzige zu ihm (Lk 17,11–19) und flehten ihn um Erbarmen an. Er verordnete ihnen, sich den Priestern zu zeigen. Während sie dorthin unterwegs waren, wurden sie geheilt. Nur einer von ihnen, ein Samaritaner, also ein Ausländer, ein Heide, kehrte zurück, um sich Jesus zu Füßen zu werfen und ihm zu danken, das Gesicht der Erde zugewandt. Jesus war erstaunt: Wo sind die anderen neun? Hat sich nur dieser Fremde gefunden, um zurückzukommen und Gott die Ehre zu geben? – Wie kann so etwas passieren? Das ist es indessen, was wir täglich in weniger aufsehenerregenden, aber keineswegs weniger realistischen Bereichen tun. Wie konnten wir nur eine Trennung zwischen der Quelle und der erhaltenen Gabe aufbauen?

Jesus war höchst verwundert über die innere Schönheit zahlreicher Personen, denen er begegnet ist: die arme Witwe, die zwei Geldstückchen in den Opferstock im Tempel wirft, alles gibt, was sie zum Leben hat, wohingegen die andern von ihrem Überfluss geben (Lk 21,1–4). Wie vielen hat er nicht gesagt: *„Dein Glaube hat dir geholfen"*, indem er ihr Vertrauen, ihren lebendigen Glauben lobte![1] So erweckt er unsere eigene Danksagung.

Werden wir uns manchmal dessen bewusst, dass sich Jesus auch über den Weg von vielen unter uns mit Freude erstaunt, über die kleinen Schritte, welche diejenigen machen, die unterwegs

1 In Lk 7,50 zu einer stadtbekannten Sünderin; in Mt 15,21-28 zu einer kanaanäischen Frau; in Mt 8,10 zu einem römischen Hauptmann: *Amen, ich sage euch: Einen solchen Glauben habe ich in Israel noch bei niemand gefunden.*

sind und ihr Möglichstes tun, um auf dem Weg voranzukommen? Sind wir fähig, ihn dem Vater Dank sagen zu hören und zugleich, wie er uns dankt? In seiner Gnade werden wir fähig, in den Prüfungen durchzuhalten, aufrecht zu bleiben, während wir eine sehr schwere Geschichte erleben. Wir können es dann annehmen, einen Osterweg zu erleben, Gott unser Innerstes zu öffnen, mit dem Heiligen Geist zusammenzuarbeiten, die inneren Wegstrecken zu durchleben, die er uns anzeigt. In diese Dimension einzutreten bedeutet eine wunderbare Öffnung des Herzens und richtet uns ohne weiteres in unserer eigenen Danksagung ein.

Gedenkzeichen – Die Freude des Bundes

Wie die Israeliten sind wir dazu eingeladen, das Andenken an die Gaben Gottes zu feiern, an sein Vorübergehen in unserem Leben, an die Zeichen seiner Gegenwart, seiner Art und Weise, uns zu schützen, während wir uns auf den Wegen des Todes befanden. Er hat uns aus der finsteren Schlucht herausgeholt, aus dem Netz des Jägers befreit[2], uns ins Weite hinausgeführt, hat die Türen unserer Gefängnisse geöffnet. Unser Herz ist also mit unendlich großer Danksagung erfüllt. Da zeigt sich der lebendige Glaube, das lebendige Gebet. Sie sind in unser Fleisch, in unsere Geschichte eingewoben. Dies ist der Anfang unseres Bundes mit dem Gott aller Lebendigen und mit „meinem persönlichen Gott". Die gegenseitige Beziehung ist die Quelle der Freude, sie kann nur zur Freude führen. Sie feiert das Glück, in der Liebe Gottes, im Teilen der erhaltenen Gabe mit dem anderen zu leben.

Dies leben wir in der Eucharistie, die Danksagung und neuer Bund zugleich ist.

Hindernisse

Es ist eine unerlässliche Etappe, sich der Hindernisse bewusst zu werden, die sich in einem befinden und die einen daran hindern,

2 Ps 124,6–8; Ps 18,20: *Er führte mich hinaus ins Weite, er befreite mich, denn er hatte an mir Gefallen.*

in einem Zustand der Dankbarkeit zu leben. Man wird diesen Wegabschnitt im Licht des Heiligen Geistes durchleben.

Ein schlimmes Ereignis

Die Dankbarkeit muss in Wahrhaftigkeit gelebt werden. Wenn ein schlimmes und destabilisierendes Ereignis im Leben vorfällt, wird man offensichtlich nicht dazu geneigt sein, dankbar zu sein. Es handelt sich nicht darum, die Bürden zu verharmlosen, die sehr schwer wiegen können, vor der Realität wegzulaufen, in einer Illusion zu leben. Doch wird es nach einer allmählichen Beruhigung möglich sein, sich der Tatsache bewusst zu werden, dass die Gabe Gottes in der einen oder anderen Form stets noch da ist, dass uns seine barmherzige Gnade helfen wird, die Prüfung zu bestehen. Es erscheint sinnvoll, sich vor einer Bewegung der Dankbarkeit zu hüten, die unangebracht und unmöglich zu leben wäre.

Familienmuster

Viele sind gekennzeichnet von Familienschemas, übernommenen Ideen, Glaubensvorstellungen, die sich von einer Generation zur anderen weiterverbreiten, von Gewohnheiten, zu denken, und davon, das Leben schwer zu nehmen: „So ist das Leben nun einmal. Was können wir dafür, was können wir daran ändern?" Diese Muster oder Schemas können schwer auf unserem eigenen Verhalten lasten, ohne dass wir uns dessen bewusst werden, und es ist gut, sich die Zeit zu nehmen, sie aufzuspüren.

Angst vor der unbekannten neuen Lebensweise

Manche fürchten, dass sie einen Verlust oder eine Katastrophe auf sich ziehen könnten, sollten sie es wagen, ohne Einschränkung im Leben glücklich zu sein, sollten sie die erhaltenen Gaben anerkennen: „Das kann nicht von Dauer sein, es ist besser, leer, unerfüllt zu bleiben ..." Es ist wie eine Art Aberglaube, ein Verbot, glücklich zu sein. Es stimmt, dass diejenigen, die einen schwierigen, bedrohlichen Lebensanfang gehabt haben, oft Mühe damit haben, Gott und dem Leben zu vertrauen.

Die Weigerung, glücklich zu sein, kann auch von der Gewohnheit herrühren, unglücklich gewesen zu sein. Die Erfahrung lehrt uns, dass uns im Laufe unserer Existenz viele Dinge weggenommen werden können; doch die Dankbarkeit ist in Gott begründet, ihre Quelle ist in Gott, und ER versichert uns, dass wir den Mangel, schwierige Situationen mit Ihm und in Ihm durchqueren können, ohne endgültig verschlungen zu werden.

Wie Bilanz ziehen?

Wie viele Male zählen wir das zusammen, was wir nicht haben, anstatt das zu addieren, was wir haben? Es wird das Gefühl der Dankbarkeit nähren, wenn wir den Wert dessen erfassen, was wir haben, was wir sind, wenn wir alles sehen, was uns gegeben worden ist und nicht nur das, was nicht gegeben worden ist, wenn wir es nicht herabsetzen sondern nach dem Verlangen haben, was wir haben, und nicht nach dem, was wir nicht haben.

Der Glaube, dass wir durch Leiden geistlich wachsen

Obgleich das Leiden in sich ein Übel ist, stimmt es, dass es sehr oft der Anlass für eine Wanderung durch die Wüste ist, für eine Wegstrecke, wo wir uns von der Barmherzigkeit Gottes erreichen lassen, wo wir zu einer Umkehr von unserem Weg, zu einer Umkehr zu uns selbst, zu unserer Wahrheit gebracht werden. Manchmal kann Leiden jedoch jene zerstören, die isoliert, nicht verbunden sind.

Doch wir vergessen, dass wir die Begegnung mit Gott auch erleben können, indem wir einen Weg der Freude, der Dankbarkeit, des Glücks zu leben einschlagen: Das Leben zu lieben, in einem Zustand der Dankbarkeit zu leben, ist eine heilige Aufgabe für jene, die sich dazu entschlossen haben, das Leben zu wählen. Und man darf sich nichts vormachen: Dieser Weg ist auch Quelle der Läuterung. Es zu wagen, dankbar inmitten von nicht immer leichten Umständen zu leben, ist wider alles Erwarten ein sehr sicherer geistlicher Weg. Er erfordert eine wirkliche Absage seinen todbringenden Neigungen gegenüber. Er verpflichtet dazu, das empfundene Glück richtig einzuordnen, seine Quelle zu suchen.

Dies ist tatsächlich eine Art von radikaler Verwandlung, die es ermöglicht, dass man das Selbstmitleid, die negativen Gedanken, die alle bloß Samen des Todes sind, hinter sich lässt.

Täglich Dankbarkeit üben

Gelangt man zu dieser Sicht von Dankbarkeit, diesem Reichtum, den man hat brach liegen lassen, kann das zu einer unmittelbaren Umsetzung in die Tat im täglichen Leben führen.

Die Dankbarkeit lässt sich auf allen Ebenen und in jedem Augenblick des Tages leben. Das ganze Leben lässt sich in die Danksagung einbetten. Es geht einfach darum, ans Danken für alles, was gut ist, aber bis anhin selbstverständlich schien, zu denken. Wir können es ausprobieren, indem wir uns dafür entscheiden, einen ganzen Tag lang, vom Aufstehen bis zum Zubettgehen, in der Danksagung zu leben: Wir treten in die Dankbarkeit ein aufgrund der Möglichkeit, aufzustehen, zu frühstücken, unsere Aufgaben erledigen zu können, weil wir die Kraft zum Leben haben, wegen einer Begegnung, einer gemachten oder empfangenen Geste, einem Austausch mit einem Nachbarn, aufgrund einer Versammlung, die Frucht getragen hat, einem Telefongespräch oder einem Brief, den wir erhalten haben, während wir am Aufgeben waren. Alles, restlos alles kann Anlass zur Dankbarkeit geben.

Die Gegenwart wird dann in der Fülle erlebt, sie nimmt eine Farbe der Freude an. Die Dankbarkeit ist ein Gefühl, welches man in der Herztiefe (er)lebt. In ihr entfaltet sich das Leben des Herzens. In einem Zustand der Dankbarkeit zu leben, die Frustration, den Weg des Todes hinter sich zu lassen, ist eine der Antworten auf die Einladung: *Wähle das Leben und nicht den Tod.*

Wegstrecken

Pascale hat schwierige Jahre erlebt. Eine sehr intensive berufliche Arbeit und große familiäre Schwierigkeiten haben sie mehrere Jahre daran gehindert, richtig Ferien zu machen. Ihre Lage beruhigt sich endlich und sie hat vor, an die frische Luft zu gehen. Zu diesem Zeitpunkt überdehnt sich eine alte Narbe, die von einer schweren Operation her stammt. Sie kann kaum gehen. Der Schmerz hält mehrere Monate an. Es ist ausgeschlossen, die langen Wanderungen zu unternehmen, die sie so gern hat. Nach einer Zeit der inneren Auflehnung akzeptiert sie diese Situation.

Während eines Besuchs bei einem Krankengymnastiker äußert sie, dass sie innerlich wichtige Wegstrecken durchlebt habe, dass sie aber finde, dass sich ihr Körper in einem ziemlich jämmerlichen Zustand befinde. Er entgegnet ihr: „Merken Sie nicht, dass Sie die Dinge von der falschen Seite her sehen? Mit den Krankheiten, die Sie gehabt haben, hätten Sie eigentlich sterben müssen, und Sie beklagen sich, anstatt dafür zu danken, noch am Leben zu sein." Sie ist betroffen und empfängt diese Worte als vom Heiligen Geist kommend. Sie kehrt nach Hause zurück und fängt unmittelbar danach zu beten an, um nicht ein Wort von dem zu verlieren, was ihr gesagt worden ist, um diese unerwartete Infragestellung nicht einfach an sich vorübergehen zu lassen. Es wird ihr unvermittelt bewusst, dass sie diesen hartnäckigen Schmerz nicht wirklich akzeptiert hat; in Wirklichkeit hat sie sich einfach traurig in das ergeben, was ihr widerfährt, sie ist andauernd frustriert. Sie würde gerne wandern und tief durchatmen, kann es aber nicht.

Nun entdeckt sie auf einmal ihre Undankbarkeit: Dreimal in ihrem Leben ist sie knapp dem Tod entgangen; jedes Mal war die Hand des Herrn da, um sie wieder ins Leben zurückzubringen. Sie hatte sich in sehr schwierigen Situationen befunden; ER hatte sie immer wieder auf den Weg zurückgebracht. Sie weiß es, sie hat es nicht vergessen, doch es bleibt trotz allem diffus. Sie hat nie eine wirkliche Zeit der Danksagung für so viele Wohltaten verbracht; sie hat noch nie die Erinnerung daran gefeiert. Gleichzeitig wird ihr bewusst, was sie alles leben kann, auch wenn der Schmerz andauert.

Sie geht alles in Gedanken durch und wird unendlich dankbar, ist glücklich zu leben. Sie sagt, dass sie schlagartig von der Frustration zur Dankbarkeit hinübergewechselt habe. Das Gefühl der Dankbarkeit hat sich wirklich in sie eingepflanzt, in ihr verwurzelt, es hat sich ihr dauerhaft eingeschrieben. Jeden Tag, vom

Aufstehen bis zum Sich-Niederlegen, sagt sie Dank für all das, was sie in den vielen kleinen Dingen des Alltags erleben kann. Dies ist eine andere Herzenshaltung. Sie hat der Freude die Tür geöffnet.

Guillaume kauft sich eine Reihe von Büchern, die ihm ein weites Feld an Entdeckungen eröffnen: Sie handeln vom positiven oder negativen Blick, den man auf das Leben wirft. Guillaume entscheidet sich, ein „geistiges Fasten" von acht Tagen durchzuführen, während dessen er seinen Blick ändern und die negativen Gedanken durch positive ersetzen wird. Er bereitet sich sorgfältig darauf vor und tritt dann diese Erfahrung an. Er kehrt zum Buchhändler zurück, um andere Werke zu kaufen, und sagt ihm: „Da bin ich wieder. Sehen Sie, ich kehre wieder, um mich bei Ihnen zu ruinieren." Der Buchhändler sagt zu ihm: „Was für ein Wort gebrauchen Sie denn da: ruinieren?" Guillaume antwortet: „Sie werden es mir vielleicht nicht glauben, aber ich halte gerade ein achttägiges geistiges Fasten, während dessen ich beschlossen habe, mir jeden negativen Gedanken und jedes negative Wort zu versagen!" Anstatt mitzuteilen, wie sehr ihn seine Lektüre bereichert hat und wie sehr er sich freut, andere Pfade des Lebens zu finden, hat Guillaume einen Ausdruck gebraucht, den man als todbringend bezeichnen könnte. Dies wäre ihm nicht bewusst geworden, wenn der Buchhändler ihn nicht darauf aufmerksam gemacht hätte.

Viele sagen, dass sie nicht wissen, wie sie beten sollen. In einem Zustand der Dankbarkeit zu leben ist eine wunderbare Form des Gebets, die allen offen steht.

Der Sinn des Weges –
Der Weg unserer Ostererfahrungen

Ostern bedeutet Übergang: der Übergang von einem Ort des Todes, welcher Form auch immer, zur Zustimmung zum Leben, zur Anordnung Gottes; Übergang vom Alten zum Neuen, von der Gewohnheit, dem Sich-Wiederholenden, der Trägheit zur Neuheit des Lebens, die von Jesus Christus angeboten wird.

Die gesamte Existenz ist eine Folge vieler Ostererfahrungen, vieler Tode und Auferstehungen: Das ist das *Gesetz*, das alle Äußerungen des Lebens regiert. Ostern ist eine Erfüllung.

Sich dessen bewusst zu werden, dass sein Leben in seiner Gesamtheit, in all seinen Dimensionen ein Gang, ein Lauf in Richtung Ostererfahrung ist, ist Quelle einer sehr tiefen Freude, die im Kern des Geschöpfes eingewurzelt ist. Denn von diesem Moment an hat man den „Sinn" seiner eigenen Existenz gefunden.

Entsprechend dem Bild des Passah der Israeliten und der Ostererfahrung Jesu folgend, ist jeder durch dessen Gnade dazu aufgerufen, diesen Weg zu erleben. Wenn ein Mensch entdeckt, dass dieses Versprechen nicht nur einigen wenigen vorbehalten ist, sondern dass es ihm persönlich angeboten wird, welches auch immer sein Zustand sein mag, hört er sich bei seinem Namen gerufen und gewinnt eine neuartige Lebensqualität: diejenige der göttlichen Liebe. Durch die Gnade Christi wird er dazu fähig, sich lieben, sich führen zu lassen; er findet nach und nach seine tiefste Sicherheit, die der Gewissheit der Gegenwart Gottes in der Mitte seines Wesens, im Zentrum all seiner Entscheidungen und Schritte, die er unternimmt. Er weiß, dass er jeden Tag sein Brot, seinen Wein, sein frisches und erneuertes Wasser haben wird, die es ihm erlauben werden, seinen Weg fortzusetzen. Diese Entdekkung ist bereits in sich selbst eine Form der Auferstehung.

Der Weg der Evangelisierung bis in die Tiefen des Herzens ist offensichtlich ein Osterweg. Er führt von Ägypten, dem Ort der Sklaverei der Israeliten, dem Symbol für jegliche Unterdrükkung und innere Unfreiheit, ins Land der göttlichen Verheißung, in sein eigenes inneres Land. Das geschieht durch die fortschreitende Wiederherstellung der inneren Freiheit, durch den Aufbau seiner Identität als Sohn oder Tochter Gottes, seiner besonderen Aufgabe.

Die drei Tage von Passion und Ostern Jesu Christi, von denen jeder für sich eine besondere Bedeutung hat, sind lebenswichtige Etappen. Die, welche sich entscheiden, Christus zu folgen, Lebendige zu werden, werden diese Etappen zurücklegen müssen, jeder auf seine eigene Art und Weise. Dieses Verständnis der Bedeutung von Ostern kommt einer beträchtlichen Erweiterung gleich. Es handelt sich nicht mehr nur darum, einen Ausweg aus seinen individuellen Problemen zu finden. Man tritt vielmehr in eine andere Sichtweise, eine andere Dimension, in eine Bewegung ein, die ohne jeden Zweifel zum wahren *Leben* führt. Welche Wegstrecken man auch immer wird durchqueren müssen: man tritt in eine Dynamik ein, die durch den Hauch des Heiligen Geistes fruchtbar gemacht wird.

Die verschiedenen Etappen des Weges der Evangelisierung bis in die Tiefen des Herzens bekommen so einen inneren Zusammenhang; man versteht, dass es gewissermaßen normal ist, sie durchleben zu müssen. Man lässt die Schwere, die fruchtlosen Fragen nach dem Wozu hinter sich. Man macht sich auf den Weg; man weiß, worauf man zugeht. Man entdeckt, wie wesentlich es ist, den Prozess nicht zu fliehen, der zur Ostererfahrung führt, ihn auf *allen* Ebenen seiner persönlichen Existenz zu vollenden, wenn man an dem erneuerten Leben Christi teilhaben will. Für Christen trägt das wirkende Prinzip des Osterweges einen Namen: Jesus Christus.

Wer es lernt, von dem *Lebendigen* aus zu leben, der antwortet auf den Ruf, ins Leben zurückzukommen, das Leben zu *wählen*, auf dem Weg zur persönlichen Ostererfahrung aufzubrechen. Er geht von draußen nach drinnen: Ostern ist dann nicht mehr nur ein historisches Ereignis, welches jedes Jahr gefeiert wird, sondern es erfüllt sich im Herzen der eigenen Existenz, in der Gegenwart des einen und zugleich dreifaltigen Gottes.

Die Freude

So seid auch ihr jetzt bekümmert, aber ich werde euch wiedersehen; dann wird euer Herz sich freuen, und niemand nimmt euch eure Freude (Joh 16,22).

So wie man einen Weg des Todes wählen kann, ohne sich dessen wirklich bewusst zu sein, seine negativen Gefühle tief in sich drinnen vergraben kann, so kann man auch den Funken der Freude auslöschen, der tief im Herzen drin glimmt.

Die Freude dort zu entdecken, wo sie wohnt, sie freizulassen, sie bewusst zu leben, sie zu nähren, zu entfalten, gehört wesensmäßig zum Weg des Lebens.

Die Freude ist das Zeichen von Ostern, des Übergangs vom alten Leben zum neuen, von den todbringenden Gewohnheiten, der Unordnung, der Niedergeschlagenheit, der Traurigkeit, dem Rückzug – zum Glück, das Leben zu wählen. Das geschieht indem man den grundlegenden Gesetzen zustimmt, die den Weg bezeichnen und die es erlauben werden, Leben zu schaffen, überall dort das Leben zu säen, wo man vorbeikommt, wo man ist, zu jeder Jahreszeit.

„Die Freude ist die Durchdringung des Durstes nach Glück mit dem Evangelium.“[1]

Freude zulassen

Sich bewusst gottgeschenkter Freude öffnen

Die Freude ist eine Gabe Gottes, aber wie bei jeder Gabe Gottes muss der Mensch sich dafür entscheiden, sie zu empfangen und zu leben.

Es handelt sich um die gleiche Bewegung wie die für das Leben: Das Leben wird gegeben, aber wenn der Mensch wirklich lebendig werden will, wird er das Leben wählen müssen. Die Freude

1 X. Thévenot. *Souffrance, bonheur, éthique*. S. 61–69.

gehört zum Leben, zur Herztiefe. Sich dafür zu entscheiden, in die Freude einzutreten, setzt einen Entschluss, eine Wahl eines jeden, einer jeden voraus. Es ist jedoch eine relativ häufige Verhaltensweise, zuzuwarten, bis die Freude gegeben wird, ohne dass man sich selbst mit einbringen muss.

Zur Wahl der Freude gehört es, dass wir keine Bedingung damit verknüpfen: Wenn ich eine bessere Gesundheit hätte, verheiratet wäre, meinen Weg fände ... Die Freude zu wählen ist eine Form des Engagements, sie zeigt die Entscheidung an, dass wir auf den vorgeschlagenen Bund antworten, und wird einen veränderten Blick auf das ganze Leben mit sich bringen. Dies ist keine reine Willensentscheidung: Man weiß, warum man die Wahl trifft, die Freude zu leben. Die Grundlage der Freude ist der Frieden, und der Frieden stellt sich ein, wenn die Richtung, Sinn und Bedeutung des eigenen Lebens wiedergefunden worden sind. Den Frieden, den Christus gibt, kann man mitten im Sturm erleben.

Die Offenbarung des Schöpfer- und des Rettergottes, die Zuversicht, dass es möglich ist, sich lieben zu lassen und seinerseits in die Bewegung der Liebe einzutreten, die Gewissheit *der göttlichen Gegenwart* in einem selbst, die Entdeckung des Lebens im Heiligen Geist, das Ende der inneren Einsamkeit, des Umherirrens, die Entscheidung, Anstifter des Leben zu werden, all dies ist eine Quelle unerschöpflicher Freude.

Jesus Christus hat uns gewissermaßen sein Testament überlassen, seinen letzten Willen, seinen Wunsch, seine bedeutendste Einladung:

Wie mich der Vater geliebt hat, so habe auch ich euch geliebt (Joh 15,9). *Liebt einander, so wie ich euch geliebt habe* (Joh 15,12).

Liebt euch nicht irgendwie, in der Unordnung; versteht, wie der Vater mich liebt, wie ich euch liebe, wie der Vater selbst euch liebt. Liebt mit dieser Liebe. Hier befindet sich die Grundlage der Freude. So wird sie genährt.

Verschiedene Intensität und Arten der Freude

Es gibt unterschiedliche Arten von Freude, doch sind alle wesentlich, und man soll nicht eine auf Kosten der andern vernachlässigen.

Die erste Art betrifft *den gesamten Bereich der menschlichen Freuden,* das Glück zu leben, die Liebe zum Leben, die vorrangig, wesentlich ist. Es geschieht sehr oft, dass man diese Art Glück brach liegen lässt; man geht an den ganz und gar realen Freuden vorbei, sie werden einem nicht bewusst, man nennt sie nicht beim Namen und sie können ungenutzt bleiben. Man kann den gleichen Alltag in der Freude oder in der Schwerblütigkeit leben.

Es genügt zu erfahren und darauf aufmerksam zu sein, wie es ist, *wenn man sich entscheidet, einen ganzen Tag in der Freude zu leben.* So wird einem bewusst, was einen daran hindert, in die Freude einzutreten, was einen in die Traurigkeit zurückfallen lässt; man entdeckt, wie man das, was sich ereignet, in einer anderen innern Bewertung, Bewegung erleben kann.

Dann nehmen wir wahr, dass wir in jedem Augenblick des Lebens vor die Wahl gestellt sind: Wir können auf die Seite der Schwere kippen oder auf die Seite der Freude. Es liegt an mir, Partei zu ergreifen. Es ist wahr, dass *die menschlichen Freuden kommen und gehen* und dass schwierige Situationen sich einstellen können. Doch gerade da vertieft sich die Freude nach und nach, indem sie sich an der wahren *Quelle* erquickt. Die Freude ist immer da, sehr zart, mit verschiedenen Farben, doch sie ist sehr wohl lebendig. Die Freude von Weihnachten ist nicht die Freude von Ostern.

Nicht warten

Es ist unnütz zuzuwarten, bis wir ans Ziel gekommen sind, um der Freude Raum zu geben, denn in Wirklichkeit gelingt es uns nie ganz vollständig. Wir sind unterwegs und die Freude besteht eben genau darin, *unterwegs zu sein.* Von dem Augenblick an, wo wir die Richtung, den lebenswichtigen Sinn des Osterweges entdeckt, sein Verlangen neu ausgerichtet haben, können wir die Freude erleben, die wunderbare Gabe, die dem Mann, der Frau, selbst mitten in einem oft schwierigen Leben geschenkt wird.

Dies ist das lebendige Zeichen der Auferstehung im täglichen Leben, es ist die vollendetste Form des Lobes, denn das ganze Wesen, einschließlich des Körpers, nimmt daran teil. Dies ist *die liebende Antwort des Menschen auf die Gabe Gottes.*

Zur Zeit und zur Unzeit

Der Evangelist Markus (11,12–14) berichtet uns eine seltsame Begebenheit aus dem Leben Jesu, die wie immer eine sehr tiefe Bedeutung hat. Als sich Jesus von Bethanien nach Jerusalem begibt, stößt er auf seinem Weg auf einen Feigenbaum, der keine Frucht trägt, was durchaus normal ist, denn es ist nicht die Jahreszeit für Feigen. Dennoch verdammt ihn Jesus zur Unfruchtbarkeit. Auf dem Rückweg stellen die Jünger mit Bestürzung fest, dass der Feigenbaum völlig verdorrt ist. Darauf spricht Jesus zu ihnen über die Macht des Glaubens, der Berge versetzen kann.

Diese Begebenheit gibt uns zu verstehen, dass der Mensch dazu aufgerufen ist, ein fruchtbares Leben zu haben, Frucht hervorzubringen, was auch immer die Umstände seines Lebens sein mögen. Er wird die Fähigkeit haben, dies zu tun, wenn er damit aufhört, hin und her zu schwanken, zu glauben und wieder nicht zu glauben. Er kann den Tod hinter sich lassen, ins Leben eintreten, „wenn er in seinem Herzen nicht mehr zögert".

Jeden Augenblick seines Lebens voll und bis zum Ende ausleben

Es handelt sich tatsächlich darum, jeden Augenblick des Lebens voll[1] und bis ans Ende auszuleben, ob man nun ganz gesund oder von ernsthaften körperlichen Behinderungen betroffen sei, ob die Ereignisse uns günstig gesinnt seien oder nicht.

Die biblische Botschaft ist ein unglaublicher Aufruf zum Leben, dazu, den Mut zu bewahren, nichts von der Lebenszeit zu verlieren, die uns gegeben ist.

Es kommt vor, dass man der Stunde seines körperlichen Todes zuvorkommt, dass man vor seiner Zeit stirbt, aus Unkenntnis,

1 In einem sehr schönen Kapitel seines Buches (1998) *Le feu sous les cendres* (Ed. américaine. Bellarmin: Sheed-Ward, S. 116–136) wendet sich J. Chittister an Personen, die ihr Leben geweiht haben. Sie spricht das Problem des Alterns von gewissen religiösen Orden an. Ihre Analyse geschieht mit einer erstaunlichen Ausdruckskraft.

weil man keinen Sinn mehr in seinem Leben sieht, aufgrund des Fehlens eines wesentlichen Zieles, aus Einsamkeit oder Hoffnungslosigkeit. Es kommt auch vor, dass man ein lebender Toter wird: Den schönen Kampf des Lebens vor sich ist man stehengeblieben. Nach einer schwierigen Zeit oder während einer Zeit der Prüfung kann es lebenswichtig sein, seinen Boden brach liegen, ruhen zu lassen, durchzuatmen, sich in den Armen des Vaters gehen zu lassen, sich tragen zu lassen. Das ist etwas anderes, als den Kopf vor der Entscheidung für das Leben hängen zu lassen. Man wird ein lebender Toter, wenn man den Sinn des Lebens, seines eigenen Lebens verloren hat, wenn man nichts mehr zu vollenden hat.

Sich für die Wahl des Lebens einzusetzen – das Leben, so wie es Gott angeordnet hat –, setzt eine beständige Beziehung mit dem Heiligen Geist voraus. Der Begriff der Fruchtbarkeit, der Frucht, die es zur Zeit und zur Unzeit zu tragen gilt, ist einem zum kostbarsten Anliegen des Herzens geworden. Dies ist der Zeitpunkt, den Heiligen Geist zu fragen, wie man dies leben kann, sich Schritt für Schritt durch das inspirieren zu lassen, was das Leben vorschlägt.

Das Alter, das hohe Greisenalter, das kommt, ist sicher keine Entschuldigung dafür, zu glauben, dass man „unproduktiv“[1] werden könne. In den Augen desjenigen, der sich auf den Osterweg gemacht hat, „gibt es immer etwas Wichtiges zu unternehmen, etwas Neues zu lernen, etwas Kostbares zu geben, und dies auf allen Etappen des Lebens, welches auch immer die Lebensumstände sein mögen“. Zur Zeit und zur Unzeit Frucht zu bringen, initiativ in seinem Leben zu sein, Pfade zu eröffnen, ins Leben zurückzukommen, um denjenigen, die es verloren haben, zu

1 „Unproduktiv ist ein Wort, das gar keinen Sinn hat, wenn man sich unaufhörlich auf die Dimensionen der Wieder-Geburt, der Auferstehung im täglichen Leben bezieht, auf die Tatsache, dass man fortgesetzt auf eine Fülle des Lebens, auf die Einheit seines Wesens zugeht. Das hohe Greisenalter ist eine Etappe der Existenz, die zu neuen Formen des Lebens einlädt. Ja im Gegenteil, die Fruchtbarkeit wird sich vollends entfalten können; es ist an der Zeit, die Früchte zu verteilen, die während seines Lebens empfangene Lehre weiterzuvermitteln, sein geistliches Leben, seinen inneren Dienst zu vertiefen, seinen Frieden, seine Freude zu entfalten. Man hat nichts anderes mehr zu leben als die Liebe.“ (J. Chittister. a.a.O. S. 1120–1121).

helfen, es wiederzufinden – was für eine schöne Aufgabe ist dem Menschen anvertraut, wie dankbar wird er, wenn deren Sinn enthüllt ist.

Die Gabe des Heiligen Geistes

Seit der Auferstehung Christi und seiner Himmelfahrt empfangen all diejenigen, die den Osterweg eingeschlagen haben, eine Kraft, die des Heiligen Geistes, der auf sie herabsteigen wird (Apg 1,8).

Nun nimmt ihre Fruchtbarkeit ihr volles Maß an, sie setzen ohne Angst alles daran, in das „Neue" einzutreten:

Und er wird bei ihnen wohnen, und sie werden sein Volk sein, und Gott selbst wird bei ihnen sein, ihr Gott (Offb 21,3)[2].

2 Revidierte Elberfelderübersetzung.

Die Lebensgesetze[1]

Das Wort, welches das Leben begründet

Da formte Gott, der Herr, den Menschen aus Erde vom Ackerboden und blies in seine Nase den Lebensatem. So wurde der Mensch zu einem lebendigen Wesen (Gen 2,7). *Gott, der Herr, baute aus der Rippe, die er vom Menschen genommen hatte, eine Frau und führte sie dem Menschen zu* (Gen 2,22).

Ich gebe dir das Leben, sei lebendig.

Das Leben wählen

Wähle also das Leben, damit du lebst (Dtn 30,15–20).

Übertretungen: Die mögliche Wahl des Weges des Todes – Irrwege – Selbstzerstörung, Pakte mit dem Tod, falsch liegende, unangebrachte Versprechen ...

Wege des Lebens: Die Wahl treffen, einen Weg des Lebens anzutreten – einen Ausweg des Lebens im Rahmen der eigenen Lebensumstände entdecken – jeder Komplizenschaft mit dem Tod absagen.

Die menschlichen Daseinsbedingungen annehmen

Dann gebot Gott, der Herr, dem Menschen: Von allen Bäumen des Gartens darfst du essen, doch vom Baum der Erkenntnis von Gut und Böse darfst du nicht essen; denn sobald du davon isst, wirst du sterben (Gen 2,16–17).

Du bist geschaffen, du bist nicht Gott. Du bist erschaffen und wirst innerhalb der Grenzen geliebt, wie sie jedem Menschen gesetzt sind.

Übertretungen: Die Grenzen der menschlichen Daseinsbedingungen und Beschaffenheit ablehnen oder verkennen: Irrtum,

1 Diese Zusammenstellung der Lebensgesetze wurde mit Hilfe der Mitarbeitergruppe von Bethasda ausgearbeitet.

Niederlagen, Krisen, Mangel, Verlust, die Verletzlichkeit eines jeden Mannes, einer jeden Frau ... In den Allmachtswahn eintreten, seine Emotionen vergraben, Vermittlungen, Hilfsmittel ablehnen oder daraus ein Absolutes machen ...

Wege des Lebens: Seinen richtigen Platz als Geschöpf einnehmen. Seinen Ursprung wieder entdecken. In eine richtige Zusammenarbeit mit dem Heiligen Geist eintreten; seine eigenen Grenzen, seine Realität und die der andern, seine Geschichte annehmen; die Grenzen, welche Ereignisse auferlegen, akzeptieren; sich seinen Emotionen stellen. Sein eigenes Maß entdecken und entfalten.

Die Einzigartigkeit jeder Person entfalten: in Gott und in respektvollen zwischenmenschlichen Beziehungen

Geh für dich, weg von deinem Land, von deiner Verwandtschaft und deinem Vaterhaus in das Land, das ich dir zeigen werde (Gen 12,1).

Man wird dich nicht mehr Abram nennen. Abraham (Vater der Menge) wirst du heißen (Gen 17,5).

Wer Ohren hat, der höre, was der Geist den Gemeinden sagt: Wer siegt, dem werde ich von dem verborgenen Manna geben. Ich werde ihm einen weißen Stein geben, und auf dem Stein steht ein neuer Name, den nur der kennt, der ihn empfängt (Offb 2,17).

Du bist einzigartig erschaffen und wirst einzigartig geliebt. Werde du selbst in Gott und in einer richtigen Beziehung zum andern.

Übertretungen: In der Verschmelzung bleiben, sich mit der Identität des anderen vermischen, ihn besitzen oder sich besitzen lassen, Verwirrung in der Beziehung aufrechterhalten, den Weg des andern auf sich nehmen, sich einer missbräuchlichen Macht beugen; das begehren, was der andere hat oder ist, in die Rivalität eintreten, sich selbst gering schätzen.

Weg des Lebens: ‚Sich selbst' werden; sich seiner Identität in Gott versichern; seinen Namen entdecken; die Beziehung erneuern: in Liebe und in Wahrheit, im Pfingsten der Beziehung.

Die Einheit der Person suchen, in welcher der lebendige Gott wohnt

Du sollst den Herrn, deinen Gott, lieben mit ganzem Herzen und ganzer Seele, mit all deiner Kraft und all deinen Gedanken, und: Deinen Nächsten sollst du lieben wie dich selbst (Dtn 6,5; Lev 19,18; Lk 10,27).

Und das Wort ist Fleisch geworden (Joh 1,14).

Wisst ihr nicht, dass ihr Gottes Tempel seid und der Geist Gottes in euch wohnt? (1 Kor 3,16).

Du bist eins quer durch deinen Körper, deine Psyche und die Herztiefe, die sie belebt.

Übertretungen: Seine verschiedenen Bestandteile vermischen, sie aufspalten, ihre innere Hierarchie verkennen, einen der Bestandteile vernachlässigen, von einem von ihnen in den Bann gezogen sein.

Wege des Lebens: Sich um Körper, Psyche und Herztiefe in gleichem Maße kümmern; es lernen, das Leben der Herztiefe zu entwickeln.

In die Fruchtbarkeit eintreten – Frucht weitergeben

Gott segnete sie, und Gott sprach zu ihnen: Seid fruchtbar, und vermehrt euch (Gen 1,28).

Das Gleichnis von den Talenten (Mt 25,14-30): *Sehr gut, du bist ein tüchtiger und treuer Diener. Du bist im Kleinen ein treuer Verwalter gewesen, ich will dir eine große Aufgabe übertragen. Komm, nimm teil an der Freude deines Herrn!*

Übertretungen: Die Quelle der Fruchtbarkeit und des Gebens missachten; auf unfruchtbare Art auf sich zurückgekrümmt bleiben; sich herabsetzen oder sich gering schätzen; die empfangenen Gaben verachten oder vergraben.

Weg des Lebens: Als Gesegneter Gottes leben; das Leben des Auferstandenen empfangen, seine besondere Form der Fruchtbarkeit entdecken; Frucht bringen. In den großen Strom der Liebe eintreten, sie empfangen, sie geben.

Einfache Orientierungspunkte auf dem Weg der Evangelisierung bis in die Tiefen des Herzens

Der Abstieg in seine Tiefen

1. Was ist uns widerfahren?

   Nennen wir die Verletzung(en) beim Namen: Verschmelzung (Fusion); die beherrschende, manipulative Beeinflussung (Vereinnahmung); Verwirrung der Wege oder der Rollen in der Familie; Mangel an oder Verlust von Liebe; Rivalität unter Geschwistern ...

2. Was haben wir aus der Verletzung gemacht?

   Wie haben wir reagiert?

   Wie haben wir die Emotionen erlebt, die sie mit sich gebracht hat?

3. Was lehren uns die Lebensgesetze? Was sagt uns das Wort Gottes?

   Welche wesentliche Information gibt es uns?

4. Welches Lebensgesetz haben wir übertreten? (freiwillig oder unfreiwillig)? Welchen falschen Weg haben wir eingeschlagen?

   Wann? Wie? Warum? Was haben wir vermeiden wollen?

   Inwiefern waren wir Komplizen auf diesem Weg?

Der Weg des Wiederaufstiegs

5. Zu welchem neuen Ausweg, welchen Bewegungen, inneren Akten führt uns das Wort Gottes?

   Die Reue

   Die Umkehr

   - Zustimmung: Welchem Lebensgesetz stimmen wir heute zu?
   - Absage: Diese Zustimmung führt uns zu einer Absage: Welchem Weg des Todes gegenüber?

- Welche Folgen wird diese Absage in unserem täglichen Leben haben?
- Trauer: Welche Trauer bringt dies mit sich?
- Empfang des Lebens des Auferstandenen, des Unerwarteten, das von Gott kommt: Wie lassen wir den Gott des Ostersonntags das Werk der Auferstehung in und mit uns vollenden?
- Wahl des Wegs des Lebens: Welchen Schritt können wir heute auf dem Weg des Lebens tun?

Dieser Prozess ist weder grob vereinfachend noch verkürzend, noch zu steil, aber in der Gnade Gottes führt er uns auf einen Weg des Lebens.

Diese Orientierungspunkte wurden mit Hilfe der Mitarbeiter von Bethasda aufgestellt.

Bibliographie

Alphonso, H. (1995). *Tu m'as appelé par mon nom.* Paris: Ed. Saint-Paul.

Ancelin-Schützenberger, A. (Mai 1993). *Aïe mes aïeux.* o.O.: Ed. Epi-La Méridienne.

Balmary, M. (1986). *Le sacrifice interdit.* Paris: Grasset.

Balmary, M. (1999). *Abel ou la Traversée de l'Eden.* Paris: Grasset.

Baudiquey, P. *Le Retour du prodigue, texte qui sous-tend les diapositives de la peinture de Rembrandt.* Paris: Audiovisuell ACNAV.

Beauchamp, P. (1977). *L'Un et l'Autre Testament.* Paris: Ed. du Seuil.

Beauchamp, P. (1999). *La Loi de Dieu.* Paris: Ed. du Seuil.

Ben Breathnach, S. (1999). *L'abondance dans la simplicité.* o.O.: Ed. du Roseau.

Beulay, R. Père. (1997). *In Conférence* sur *la prière du coeur.* Avon: Couvent des Carmes.

Bianchi, E. (1998). *Adam, où es-tu?* Paris: Ed. du Cerf.

Bianchi, E. (2001). *Les Mots de la vie intérieure.* Paris: Ed. du Cerf.

Boé, C. (Begleiterin von Bethasda). Comment laisser l'autre libre sans l'abandonner („Wie man den anderen frei lassen kann ohne ihn zu verlassen"). In *La vie renouvelée.* Document de travail de Bethasda, Bethasda Documentation, Nr. 4.

Boé, C. (o.J.). Comment laisser l'autre libre sans l'abandonner. In *La vie renouvelée.* Document de travail de Bethasda, Bethasda Documentation, 22, route du Tertre, 41150 Chouzy-sur-Cisse.

Bourguet, D. (2000). *Approches du Notre Père.* o.O.: Réveil Publications.

Bourguet, D. (2000). Les maladies de la vie spirituelle. In *Veillez et Priez.* o.O. : Réveil Publications.

Brandt, P.-Y. (Pastor, Professor für Religionspsychologie an der Theologischen Fakultät von Lausanne und Genf). (o.J.). Quelle loyauté vis-à-vis des parents? In *La vie renouvelée.* Document de travail de Bethasda, Bethasda Documentation, Nr. 4.

Buber, M. (1950). *Der Weg des Menschen nach der chassidischen Lehre* (2. Aufl.). Jerusalem: Pulvis Viarum.

Charpigny, R. La bonne part de Marthe («Der gute Teil Marthas»). In *La vie renouvelée.* Document de travail de Bethasda, Bethasda Documentation, Nr. 4.

Chittister, J. (1998). *Le Feu sous les cendres.* Montréal: Bellarmin.

Dransart, P. (1999). *La maladie cherche à me guérir.* Grenoble: Le Mercure dauphinois.

Dumas, A. (Pasteur). (1988). *Cent prières possibles.* Paris: Ed. Cana.

Eisenberg, J. & Abécassis, A. (1992). *A Bible ouverte: Band I La Création & Band II Et Dieu créa Eve.* Paris: Albin Michel.

Gayon, M.-Ribereau (Psychologin). Le deuil («Die Trauer»). In *La vie renouvelée.* Document de travail de Bethasda, Bethasda Documentation, Nr. 4.

Gesché, A. (1994). *Dieu pour penser:* Band III Dieu. Paris: Ed. du Cerf.

Gesché, A. (1996). *Le Mal.* Paris: Ed. du Cerf.

Guénard, T. (1999). *Plus fort que la haine.* Paris: Presses de la Renaissance.

Hirigoyen, M.-F. (1998). *Le Harcèlement moral.* Paris: La Découverte et Syros.

Lacroix, X. (1999). Le Corps de l'Esprit. Paris: Ed. du Cerf.

Laurent, M.-M. & De Bettignies, D (Psychologen). (1999). Aimez-vous les uns les autres, comme je vous ai aimés, Identité et altérité. In *Je me lèverai donc et j'irai vers mon père. La rencontre avec le Père.* Document de travail 2 (4. Aufl.), Bethasda Documentation, 22, route du Tertre, 41150 Chouzy-sur-Cisse.

Lève-toi – prends ton grabat et marche, Etre acteur de sa vie ..., Bethasda Documentation, 22, route du Tertre, 41150 Chouzy-sur-Cisse.

McAll, K. (1999). Ministère de l'arbre généalogique. Saint-Benoît-du-Sault: Ed. bénédictines.

Nouwen, H. (1998). *Lettre à un ami sur la vie spirituelle.* Paris: Coéd. Cerf-Novalis.

Pacot, S. (1998). *Evangelisierung bis in die Tiefen des Herzens.* Ravensburg: D&D Medien.

Sesboüé, B. (1999). *Croire.* Paris: Droguet-Ardent.

Sibony, D. (1992). *Les Trois Monothéismes.* Paris: Ed. du Seuil.

Thévenot, X. (1982). *Repères éthiques pour un monde nouveau.* Mulhouse: Salvator.

Thévenot, X. (1983). *Les péchés, que peut-on en dire?.* Mulhouse: Salvator.

Thévenot, X. (1992). *Compter sur Dieu.* Paris: Ed. du Cerf.

Thévenot, X. (1992). *Souffrance, bonheur, éthique.* Mulhouse: Salvator.

Varillon, F. (1990). *Joie de croire, joie de vivre.* Paris: Ed. du Centurion.

Vocabulaire de théologie biblique (1978). Paris: Ed. du Cerf.

Wénin, A. (1998). *Pas seulement de pain ...Violence et alliance dans la Bible.* Paris: Ed. du Cerf.

Zweites Vatikanisches Konzil: *Die pastorale Konstitution über die Kirche in der Welt von heute „Gaudium et spes".* Kapitel III: „Das menschliche Schaffen in der Welt".